CLÉMENTINE DEROUDILLE • JOANN SFAR

BRASSENS
ou la liberté

COULEURS DE WALTER

DARGAUD
cité de la musique

avant - propos

Qui ne connaît pas Brassens ?
Tout le monde a chantonné un jour l'une de ses chansons : *Le Gorille, Les Amoureux des bancs publics, Auprès de mon arbre* et bien d'autres.
L'homme est installé dans la mémoire collective avec l'image parfois consensuelle du père tranquille que l'on chante en famille au coin du feu, celle de l'ami qui nous rassure parce qu'il nous parle d'un monde où les amoureux se bécotent sur les bancs publics.

Quand les chansons sont restées, l'image de l'homme s'est brouillée, adoucie, comme ternie.
Il est temps de redécouvrir que derrière la figure fleurant bon la France d'antan se cache un individu rare, hautement lettré, fin connaisseur des grandes figures de la poésie française, un grand timide mal à l'aise sur scène, et aussi un formidable musicien pétri du swing et amoureux de Charles Trenet ; un libertaire qui choisira une voie individuelle plutôt que les combats collectifs, sans renier ses convictions, s'opposant à la guerre, à la morale bien-pensante ou à l'arbitraire de la justice et de la police ; une force tranquille, inébranlable dans le tourbillon du succès, qui n'a jamais suivi que sa petite musique intérieure.

Comment évoquer une personnalité si populaire mais si volontairement peu spectaculaire ? Si prolixe et riche dans ses textes et si secrète dans son mode de vie ? Près de deux cents auteurs se sont penchés sur sa biographie, il est le sujet de plusieurs thèses dans le monde entier.
Pourtant il n'y avait jamais eu de travail de fond sur les archives de cet artiste.
Une balade dans l'univers de Brassens faite de multiples rencontres m'a permis d'ouvrir des portes restées fermées depuis trente ans derrière lesquelles se cachaient de précieux trésors, des partitions, des carnets, des manuscrits et des images.

Pour la première fois, ce livre présente une véritable biographie en couleurs et en documents de Georges Brassens. Grâce à l'immense talent de Joann Sfar, il est également l'occasion de réunir deux univers sagaces, drôles, déroutants.
Les dessins éclairent à leur façon la vie de Brassens et racontent des histoires – celles qui ont émaillé la vie du chanteur comme celles que le dessinateur a imaginées.
Dans ce livre, le monde de Brassens rencontre la vision éclectique, fantaisiste et irrévérencieuse de Joann Sfar. Ce livre devient alors le lieu de rencontre de visions artistiques qui se croisent, se rejoignent et se répondent.
Comme les notes de musique et les mots d'une chanson.

Clémentine Deroudille

La Cité de la musique est un établissement public ouvert à toutes les musiques, dont les activités s'organisent autour de très nombreux concerts, d'initiatives pédagogiques diversifiées, d'une médiathèque regroupant notamment de multiples documents audiovisuels, d'outils en ligne à caractère éducatif et d'un pôle patrimonial incarné par le Musée de la musique.
Outre sa très riche collection d'instruments, celui-ci présente des expositions temporaires dont certaines ont permis d'éclairer le parcours de figures emblématiques des musiques populaires du XXe siècle : Miles Davis, Serge Gainsbourg, John Lennon, Pink Floyd ou Jimi Hendrix.

En 2011, la Cité de la musique a souhaité rendre hommage à un monument de la chanson française, Georges Brassens, né en 1921 et décédé il y a tout juste trente ans.
Derrière l'image un peu lisse que l'on a du chanteur, aujourd'hui entré dans le coeur de toute un génération, se cache un parolier impertinent, aux textes ciselés, à l'imaginaire drôle ou mélancolique, parfois irrévérencieux ou même grivois, qu'il serait salutaire de faire redécouvrir à tous les publics, y compris les plus jeunes.

C'est donc un nouveau regard sur cet artiste que la Cité de la musique a souhaité présenter, en demandant à Joann Sfar et à Clémentine Deroudille de transmettre leur passion pour Brassens par une exposition qui se veut à la fois ludique et didactique.

L'essentiel du contenu de l'exposition se retrouve dans ce livre-catalogue, édité par Dargaud, que nous remercions chaleureusement ici.
Notre plus vive reconnaissance s'adresse également à tous ceux qui ont rendu possible cette exposition, en particulier M. Serge Cazzani, ayant-droit de Georges Brassens, les nombreux prêteurs privés et institutionnels, l'INA qui a ouvert pour nous son riche fonds audiovisuel, ainsi que les mécènes UFG-LFP et Groupama Asset Management, qui ont témoigné par ce geste leur indéfectible attachement à l'œuvre d'une des plus grandes figures de la culture française moderne.

Éric de Visscher
Directeur du Musée de la musique

Laurent Bayle
Directeur général de la Cité de la musique

Le café des sportifs · Joann Sfar

Ça se passe en 2008, dans le XVe arrondissement de Paris.
L'école est si petite que les récréations ont lieu dans un jardin public.

Le square Georges-Brassens.

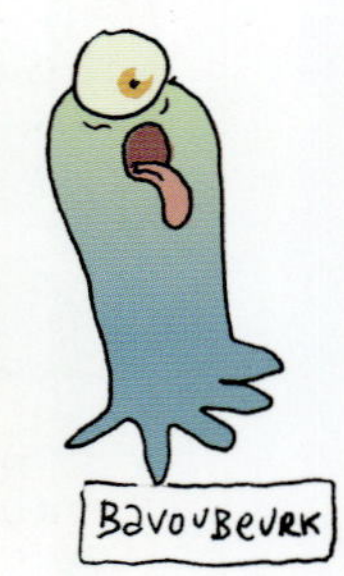

Tous les jours, Raoul cache des Monstrapoches dans ses pantalons en velours côtelé. Tous les jours, il les sort en secret à la récréation.

c'est un très rare?
c'est Bavoubeurk.
Tu as perdu un monstrapoche Légendaire dans le bac à sable!!!
il est pas perdu, je le cherche.
On n'a pas le temps. il faut partir.
Vous cherchez quoi?
Bavoubeurk.
c'est quoi?
c'est l'évolution de Pitimollard.
et c'est quoi?
Un monstrapoche très très fort. On peut pas les trouver en France. C'est le coloriste de mon papa qui habite au japon et qui nous les achète.
Et on lui en a déjà commandé plein alors ma maman dit que ça serait pas poli d'en demander d'autres.
Mais il sait faire quoi?
il crache ses glaires dans les yeux des ennemis alors pendant qu'ils se frottent les yeux il peut leur mettre des baffes. Aussi, il court tout vite.
Hé! Mais ça pourrait m'être utile, ça, au baby-foot.

Tu connais, le baby-foot? c'est un sport assez ancien dans le cadre duquel...
Excusez-moi, j'ai vraiment pas le temps. je cherche mon...
Tu cherches ça, mon?
Hé! Donnez-le-moi!
S'il a vraiment les pouvoirs que tu dis, je pourrais le lancer sur le terrain de baby et il m'assurerait la victoire.
C'est juste un bonhomme en caoutchouc. Donne-le-moi!
Tu mens, je comprends, j'aurais fait pareil.
Hou! Tu vas me payer ça!
Raoul! Après qui tu cours?
Après un canard qui m'a pris mon bonhomme!
Dis-donc, c'est quoi ces gros mots?!
Non, c'est pas un gros mot. C'est un vrai canard avec des plumes et des palmes et c'est un sale VOLEUR!
Ah Non!

Excusez-moi. Je ne sais pas ce qui m'a pris. Je suis foncièrement honnête, mais les compétitions de baby-foot me tiennent tellement à cœur que je suis prêt à vous échanger votre joueur contre n'importe quoi.
Rien n'a plus de valeur qu'un Monstrapoches Légendaire.
J'ai des billes! Regardez, c'est un bigarreau, on dégomme n'importe quoi à dix mètres avec. Celle-là a servi à l'équipe d'Allemagne lors du match où Battiston a perdu trois dents...
On s'en fiche.
...elle est même dédicacée par Schumacher.
Le coureur?
Non, le gardien.
On s'en fiche.
Et un sou? Par les temps qui courent c'est devenu rare. Si vous jouez au jeu du calot ça permet de...
On s'en fiche!
Rends le bonhomme!
Attendez! Attendez! Oh, ça n'est pas régulier! Oh, un serrurier ne devrait jamais faire ça mais si vous consentiez à signer le transfert de votre joueur dans mon équipe de baby, je pourrais vous confier le double d'une clé.
On s'en fiche.
C'est la clé de clients très particuliers.
On ne veut pas entrer chez des gens si on n'est pas invités.
On n'est pas des cambrioleurs.
Non, non.
C'est un établissement public. Mais très peu de gens connaissent son existence. Et si vous n'avez pas un double de la clé, personne ne vous laissera entrer, surtout si vous êtes... vivants.
Hé! On va pas dans les cimetières!!
Rien à voir.

Bébert! qu'est-ce que tu traînes?
Ooh, c'est mon patron! Décidez-vous vite, vous la voulez, ou pas, la clé?
J'arrive, patron! Oooh, s'il sait que je vous l'ai donnée je suis bon pour le S.T.O. Décidez-vous!
Mais elle mène où, cette clé?
Au café des Sportifs.
Allez! on nous attend! qu'est-ce que tu fiches avec ces gosses?
Il nous rendait un jouet, m'sieur.
Tu piques des jouets, toi, maintenant?
Non, patron, non...
Monsieur Patron?
Hmm?
Vous connaissez le café des sportifs?
Oh! c'est pas un endroit pour les enfants.
Pourquoi?
Là-dedans, ça boit, ça fume.
Mais c'est plus permis de fumer dans les bars.
Dans celui-là c'est autorisé, mon petit.

il y a d'autres animaux qui parlent là-bas?
Quels animaux? T'as vu des animaux, Bébert?
Non patron.
Bon, c'est ta dernière chance, on fait l'échange?
Mais... mais...
il a quoi de spécial, ce café?
Où on va quand on meurt à ton avis?
Heu... en enfer? au paradis?...
Oui, oui, ça c'est pour les caves. Mais les gonzes qui méritent qu'on se souvienne d'eux vont au café des sportifs.
Et si tu les croises, fais comme si tu ne savais pas qu'ils sont déjà morts. Pour pas leur faire de chagrin. Et aussi parce que la plupart d'entre eux ne le savent probablement pas.
Pourquoi ils vont là et pas au paradis?
Parce que le Bon Dieu les aime beaucoup.

Dans ce cas, si les gens qui meurent et que Dieu aime beaucoup vont dans ce café, ça peut être très intéressant d'en avoir la clé. Parce que là-bas, il y a forcément Georges Brassens. Et notre papa doit faire des recherches sur Georges Brassens. Alors s'il peut le rencontrer en vrai, ça va beaucoup lui faciliter son travail. On accepte la clé, ça vaut bien un Baroubeurk. Et on débarque là-bas. Rideaux bleus sur la devanture. Rien d'écrit. On dirait que c'est fermé depuis des siècles. On ouvre et on est contents, car il y a un grand type assis de dos avec une guitare. On se dit que c'est Georges Brassens. Mais il n'est pas seul.

Je suis Jeangot Remard.
Django Reinhardt!
Non! C'est une faute d'orthographe qui est apparue dès mon 2e disque mais comme je ne sais pas lire je n'ai jamais pu la corriger.
Mais mon vrai nom, c'est Remard. Comme l'animal. Je ressemble pas à un animal pourtant. Hé! Je vous fais peur ou quoi?
mmm
nnnooom
Les gens vous racontent plein de saloperies sur les bohémiens. Ça m'énerve! Ça fait des siècles que ça dure, les policiers qui nous mettent des coups au cul et le Roi sur son trône qui nous traite de voleurs. Vous savez, les gadjos, ils volent pas moins que nous. Il faut pas croire ce qu'on vous dit.
Non mais c'est pas ça. C'est qu'à notre maison il y a plein de photos de vous et vous ressemblez pas ààà...
Tout le monde ment! Les photos mentent! Les journaux mentent!
Jeangot Remard c'est moi et je suis le plus grand guitariste du monde.
Bon bin bravo alors...
Mais pourquoi vous rigoliez tous quand on a parlé de Georges Brassens?
Manoir de mes rêves
Parce que Brassens y m'a rien à fout' au "Café des Sportifs". Brassens il n'est pas mort, mes petits.
Mais les journaux...
Faut pas croire les journaux.

Brassens, il est à Tokyo, nous explique le renard. Pour qu'on lui foute la paix. Il nous écrit l'adresse "Peninsula Hotel", un endroit très chic. Qu'est-ce qu'il fiche là-bas, on ne sait pas. En revanche, on se dit que ça serait une très bonne idée d'accompagner notre papa s'il va le rencontrer au Japon. Parce que c'est le pays des Monstrapoches. Du coup, les parents pourraient nous payer un autre Bavoubeurk.

Georges Brassens. Big in Japan

Vous allez dire à votre père que vous ne m'avez pas vu. qu'il s'agissait d'un méridionnal d'ici, natif d'Okinawa, qu'un cornard de folliculaire aura pris pour moi. Mais par pitié, laissez-moi au caveau pour ce qui est de l'opinion publique.
Mais pourquoi? Tout le monde vous adore!
Non! j'ai un accord avec les services secrets français. ils me paient l'hôtel et la piscine musicale à condition que je ne revienne pas. Vous comprenez, de mon temps, quand je chantais qu'il fallait taper sur les gendarmes, je ne m'imaginais pas qu'il y aurait aujourd'hui des cons pour le faire vraiment. Et puis il y a la religion aussi.
Notez que je n'y ai jamais cru, au Bon Dieu. Mais disons qu'avec les années ça s'aggrave. Ça me fait de vraies colères, ce que j'entends, des gens qui sont prêts à s'écharper pour des inventions d'un autre âge. Alors si je reviens et que je dis ce que je pense, il y aura des drames. Si je leur dis que Dieu c'est comme le Père Noël, non seulement il n'existe pas mais en plus c'est un vieux con, comment on va me recevoir à votre avis?
♫ Bidou Bidou
ONE PIECE
Vous savez qu'il devient très puissant ce connard de Bon Dieu. Alors moi je crois que je vais rester au Japon.
Ça ne va pas arranger notre papa, tout ça. Parce qu'il doit faire un livre sur vous.
oh bin votre père il n'a qu'à appeler la petite Clémentine.
C'est qui?

Alors vous voyez, Clémentine c'est elle, là, sur la photo. C'est la petite fille de mon ami Robert Doisneau et elle a un pouvoir magique : dès qu'elle fait un sourire, on ne lui refuse rien. Alors vous allez dire à votre papa d'envoyer Clémentine chez tous mes vieux copains, les Gibraltar, les Cazzani, les Davoust et les autres. Dès qu'ils vont la voir, tous ces vieux sangliers, ça va leur faire des émotions et ils lui laisseront mettre le nez dans tous mes vieux papiers. Il y a une quarantaine de chansons que j'ai écrites pendant la guerre, il y a des carnets autobiographiques, mon vieux dictionnaire entièrement annoté. Votre papa n'aura qu'à travailler là-dessus et me laisser tranquille.

DINOMAX
Georges Brassens et les jeux vidéo. À Tokyo, dans le quartier d'Asakusa, nous avons vu Brassens se défoncer sur des consoles de jeux d'arcade.
Vous comprenez, je ne peux pas trop mentionner ma fascination pour ces divertissements interactifs dans mes chansons. Même dans mes textes post-mortem, je préfère m'en tenir aux bergères et aux chars à bœufs.
Accessoirement mes petits amis je crois que je peux vous mettre la pâtée sur TEKKEN VII.
Ça ne te dérange pas si je prends le panda? Parce que je connais tous ses coups spéciaux.
De toute façon je vais vous battre.
VS
Devil Jin
Panda

Le public japonais est parfois un peu désorienté par l'enthousiasme dont font preuve Raoul et Georges Brassens quand ils jouent du jeu où on doit cogner sur un tambour.
Raoul et Georges Brassens s'éclatent sur Tekken VII.

c'était un temple de japonais
dont j'ignorais le nom
dont je méconnaissais l'objet
Mais le Dieu des japonais
ne m'a pas plus visité
que celui auquel jadis
croyait mon charbonnier
Vous voyez, ils ont ces petits dieux qui arborent des museaux de ragondin et qui trimballent en guise de siège portatif des couilles de diplodocus.
ils sont tout de même plus sympathiques que les dieux auxquels nous avons été habitués.

Georges Brassens à Kyoto, sur le "chemin de la philosophie"
♫ La glace à l'anguille

les genoux en dedans ♫ et le recurvatum pom pom ♫
Vous allez rire, ça fait vingt ans que je vis au Japon et je ne sais toujours rien articuler dans votre idiome. Pas plus qu'en anglais, ça va de soi. Aussi vais-je vous chanter deux ou trois conneries en faisant des sourires et en espérant que ça suffira pour vous emballer. Ça et le prestige de la France.
♫ la la la le p'tit cheval blanc ♫
non? Hum... PARIS?... France...
Alain Delon!
exactement

Je comprends pas pourquoi vous avez l'air de considérer que Clémentine est plus à même que moi de convaincre les ayants droit de Brassens que nous allons faire une exposition élégante.
Santa Familia
Marca del Diablo
Clémentine a travaillé pendant de longs mois avec toutes les équipes de la Cité de la Musique afin de rassembler tous les éléments nécessaires à l'exposition. Puis elle a rédigé des centaines de pages. Les scénographes ont scénographié, les ingénieurs se sont ingéniés et on pouvait compter sur les directeurs pour diriger les observations et autres prolégomènes, d'autant qu'ils bénéficiaient de l'assistance de leurs formidables assistants. Et pendant ce temps, on commençait à s'inquiéter parce que le dessinateur (notre papa) ne donnait aucunes nouvelles.
La Cité téléphonait au dessinateur (notre papa) qui ne répondait jamais. Les scénographes lui envoyaient des e-mails, les ingénieurs, des textos. Les directeurs, quant à eux, le twittaient et leurs assistants tentèrent même de lui envoyer une vraie lettre pliée dans une enveloppe ornée de l'oblitération réglementaire. Peine perdue ! Notre papa (le dessinateur) ne répondait jamais. C'est pourquoi un mercredi après-midi, Clémentine vint sonner chez nous.
Ne vous inquiétez pas. S'il ne donne pas signe de vie, c'est forcément qu'il travaille.
Il doit être très concentré. Ne vous en faites pas. Je suis certaine que vous aurez vos dessins en temps et en heure.
clémentine
sandrina
imhotep
TIGRE
Raoul
tautmina
snoopy
violette
Une fois la porte fermée, maman et nous avons cessé de faire comme si tout marchait sur des roulettes. Nous savions tous très bien que lorsque notre dessinateur (le papa) ne donnait pas signe de vie, c'est qu'il ne fichait rien. Et ce coup-ci, ça faisait bien dix jours que papa n'avait pas mis un pied hors de son atelier.

on lui glissait sa nourriture par la chatière.

normalement, notre maman vient toujours au secours du dessinateur quand il est paresseux. Par exemple, quand il a dû écrire les dessins animés de "Petit vampire", c'est maman qui s'est cogné tout le boulot pendant que papa jouait à "Penultima VII curse of the chaotic Maelstörm". Par exemple, quand il a fallu écrire le scénario du film "Le chat du Rabbin", c'est maman qui a tout fait pendant que papa finissait la version pirate de "Nuke Nukem forever". Mais ce coup-ci, on sentait bien que maman avait son propre travail et qu'elle comptait réellement le laisser se dépatouiller dans son vomi.

Ça fait dix jours qu'il était enfermé là-haut avec des chaussettes et des yaourts et qu'au lieu d'écrire et de dessiner il jouait à "Red Dead Tartemption", le jeu de cow-boys.

On lui a demandé s'il ferait pas mieux d'éteindre son jeu et de se mettre aux textes et aux dessins de l'exposition.

On s'est dit que ça devait pas être si difficile que ça à fabriquer une exposition. En gros, c'est comme un gigantesque exposé. Et en exposés, on est imbattables. Nous avons rempli deux valises avec les documents et les textes de Clémentine, puis on est retournés au "Café des Sportifs". Les animaux ont accepté qu'on travaille là-bas. En plus, on a découvert un détail intéressant : si on passe trois heures dans le "Café des Sportifs" il ne s'écoule que trois minutes dans le vrai monde. Ça fait qu'à chaque récréation, au lieu de jouer aux Monstrapoches, on allait préparer l'exposition sur Georges Brassens. Et certains animaux nous donnaient même un coup de main.

Clémentine avait divisé son étude sur Georges Brassens en six périodes, ou plutôt six thématiques qui suivaient plus ou moins la chronologie de la vie du poète. Pour chacun de ces six chapitres, elle avait rassemblé deux gros classeurs, l'un contenant les textes, l'autre l'iconographie. "Iconographie" est un mot idiot qu'emploient les adultes pour ne pas dire "les images". Les grands n'aiment pas les mots relatifs au dessin car ils s'imaginent que ça les fait passer pour des bébés. Par exemple, à la place de "dessin" qui est le plus joli des mots, les grands aiment mieux dire "arts plastiques". Ils pensent qu'ils ont cessé de dessiner au sortir de l'enfance parce qu'ils savaient écrire et que l'écriture est plus digne. Ils ne veulent pas se souvenir que s'ils ont fui le dessin c'est parce que c'était devenu trop difficile pour eux, de dessiner. Ils ne faisaient plus de progrès, ils n'y comprenaient plus rien, alors ils ont inventé l'"art plastique". Nous, on dessine encore. Et pour ce qui est de l'ordre des chapitres, on a décidé de pas faire les malins et de suivre le découpage de Clémentine qui a l'air de savoir ce qu'elle fait même si c'est une grande personne.

La Jeunesse

"L'idéal ce serait de n'être né nulle part parce que, finalement, les gens sont partout à peu près pareils. Et Sète me plaît. Moi, j'aime beaucoup ce pays parce que c'est le pays de mes parents, parce que c'est le pays où j'ai passé mon enfance et parce que c'est le pays où j'ai été amoureux la première fois." [1*]

L'enfance

Le 22 octobre 1921, Georges Brassens naît à Sète, orthographié Cette à l'époque. Il aurait dû s'appeler Jules comme son grand-père, mais son oncle, le frère de son père, vient de mourir noyé dans l'étang de Thau. Il est tombé dans l'étang en plein hiver et quelques jours plus tard la pleurésie l'a emporté. En souvenir, on donne son prénom au nouveau-né. Sa mère, Elvira Dagrosa, vient d'une famille d'Italiens immigrés et a déjà une petite fille, Simone, âgée de huit ans. Elvira a épousé Louis Brassens un an avant la naissance de Georges, après avoir perdu son premier mari durant la Première Guerre mondiale. Ce dernier était tonnelier à Bouzigues, une ville voisine. Blessé trois fois à la guerre, soigné et chaque fois renvoyé sur le front, c'est finalement une torpille aérienne qui met un terme à sa vie raccourcie. Après sa mort, Elvira retourne vivre chez ses parents avec sa petite fille. Elle n'a qu'une modeste pension pour vivre et élever Simone. Elle reprend alors son métier de lingère et coud la nuit pour les soldats des effets payés à la pièce. Économe, elle compte ses sous avec méticulosité et ne dépense jamais plus qu'il ne faut. Plus tard, quand Georges lui fera parvenir des mandats veillant à ce qu'elle ne manque de rien, elle prendra soin de les déposer sur un livret à la Caisse d'Épargne au nom de Georges Brassens... au cas où il vienne à manquer d'argent. Les Dagrosa sont voisins des Brassens, famille de maçons émigrée de Castelnaudary. Ils hébergent toujours leur fils qui, à trente ans passés, ne se décide toujours pas à se marier. Surnommé le général Bougnette à cause du plâtre qui tache tous ses vêtements (une bougne, à Sète, signifie une tache), Louis est maçon comme son père mais rêve de Méditerranée. *"Il rêvait de naviguer et lui, comme c'était un homme assez simple qui vivait dans des idéalités, il s'inventait des choses. Il s'inventait des voyages, il vivait très à l'intérieur."*

Un jour, Louis Brassens part avec quelques amis sur une jetée qui s'étend à l'entrée du port ; il a l'idée d'aller pêcher au large, laissant ses copains là. Mais le vent souffle, et l'embarcation se retrouve emportée en pleine mer. Encordé au mât pour ne pas passer par-dessus bord, il dérive en essayant en vain d'écoper avec une boîte de conserve. Mais les courants le mènent de plus en plus loin. Pendant trois jours, la famille vit dans l'angoisse, voyant l'espoir de le retrouver vivant diminuer de plus en plus...

* Toutes les notes se trouvent en page 304, classées par chapitre.

Le 22 Octobre 1921, Georges Brassens naît à Sète.

Jusqu'au jour où arrive un télégramme : "Suis à Marseille. Bonne santé, Louis." Un cargo faisant la ligne Alger-Marseille avait fini par récupérer l'infortuné.

"C'est vrai que mon père, par exemple, vous lui disiez qu'à midi, il y avait à bouffer, il disait « Bon ». C'était brûlé, il disait « Bon ». C'était trop salé, il disait «Bon». Ce n'était pas assez salé, il disait « Bon ». Ma mère disait «Je n'ai pas eu le temps de faire la cuisine», il disait « Bon ». On lui disait « Ton costume, on l'a brûlé en le repassant », il disait « Bon ». Il s'en foutait complètement. C'étaient des trucs, vraiment des détails qui ne comptaient pas." [2]

Entre le célibataire silencieux et la jeune veuve qui fleurit chaque semaine la tombe de son mari, un filet d'amitié naissant va vite se transformer en histoire d'amour. Il faut dire que les familles se fréquentent et espèrent secrètement un mariage. En insistant un peu, Elvira obtient du bon Louis qu'il passe non seulement la porte de la mairie de Cette, mais aussi celle de l'église. Ne voulant jamais peser sur les croyances des autres, ce dernier laisse Elvira décider, ce qui ne l'empêche pas d'être profondément athée.
Louis vit en dehors de toute religion et lorsqu'il se rend aux enterrements, la plupart du temps, il attend devant la porte. S'il s'y rend de temps en temps, c'est pour faire plaisir à sa femme et aussi, plus tard, au voisin et copain d'enfance de Georges devenu l'abbé Barrès. Il prend le goupillon et raconte ensuite : "Alors, j'ai pris le pinceau et je l'ai trempé dans la peinture..."
Il n'a aucune estime pour les représentants de la foi ni de la loi. "Ils n'ont pas de vergogne", répète-t-il face aux politiciens, aux syndicats, aux élus, considérant le fait de parler de soi comme la plus insupportable présomption. Louis, dit " le vieil ours ", est un anarchiste qui s'ignore.

La fervente catholique et l'athée convaincu semblent reliés par une entente paisible et la petite enfance de Georges est joyeuse.
Car ce qui unit toute la famille, ce ne sont pas les sermons des prêtres ou la messe dominicale, mais... la chanson !

"Depuis que j'existe sur la Terre, je ne me souviens pas d'une journée sans musique et sans chanson. C'était le genre de la maison faut dire. Tout le monde chantait. Personne n'était musicien, personne ne faisait de la musique, ils chantaient surtout. (...) Vous savez, les gens simples en Province avant la guerre, à l'époque où la technique n'était pas allée si loin, les gens vivaient avec ce qu'ils avaient, avec les moyens du bord. On avait les chansons dans le quartier. Tous les succès de Paris venaient quand même jusque là-bas. Ma mère chantait des chansons italiennes, elle était napolitaine et puis elle chantait les chansons qui étaient à la mode à cette époque, les chansons qui avaient été à la mode quand sa mère avait vingt ans, on chantait à peu près tout et on conservait les chansons dans la mémoire et on se les rechantait. Comme Rêve de valse, *j'ai entendu ma mère chanter 100 fois cette chanson ! Ma mère allait chez ses copines recopier les chansons dans un carnet, elle les apprenait par cœur, et c'est toute la famille en chœur qui reprenait les chansons. La chanson, c'était l'art populaire par excellence, et c'était un petit trésor."* [3]

Grâce au phonographe installé au milieu du salon, l'enfance de Georges est bercée par les airs de l'époque. De Jean Tranchant à Mireille en passant par Paul Misraki, Charles Trenet... la liste des chanteurs, dont il connaît non pas une chanson mais la discographie complète, est interminable ! Brassens a, depuis l'enfance, une mémoire d'éléphant. À cinq ans, il connaît près de 200 chansons par cœur et devient le juke-box familial ! Il chante *Parlez-moi d'amour,* écrite par Jean Lenoir, chantée par Lucienne Boyer, et qui remporte à cette époque un succès considérable.

Parlez-moi d'amour
Redites-moi des choses tendres
Votre beau discours
Mon cœur n'est pas las de l'entendre
Pourvu que toujours
Vous répétiez ces mots suprêmes
Je vous aime

Brassens complétera ce texte par "et je vous fous mon poing sur la gueule", quelques années plus tard (1972), dans sa chanson *Sauf le respect que je vous dois.*

"Je vivais déjà à la façon d'un escargot, dans ma coquille. Il me semble que j'ai toujours été tout seul, en somme. (...) Je vivais toujours très retiré et comme je sentais que tout ce que je pensais, tout ce que je pouvais imaginer, tout ce que je pouvais concevoir à ce moment-là, risquait de m'attirer des ennuis, c'est-à-dire de me faire déconsidérer, je le taisais. Ce qui fait que mon apparence extérieure était tout à fait normale. J'étais un monstre à l'intérieur, mais à l'extérieur je me comportais à peu près normalement." [4]

C'est incontestable, Georges est un enfant turbulent. Il manque de mettre le feu à la maison le jour où il tente une expérience chimique en prenant sa grand-mère pour cobaye : il avait versé autour d'elle de l'essence. Il casse régulièrement ses jouets, met au point des cocktails Molotov qu'il manipule avec l'aisance d'un gamin un peu gauche. Il vole aussi les figues du jardin derrière leur maison et mange goulûment ces fruits, dont son grand-père attend le mûrissement avec la plus grande attention. Elvira a beau le punir, lui donner des corrections dont il se souviendra encore adulte, il continue de plus belle.

Il va même un jour jusqu'à fuguer, voulant se rendre en Espagne pour échapper aux foudres de sa mère. Mais pris de remords sur la route d'Agde en pensant à l'angoisse de sa maman, Georges préfère finalement rebrousser chemin.

Épris de liberté, il porte cependant en lui une véritable gentillesse qui permet de calmer les colères d'Elvira. Il l'accompagne tous les jeudis fleurir la tombe de son premier mari. Là, pour tromper son ennui, il imagine des jeux qu'il mettra en pratique quelques années plus tard avec sa bande de copains.

"Notre cimetière, c'était le cimetière des pauvres. Bien sûr, on y a fauché des crânes pour s'amuser comme on le fait quand on est mômes!" [5]

Dans la bande de copains, il y a notamment Émile Miramont, appelé par Brassens "le fil" et que l'on connaîtra plus tard sous le surnom de "Corne d'Aurochs". Il habite une rue à côté de chez Georges, ce qui permet aux enfants de communiquer à l'aide d'un sifflet à roulette. Les maisons vivent les fenêtres ouvertes, et ainsi la rue devient une extension de chaque appartement. Les Brassens habitent tous ensemble avec les grands-parents, les parents, Simone et Georges. Souvent, ils peuvent suivre le programme radiophonique aussi bien de leur TSF que de celle de leurs voisins. Toute la famille vit dans la maison surélevée d'un étage par le père. Sans grandes prétentions en matière d'architecture, celui qu'on surnomme "le vieil ours" construit toutes ses maisons sur le même modèle. De la terrasse, sur la façade arrière de la maison, on domine l'étang de Thau et tout l'arrière-pays, suite régulière de collines et de garrigues où l'on perçoit les petits villages de Bouzigues et de Mèze.

Jules, le grand-père, a deux passions : la maçonnerie et la langue française. Il s'abonne au dictionnaire national du *Bescherelle,* alors envoyé par fascicules. Brassens passe des heures plongé dans la lecture de cet imposant ouvrage. Jules fait relier tous les fascicules pour les offrir à son petit-fils, qui n'hésitera pas à dire : *"Je suis sorti de là : tout Brassens est dans le* Bescherelle *!"*
Pour ce qui est de la maçonnerie, le grand-père n'aime pas être contredit dans son travail. Les remarques ou les suggestions de la clientèle le mettent en rage, car pour lui le client n'a jamais raison. "Cette porte, je la percerai là et pas ailleurs, cet escalier, je le ferai tourner dans ce sens, pas dans l'autre ! Sinon, je m'en vais !"
Peut-être n'est-il pas si amoureux de son métier que ce qu'il veut prétendre ? Au fond du jardin, il a fait installer un portique en bois avec ses agrès, cordes, anneaux, trapèzes... vestiges du temps où il avait failli devenir trapéziste dans un cirque ambulant. Georges s'y exercera des heures durant. Jules Brassens et son épouse vivent à l'arrière de la maison.
On y entend souvent des cris qui font dire au petit-fils : *"Le pépé engueule la vieille !"*
La triste réalité, c'est que la grand-mère est sourde et le pauvre Jules doit lui hurler dans les oreilles pour avoir avec elle un semblant de conversation. Pratiquant l'esprit de contradiction avec délectation, Jules ne peut en effet s'empêcher d'argumenter, opposer de nouvelles idées, questionner à nouveau.
En 1937, Georges et Simone vont à Paris avec les Miramont pour l'Exposition universelle. C'est un événement pour toute la famille. Pourvus de billets de troisième classe, ils organisent l'expédition dans ses moindres détails : saucisson, poulet froid et petits friands cuisinés par Simone sont aussi du voyage. Le grand-père n'a jamais vu la capitale mais refuse l'invitation.
Au retour, émerveillés par leur voyage, les enfants montrent à toute la famille les images de la capitale. Le grand-père regarde les photos et autres prospectus : "Chaillot est trop grand, la Seine trop étroite !"
Face à la tour Eiffel, il rend son verdict après un long silence : "On aurait dû la mettre ailleurs"!

La famille Brassens au grand complet.

Devant un individu un peu étroit d'esprit, il se sert de son patois pour lancer : "Ei pas coun coun coun... mais ei coun quand même !", indéchiffrable pour son auditoire.

Brassens, vers l'âge de dix ans, passe la plupart de son temps dans une sorte de réserve où il entasse ses jouets : l'automobile rouge "torpédo", l'avion de tôle vernie, le Meccano et, surtout, le train électrique. Mais, ce qui intéresse le plus Brassens, c'est le phonographe, et il passe des heures à écouter Pills et Tabet, Mireille. Un disque enregistré par les Comedian Harmonists tourne et retourne inlassablement. Sur la première face, il contient *Les Gars de la marine* et *Quand la brise vagabonde* sur la seconde. À onze ans, Brassens découvre Ray Ventura et son orchestre, et se passionne pour ses chansons : *Fantastique, La Scarlatine, Tout va très bien, Madame la marquise ;* il suit de près la carrière de ce chef d'orchestre influencé par les rythmes américains, qui est une grande vedette à l'époque. Georges écoute ses chanteurs favoris avec son copain Émile Miramont, au deuxième étage de la maison. Ils montent tous les deux un numéro de duettistes, Bobby et Freddy, inspirés par Ray Ventura et rêvent d'une carrière au music-hall.

L'été, Brassens part avec son père sillonner les paysages de Méditerranée à vélo. ***"Mon enfance, c'est la mer, voyez, où je nageais beaucoup, c'est les vignes à bicyclette. Je vois des champs de vigne que traverse un jeune connard sur un vélo, un vélo au guidon de course."***

Ils partent le matin très tôt, vers 6 heures, pour éviter les grosses chaleurs. Ils achètent des fougasses et du pain chez le boulanger et vont pédaler sur le canal de Beaucaire, afin d'arriver à Aigues-Mortes vers midi pour le pastis et une limonade à la menthe. L'après-midi, c'est la baignade, et le soir, retour sous le soleil déclinant du Midi.

Georges, surnommé "Patapouf" ou "le Gros" par ses camarades, porte des culottes courtes et la raie sur le côté. Il devient rapidement le centre de la bande d'amis composée d'Henri Delpont, Victor Laville, Loulou Bestiou et Émile Miramont. Ensemble, ils passent des journées entières sur la plage, ***"On y allait jusqu'à seize, dix-sept ans d'abord pour faire des pâtés et plus tard pour voir des filles et après, quand on était mariés, on n'y allait plus sur la plage."***
Cette plage devient le lieu de son enfance et le passage ***"directement de la Méditerranée auprès d'un tableau noir"*** est souvent douloureux.
Le tableau noir, c'est celui de l'école Saint-Vincent, l'institution religieuse de Sète. Sa mère l'y a inscrit dès l'âge de deux ans et il s'y rend avec sa sœur Simone, qui endosse le rôle de grande sœur avec délicatesse. Elle console son frère quand l'institutrice, Mlle Barrada, l'enferme dans un placard à balais pour le punir. Il en ressortira avec treize furoncles sur la tête. Non, l'école, Georges n'aime pas cela. ***"J'étais un élève médiocre, ni bon ni mauvais, sans intérêt. J'étais un chahuteur sournois, hypocrite. J'affectais d'être sage et gentil mais dès que le prof avait le dos tourné..."***

Georges Brassens, 1921.

Georges Brassens, dans les années 1920.

Brassens lors de sa première communion, entouré de ses parents et de sa sœur, 29 mai 1932.

Georges Brassens et sa sœur Simone sur la plage de Sète.

Georges Brassens enfant.

Georges Brassens et son père.

La classe de 3e B au collège de Sète, mars 1938. Georges est le 4e au centre depuis la gauche.

Georges Brassens et son père.

Enfance :
Georges Brassens est né à Sept, au bord de la mer, une ville très au Nord de Nice.
Raoul, il y a une petite faute.
Ça m'étonnerait, madame Girolon vient de nous faire réviser les chiffres.
Non, c'est pas comme le chiffre Sept. C'est encore mieux. Cette ville s'appelle Sète, comme Setus, le cétacé.
un cétacé, tu veux dire une baleine ?
indubitablement Raoul.
Vé le pitchoune !
Agabeu !
qu'y chante bien !
Georges Brassens est né sur une baleine (qui est un mammifère et pas un poisson)

Quel animal serait Georges Brassens s'il entrait au "Café des Sportifs" ?
Pas un chien
Pas un bouc
Pas un ours
Pas un vieux chêne même si les arbres ne sont pas des animaux
et pas un vieux cheval
Si Georges Brassens entrait ici sous sa forme animale, indubitablement ça serait un gros chat. Et il serait très heureux de se coller à la table de monsieur Jeangot Renard. Et si ces deux-là se racontaient des histoires, on n'aurait plus qu'à se faire tout petits et bien noter leurs racontars.
En fait, à ma naissance, ma ville s'écrivait encore "Cette", comme si on la désignait de l'index.
ça pouvait être qu'un gros chat.
indubitablement Raoul.
indubitablement
Alors voilà, quand je suis né, la caravane de mes parents, était stationnée en Belgique. Ah, je me souviens de l'odeur de mes premiers hérissons grillés...
Hum... sauf le respect Jeangot
C'est à moi qu'on consacre ces recherches encyclopédiques.
Enfin, je tiens à dire aux jeunes générations que la police emmerdait déjà les gitans quand j'étais enfant ce qui prouve bien que même le plus grand guitariste du monde ne peut pas trop changer le cours des choses.
Certes... mais ...
Parlons plutôt de moi.

"L'idéal serait d'être né nulle part parce que, finalement, les gens sont partout à peu près pareils. Et Sète me plaît. Moi, j'aime beaucoup ce pays car c'est le pays de mes parents, parce que c'est le pays où j'ai passé mon enfance et parce que c'est le pays où j'ai aimé la première fois."

Brassens enfant découvrant sans y avoir été préparé les dévotions au dieu Pan d'une bergère provençale.

Très sainte apparition du dieu Neptune à l'enfant Brassens sur le port de Cette.

esbaudissement de Brassens jeune homme sous l'ombre du phare Saint-Louis.

C'est à l'école que Brassens fait la connaissance du professeur Alphonse Bonnafé, une rencontre qui sera déterminante.
Surnommé "le boxeur", il a douze ans de plus que son élève, et son amour des "belles lettres" et de la poésie ouvre, chez le jeune Brassens, une porte qui ne se refermera plus. Avec amour et appétit, ce jeune professeur, tout juste débarqué du nord de la France, apporte avec lui un vent de liberté qui s'empare du futur chanteur.
Mince, sportif, champion de France universitaire de boxe, décontracté, Alphonse Bonnafé ne porte pas le chapeau à la mode des professeurs.
Il arrive en cours avec ses copies roulées dans sa poche, s'assoit sur son bureau, fait écouter des chansons à ses jeunes élèves et se plaît à réciter des poèmes entiers en classe. Il dédaigne Lamartine, Musset, Hugo mais vénère Rimbaud, Verlaine et Baudelaire. Une révolution dans ce carcan à l'époque si fermé de l'école publique !
"On était des brutes à quatorze, quinze ans, et on s'est mis à aimer les poètes. Tu mesures le renversement ?" avouera Brassens à son ami André Sève.[6]

Ce professeur différent donne le goût de l'écriture et repère le jeune Brassens qui, à ses heures perdues, commence à écrire de petits poèmes pour les beaux yeux des jeunes filles. Georges, dit "Jo", devient vite le Cyrano de ses camarades, rédige les lettres d'amour d'Émile Miramont avec qui il partage aussi ses premières expériences sentimentales.
Pour parfaire leur éducation sexuelle, ils décident un jour de se rendre à L'Escale, une boîte à matelots tenue par une certaine Marthe Richard.
Mais après avoir avalé leur menthe à l'eau, les deux camarades pétrifiés s'enfuient au galop !
Bien entendu, ils se vanteront par la suite auprès de leurs camarades de leurs exploits imaginaires.

Brassens est un apprenti séducteur et après avoir fait ses gammes derrière les dunes de la plage de Sète, il tombe amoureux d'Yvonne Dialet, son premier grand amour, serveuse de bistrot morte à dix-huit ans à qui il a dédié sa première chanson *Personne ne saura jamais*. Il y a eu aussi une certaine Marie-Josèphe, à qui il dédie *Vous souvenez-vous de moi ?*, une Mauricette, une Renée, une Yvonne.
Avide d'expériences sentimentales mais aussi musicales, Georges Brassens se met à jouer du banjo grâce à Marcel, un cousin de Simone, qui lui offre l'instrument pour accompagner ses chansons.

Mais le goût naturel pour le rythme pousse Georges derrière la batterie. Elle sera rendue à son propriétaire avec la peau crevée, après un concert mémorable à la cité Doumé, au-dessus du collège.
Son copain Metge est à l'accordéon, Georges à la batterie, et Émile au banjo. Une catastrophe.

Cependant, les garçons ne perdent pas courage et continuent sur leur lancée dans un boui-boui immonde : La Rose des Vents. Le lieu est tenu par un certain "Titougne", sicilien, qui a lui-même fabriqué son cabaret avec des planches ramassées sur la plage. Cette fois, le succès est au rendez-vous et le public est même plus nombreux à la Rose qu'au beau café d'en face, où joue un véritable orchestre d'au moins dix musiciens. Peu à peu, la musique commence à prendre une place de plus en plus importante dans la vie du jeune Brassens.
Le succès de Trenet lui ouvre quelques perspectives de rêve : écrire des chansons. Il essaie alors de composer, écrit de petits poèmes, des chansonnettes.
Sa mère lui a malheureusement refusé les cours de musique, jugeant ses résultats scolaires trop mauvais.

avec sa maman

avec Simone

"La musique, je ne l'ai pas apprise. Je l'ai apprise tout seul. Ma mère n'a pas voulu que j'apprenne la musique. Quand elle a vu que j'avais cette espèce de passion qui ressemblait finalement à une vocation, elle a eu peur de me voir devenir musicien. Hors les musiciens en ce temps, les cinémas muets ayant plié boutique, les brasseries ayant viré les musiciens, la plupart des musiciens, des excellents musiciens, allaient dans les rues, faire la manche. Ils se mettaient sur une place et ils tendaient la main. Alors, elle ne voulait pas voir son fils devenir musicien. Comme je n'ai eu que mon oreille mais c'est très suffisant pour la musique. C'est très possible qu'un analphabète placé au milieu de gens cultivés puisse devenir à son tour cultivé rien que par l'oreille, rien qu'en écoutant les autres, on prend cela comme on prend l'accent finalement. Ma sœur étant mon aînée de dix ans, elle m'a emmené voir les premiers films parlants. Alors j'ai vu Georges Milton, il chantait surtout. Vers les années 1929, 1930, 1931... C'est là que j'ai pris feu, c'est là qu'est née ma vocation, je ne me suis occupé que de cela, j'ai négligé mes études et dès que j'avais une musique, je la ruminais pendant une, deux semaines ou trois et je la négligeais au profit d'une autre mais elle revenait si elle tenait le coup, je passais mon temps avec une musique dans ma tête. Je passais mon temps à éprouver des espèces de frissons que je n'ai jamais ressentis autrement dans la vie que par la musique." [7]

Il court les casinos et les salles de concert pour y découvrir ses chanteurs favoris. Un soir, le chanteur Guy Berry reçoit un accueil épouvantable de la part du public de Sète. Offusqué par leur réaction, Brassens passe la nuit avec son ami Henri Delpont à le chercher dans la ville pour nettoyer l'offense reçue et lui expliquer que tous les habitants de Sète ne sont pas à l'image du public du Casino.

Tout en se rêvant artiste, Georges doit aussi aider son père dans son entreprise, qui fonctionne de moins en moins bien, peut-être à cause de son caractère trop docile, insouciant, qui lui fait prendre les choses comme elles viennent, avec optimisme malgré la déconfiture de son affaire... "Marche toujours ! répète-t-il à sa femme. Quand nous n'aurons plus rien, nous irons à l'hospice. D'autres que nous y sont allés..." Georges ramone des cheminées, démollit des cloisons, badigeonne des plafonds, monte des tuiles, mais cette besogne ingrate manque de hauteur pour un adolescent qui se met à rêver de la vie parisienne. Parallèlement à la musique, Brassens nourrit une véritable passion pour le cinéma.

Ce goût pour le grand écran a une influence sur l'allure de l'adolescent. Il porte des costumes à la manière de Cary Grant, se fait le look de ses acteurs favoris, rêve de western et de cow-boys. À défaut de plage, il passe l'hiver dans le cagibi de la rue de l'Hospice à regarder des Mickey, des Donald pour ensuite admirer Gary Cooper, James Cagney et Marlene Dietrich grâce au projecteur Pathé Baby de Simone. Georges se rend chaque dimanche au cinéma, à la deuxième séance, celle de 17 heures, après s'être promené avec ses copains le long du canal. Il se met même à écrire quelques projets de films. Ils montent une prétendue société de production cinématographique : l'Association cinématographique sétoise (ACS), qui sert à réaliser leur premier film. À Jo échoit le premier rôle, Henri Delpont est nommé metteur en scène, Victor Laville s'occupe des décors et Simone loue la caméra et achète les bobines. Il faut maintenant trouver un sujet. Ils se décident pour un western, remplaçant les chevaux par un âne découvert sur un terrain pelé qui tiendra lieu de plaines du Far West. Mais le metteur en scène ne peut rien en tirer car l'âne refuse de jouer à l'apprenti comédien. Le film doit s'arrêter, mais Brassens a attrapé le virus du cinéma.
"Je dois te remercier de te servir de Chaplin dans ta comparaison et aussi d'avoir vu quelle influence a exercé sur moi le rythme saccadé et poétique du cinéma muet" [8], écrit-il quelques années plus tard à son ami Roger Toussenot.
Après cet échec cinématographique, leur nouvel intérêt se porte sur un trou au fond du jardin menant à un prétendu souterrain. Ils rêvent d'un trésor sous ce terrain vague et, munis de pelles, ils creusent la terre, espérant mener grande vie. Nourris de contes médiévaux, ils se racontent des histoires de châteaux communiquant avec les couvents par de sombres galeries. L'entrée de leur caverne serait cachée et eux seuls en connaîtraient le chemin.
Mais le problème de la lumière reste entier. Comment faire pour y voir quelque chose ? L'imagination de Georges fait alors merveille. Il suffit d'enlever les roues de leurs bicyclettes et d'adapter une dynamo au pédalier, chacun pédalant à son tour. Mais, après de multiples ampoules aux mains, la réalité prenant le pas sur la fiction, ils se rendent compte qu'aucun trésor n'est caché dans le fond de ce jardin et préfèrent alors trouver de nouvelles occupations.
Amoureux de fiction, Georges Brassens va cependant se prendre les pieds dans la réalité.

Brassens
Père et fils

(sur son père)

" il rêvait de naviguer et lui, comme c'était un homme assez simple qui vivait dans des idéalités, il s'inventait des choses. il s'inventait des voyages. il vivait très à l'intérieur"

Georges Brassens jeune homme dans les années 1930.
Collection Pierre et Françoise Onteniente

Est-ce à force de trop regarder westerns et polars qu'il commence à mal tourner ?
Avec ses copains, Loulou Bestiou, Robert Bayle et Germain Metge, il se met à fréquenter une bande de jeunes voyous qui commettent de petits vols d'argent et de bijoux.
Par facilité, les proches en sont souvent les principales victimes. Georges subtilise la bague et le bracelet de sa sœur. Les bijoux et quelques larcins sont revendus par deux vieilles filles bigotes, les sœurs Bouillon, qui tiennent une bijouterie au cœur de la ville et revendent les bijoux subtilisés par les jeunes hommes dans l'arrière-salle de leur magasin. Comme l'une des sœurs tarde à leur remettre l'argent, Loulou Bestiou décide de la faire chanter.
Elle se rend alors à la police.
En quelques heures, les coupables sont arrêtés. Brassens se fait convoquer par la direction du collège et doit quitter sa classe. Ce sera la dernière fois qu'il y mettra les pieds. Il se retrouve au poste et son père vient le chercher. Celui-ci observe son fils coupable, du haut de son mètre quatre-vingts.
Tout le monde pense alors qu'il va sévèrement le corriger. Mais il s'approche de son fils et lui dit simplement : "Tu veux manger quelque chose ?"

"Je crois que mon père, par sa conduite, m'a donné là une leçon qui m'a aidé à me concevoir moi-même : j'ai alors essayé de conquérir ma propre estime. Je ne sais plus qui a écrit, à peu près, que toute supériorité agace une époque où chacun se hausse en abaissant les autres. Moi, j'ai tenté, avec mes petits moyens, d'égaler mon père. Je dis bien tenté." [9]

Les Quatre Bacheliers

Mais je sais qu'un enfant perdu
Sans vergogne
À de la corde de pendu
De pendu
A de la chance quand il a
Sans vergogne
Un père de ce tonneau-là
Ce tonneau-là

À la suite de son arrestation, Brassens est condamné à quinze jours de prison avec sursis. Il passe l'été reclus dans sa maison et se laisse pousser la moustache. Elvira se courbe sous le poids de la honte mais Louis tient tête, par son silence et sa fierté.

Nourrissant depuis longtemps le rêve de s'installer à Paris, Brassens profite de l'opprobre dont il fait l'objet pour convaincre ses parents de le laisser partir. Sa mère est folle d'inquiétude devant l'avenir si incertain de son fils, mais Louis tente de la rassurer : "Georges ? Il se démerdera."

Les Ricochets, 1940

J'avais dix-huit ans
Tout juste et quittant
Ma ville natale
Un beau jour, ô gué
Je vins débarquer
dans la capitale
J'entrai pas aux cris
D'"À nous deux Paris"
En Île-de-France
Que ton Rastignac
N'ait cure, Balzac !
De ma concurrence
De ma concurrence

La guerre vient d'être déclarée, Georges Brassens ne deviendra pas maçon comme son père mais part tenter sa chance à Paris.

Paris - Basdorf - Paris

Il arrive à Paris en février 1940 et débarque chez sa tante Antoinette, la sœur de Simone, qui est "logeuse". Elle l'héberge avec des locataires au 173, rue d'Alésia, dans le XIVe, à Paris. Sa tante tient une pension de famille après avoir quitté son mari, Ferdinando Antonio Fanato, cordonnier napolitain. Brassens la connaît bien puisque chaque été depuis 1931 il est venu en vacances chez elle. Elle travaillait alors dans une épicerie, rue de Castagnary, le long des voies de chemins de fer. Il a passé beaucoup de temps là-bas en allant livrer de temps en temps des personnes du quartier. Il aime l'ambiance de seconde zone de ce quartier de Paris et surtout il y a une bibliothèque à deux pas que Brassens se met à fréquenter assidûment.
Il y découvre François Villon, Charles Baudelaire, Guillaume Apollinaire, Alfred de Musset, Victor Hugo, Paul Verlaine, Charles-Louis Philippe... Il y passe des journées entières à lire des poèmes, à comprendre la versification, à se faire une culture littéraire qui le hisserait à la hauteur des poètes qu'il admire.

Mais Brassens ne peut pas passer tout son temps à se nourrir de littérature. Il doit trouver un travail rapidement. Car si sa tante lui offre le gîte, elle attend en retour de son neveu qu'il subvienne à ses besoins. Ne voulant pas faire n'importe quoi, il refuse un emploi de gardien à la morgue de l'hôpital Broussais, puis un poste de vendeur de poudre à laver à domicile. Il préférera passer une journée dans un atelier de reliure pour ensuite se faire embaucher aux usines Renault à Boulogne-Billancourt.
"En arrivant à Paris, j'étais allé travailler chez Renault, parce que j'avais besoin de vivre. En ce temps-là, je croyais que j'avais besoin de vivre, du moins, je ne savais pas encore qu'on pouvait s'en passer. J'ai su à ce moment-là que je ne me prêterais à aucun jeu social, que je ne servirais à rien. J'ai compris que j'étais inutile. C'est la comtesse de Noailles qui disait cela : « inutile mais irremplaçable ». Je vivais comme une sorte de fou, de simple d'esprit, qui n'a aucun sens du réel et auquel on facilite toutes les tâches, auquel on ne donne aucune initiative. (...) J'étais courageux, je n'avais peur de rien. J'étais aventureux. J'aurais pu devenir un pilleur de banques, je suis devenu Georges Brassens, mais j'aurais pu être un gangster. Par chance, j'aimais la chanson et j'aimais la musique, mais j'aurais pu être un Al Capone de petite catégorie." [10]
Bientôt, son copain de Sète Loulou Bestiou vient le rejoindre. Chaque matin, ils se lèvent tous les deux à l'aube, traversent Paris et reviennent le soir exténués. Ce genre de vie ne plaît guère au futur chanteur.
"Je ne voulais pas travailler, parce que j'avais l'impression que si je me mettais à travailler, si je prenais une profession déterminée, un métier, si je passais mon temps à louer mes bras ou ma petite tête à un patron, je ne pourrais pas me consacrer entièrement à mes chères études." [11]
Ce pénible apprentissage dure trois mois.
Car le 3 juin l'usine se fait bombarder par l'armée allemande, le 14 l'ennemi occupe la capitale et le 22 juin l'armistice est déclarée, signant le premier acte de collaboration entre l'État français de Pétain et l'occupant nazi. C'est l'exode. Les deux amis en profitent pour rejoindre Sète sac au dos, ils descendent à pied jusqu'à Melun, sautent dans un train de marchandises et arrivent enfin chez eux, où Brassens va passer les trois mois de l'été.

Honte à qui peut chanter

En mil neuf cent trent'-sept que faisiez-vous mon cher ?
J'avais la fleur de l'âge et la tête légère,
Et l'Espagne flambait dans un grand feu grégeois.
Je chantais, et j'étais pas le seul : "Y a d' la joie."

Et dans l'année quarante mon cher que faisiez-vous ?
Les Teutons forçaient la frontière, et comme un fou,
Et comm' tout un chacun, vers le sud, je fonçais,
En chantant : "Tout ça, ça fait d'excellents Français."

(Refrain)

Brassens passe ses journées dans la grande bleue, profite des amis, de la famille, tout en continuant à s'imaginer poète. En octobre 1940, il décide que cet exil loin de ses chères lectures a assez duré. Loulou Bestiou le laisse partir, laissant là ses rêves de capitale. De retour à Paris, Georges Brassens reprend le chemin de la bibliothèque. Mais il découvre bientôt l'autre trésor de Paris : un piano appartenant à sa tante sur lequel il compose ses premières mélodies, qu'il ne garde pour le moment que pour lui.
Entre le piano où il apprend à apprivoiser la musique et les heures passées à la bibliothèque, la vie de Brassens est solitaire et studieuse.

Le groupe des Français à la cantine de Basdorf.
Collection Pierre et Françoise Onteniente

Il ne fait que lire, écrire, lire, écrire... et vivre quelques histoires d'amour. Il rencontre d'abord Simone, mariée à un homme dont l'unique passion est le bricolage. Ce sera ensuite Maria, et son surnom "le succube", qui l'empoisonne par ses effusions romanesques...

Le Bricoleur

Comme il redoute que des canailles
Convoitent ses rabots, ses tenailles,
En se couchant, il les install'
Au milieu du lit conjugal (boîte à outils)
Au milieu du lit conjugal (boîte à outils)
Et souvent, la nuit, je m'éveille,
En rêvant aux monts et merveilles
Qu'annonce un frôlement coquin,
Mais ce n'est qu'un vilebrequin !

Mon Dieu, quel malheur,
Mon Dieu, quel malheur
D'avoir un mari qui bricole !
Mon Dieu, quel malheur,
Mon Dieu, quel malheur
D'avoir un mari bricoleur !

En juillet 1942, Brassens descend de nouveau à Sète pour les vacances. La grande aventure commence. Il a en effet décidé de publier ses écrits et doit réunir la somme nécessaire à la réalisation de son premier ouvrage : ***À la Venvole***.
Ces treize poèmes sont publiés à compte d'auteur chez Albert Messein, éditeur qui a dans son catalogue des œuvres de Verlaine et de Baudelaire.
Brassens conserve aussi un second recueil, intitulé ***Des coups d'épée dans l'eau,*** dans un cahier d'écolier. Ces vacances dans le Sud sont aussi l'occasion d'aller voir son idole, Charles Trenet, qui passe au théâtre de Montpellier.
Décidé à lui montrer les manuscrits de ses chansons, Brassens se rend au concert avec une petite valise remplie de brouillons. Il tente de rencontrer le maître mais est reçu par Roland Gerbeau, l'artiste qui assure sa première partie.
Celui-ci lui promet de remettre les précieux écrits mais Charles Trenet, que Brassens rencontrera quelques années plus tard, n'en aura aucun souvenir. Roland Gerbeau dit les avoir conservés longtemps dans une petite valise qui s'est perdue au fil de déménagements successifs.

À la fin de l'été 1942, Georges Brassens retrouve Paris, son piano et sa bibliothèque. Il reprend le chemin de la rue d'Alésia mais effectue parfois quelques détours vers un nouveau lieu, l'impasse Florimont, où il a rencontré une certaine Jeanne Le Bonniec. Lingère, elle est une amie de sa tante et vient d'épouser Marcel Planche, un carrossier client assidu des bistrots de la rue d'Alésia. Ces noces récentes n'empêchent pas Jeanne de tomber sous le charme du jeune poète sans le sou. En 1942, Jeanne a cinquante et un ans, Georges en a trente de moins.

Le 8 mars 1943, Georges Brassens se retrouve embarqué au service du travail obligatoire à Basdorf, en Allemagne, après avoir voulu refaire sa carte d'identité à la mairie du XIVe. Avec la complicité du gouvernement de Vichy, l'Allemagne nazie instaure la mise en place d'un service de travail obligatoire, destiné à fournir de la main-d'œuvre française gratuite à l'Allemagne nazie. Ils sont 170 000 Français à partir vers les usines allemandes pour soutenir l'effort de guerre du Reich. 400 jeunes Français sont embauchés dans une usine BMW située dans la banlieue de Berlin. Brassens quitte la gare de l'Est, prend le train avec deux camarades, Georges Paquignon, coiffeur, et Jean Lefebvre, employé de bureau. Ils échouent dans une forêt de pins en bordure de la métropole où des baraquements neufs sont prêts à recevoir les travailleurs étrangers. Chaque baraquement est composé de six chambres, chaque chambre contient seize lits. Cinq de ces logements de fortune sont dévolus aux Français.

Solitaire, bourru, Brassens impressionne ses camarades de chambrée. L'un d'entre eux s'aventure un jour à lui demander ce qu'il fait dans la vie : *"Moi? Rien."*
La réponse parfait l'image du personnage : un brin mystérieux, un poil patibulaire avec ses cheveux un peu longs et sa lourde silhouette.
Pourtant, c'est à Basdorf qu'il va tisser quelques-unes des amitiés les plus solides de sa vie.
C'est en effet dans ce camp que Brassens rencontre Pierre Onteniente, dit "Gibraltar", devenu plus tard l'inséparable et indispensable secrétaire. Pierre, surnommé alors "le poète", s'occupe de la bibliothèque où, chaque soir, un type vient chercher cinq ou six ouvrages en lui disant : "Je te les rapporte demain." Ce qu'il fait sans faute. Brassens passe ses nuits à lire, ce qui provoque un certain désordre dans sa chambrée.
Levé à 5 heures du matin, il lit jusqu'à 7 heures et empêche les autres de dormir. *"Laissez-moi allumer de bonne heure et je m'occupe de la corvée du café"*, leur demande Brassens. Son vœu est exaucé. Pierre Onteniente, qui a la fâcheuse habitude d'arriver chaque jour en retard à l'usine, retrouve pourtant sa carte poinçonnée tous les jours. C'est Georges Brassens qui, sans le lui dire, lui sauve la mise chaque fois. *"Tu n'as jamais remarqué que ta carte est poinçonnée ?"* lui dira-t-il un jour.
Brassens a déjà le culte de l'amitié. Il partage tout. Apprenant un jour que son copain Victor Laville est en Bavière, dans un autre camp du STO, il lui écrit et lui envoie des tickets de pain.

À Basdorf, il devient vite une sorte de chef tranchant les conflits, fait régner l'ordre et distribue à tous les paquets de nourriture qu'il reçoit de Jeanne. Pour lui, l'essentiel est de pouvoir continuer à écrire et à lire. Le reste n'a aucune importance. C'est dans ce contexte que Brassens fait aussi la connaissance de René Iskin, son premier interprète.
Surnommé "l'anarchiste" parce qu'il n'aime pas la guerre et le dit tout haut, il a tout pour plaire à Brassens puisqu'il est aussi un très grand connaisseur de chansons. Un soir, lors d'une virée à l'auberge située près du camp, René découvre Brassens en train de jouer distraitement quelques airs de Trenet sur un piano, dans un coin de la salle. "Tu es musicien ?" lui demande-t-il.
"Non, je joue un peu…"

Quelques jours plus tard, René Iskin déniche un piano droit poussiéreux dans la salle de spectacle du camp. Brassens s'y installe régulièrement pour divertir ses camarades et, peu à peu, on l'entend fredonner des airs que personne ne connaît : *Reine de bal, À l'auberge du bon Dieu.* Ces chansons sont signées de Brassens lui-même ! Mais pas question pour lui de monter sur une scène : sa grande aventure reste la littérature et ses chansons sont pour le moment destinées à de vrais interprètes.

Si Brassens fait ses débuts sur une véritable scène à cette époque, c'est tout d'abord comme "pianiste accompagnateur" de René Iskin dans les revues "Paris-Basdorf" du mois d'août 1943 organisées par un autre complice, André Larue. Pour ces spectacles Brassens compose de nombreuses chansons dont *Maman, papa, Souvenirs d'une parvenue,* qui deviendra

Le Mauvais Sujet repenti et lui vaut le surnom de "Bidet" en raison d'un couplet de la chanson :

Te souviendrait-il encore du/bidet d'hygiène/avec lequel j'avais fendu/ta boîte crânienne ?

Mais il y a aussi *Bonhomme*, *Pauvre Martin* ou encore *C'est nous les PAF* que le groupe d'amis, parmi lesquels on compte aussi Maurice Rémiot, s'amuse à chanter devant la sentinelle sur le chemin de l'usine :

C'est nous les PAF, les jeunes philanthropes, on nous a dit que c'était pour la France/et le plus rigolo c'est qu'il y a des cons qui le pensent.

Sur un cahier, René Iskin recopie les textes de ces chansons – une bonne cinquantaine – que Brassens commente parfois au fil des pages.
À l'usine, Brassens travaille comme contrôleur. Il doit vérifier le calibrage des cylindres de chaque moteur. Il faut faire 8 moteurs par jour.

Or, vérifier 8 moteurs de 8 cylindres est tout à fait faisable en une heure. Le rythme de travail laisse donc du temps libre. Brassens dissimule alors sous l'établi ses livres, ses cahiers, et il lit, écrit.

Dans un coin de l'usine se trouvent les toilettes. Chaque nationalité a sa propre cabine, ce qui permet au groupe de Français de se réunir régulièrement dans ces toilettes, qui deviennent alors le dernier endroit où l'on cause. Brassens joue, tape du rythme sur la porte comme il le fait le soir au réfectoire. Il interprète des chansons de Jean Tranchant, de Charles Trenet mais aussi ses propres compositions, comme *La Ligne brisée*, écrite sur la musique du *Gorille*.

La Ligne brisée

Scandaleuse, scandaleuse et zigzague, elle zigzague (...)
Sur l'air vague, vague, vague
Que cette ligne est indécente (...)
Allons-y un deux trois
À mort la ligne qui n'est pas droite
De se briser, qui lui donna le droit
Dites-le-nous, dites-le-moi.

Cette chanson est à l'origine du groupe des Briséistes, un parti clandestin que la bande de copains – René Iskin, Maurice Rémiot, Pierre Onteniente, André Larue et Georges Brassens – monte en secret.
Sur les portes des autres chambrées, ils posent des affichettes où on peut lire : "La ligne brisée, qu'est-elle, que veut-elle ? – les Briséistes, que veulent-ils ?", et ils se mettent à dessiner des lignes mystérieuses un peu partout dans le camp.

"La ligne qui voulut un jour triompher de la monotonie mais qui n'y parvint pas parce que ses ennemis, la stupidité et le rationalisme, étaient supérieurs en nombre et en quantité. Gloire aux Briséistes."
La courte histoire de ce parti s'arrête là.

En mars 1944, Georges Brassens obtient une permission de treize jours et revient à Paris. Jeanne l'y attend au 9, impasse Florimont. Il s'y réfugie le 21 mars 1944 pour se cacher en attendant la fin de la guerre. Brassens y restera plus de vingt ans.

Les japonais ont Totoro

nous avons Georges Brassens.

L'impasse florimont

"C'était une sorte de taudis. C'étaient les trucs que l'on est en train de démolir à tort d'ailleurs aujourd'hui, on y était très bien dedans. On n'avait ni l'eau, ni le gaz, ni l'électricité ! (...) J'ai un sens de l'inconfort tout à fait exceptionnel. Je me fous complètement du confort." [1]

Georges s'installe au rez-de-chaussée de cette maison dans une pièce qui sert aussi bien de cuisine que de salle de bains. De toute façon, l'eau, il n'y en a pas ! Une bassine dans la cour fait office de douche à côté de la petite chambre de Marcel. Celle de Jeanne est à l'étage, et ce drôle de ménage vit là en toute sérénité. Marcel part au bistrot le matin jusqu'à 11 heures. Il revient "plein comme un omnibus" en rouspétant si le repas n'est pas préparé. Après une sieste, il retourne faire la tournée des bistrots, *"absolument lucide, l'œil vif"* et, en *"ivrogne consciencieux"*, revient peu après *"en état de parfaite ébriété"*, comme le raconte Brassens. Ce dernier se lève aux aurores pour écrire et Jeanne fait régner l'ordre mais recueille tous les personnages désespérés qui passent dans le quartier. L'Impasse, c'est l'arche de Noé du XIVe arrondissement : chiens, chats, canaris, tortues, buse se partagent la petite cour, à croire que tous les animaux se passent le mot pour se retrouver dans cet endroit minuscule où ils ne manqueront jamais de rien.
"Les animaux, chez Jeanne et Marcel, les héros de l'Auvergnat, vous savez chez qui j'habite, et qui m'ont recueilli quand j'étais un peu à la dérive et c'est eux qui m'ont donné le goût des animaux. J'aimais les animaux mais je n'avais eu qu'un chat dans ma vie. Comme eux avaient énormément d'animaux, jusqu'à huit chats et trois chiens, j'ai fini naturellement comme je faisais partie de la famille, à les adopter." [2]

Chaque animal a sa petite histoire, son aventure à lui ; la cane, sauvée de la cuisine est adoptée par Jeanne et termine en chanson ; ou encore la buse aveugle, offerte par René Fallet : *"C'était une buse qui avait vécu à la campagne et à laquelle les paysans avaient crevé les yeux, je crois que cela porte malheur, elle a vécu pendant 4 ou 5 ans sur un perchoir sans bouger ; sans jamais descendre, on la nourrissait, on mettait une assiette sous elle. Elle est morte dernièrement. J'ai un perroquet, j'ai une pie, j'avais un corbeau qui est mort. Je m'intéresse à tous les animaux, si je pouvais avoir des éléphants et un serpent, je serais ravi."* [3] Il y a le caniche noir, Kafka, Kaf' pour les intimes, mais aussi Poupisque, "la poupée grotesque", Dolly, "la blonde hétaïre", Rougnous. Et puis il y a tous les chats, parfois neuf à la fois : Duchesse et Poulpiquet, Jocrisse et Joconde, Bichnec et Queue Coupée, "le beau gris" et "le beau noir" mais aussi des souris et des rats blancs que Jeanne se plaît à offrir aux visiteurs qu'elle apprécie, *"Et pour m'y retrouver dans tous ces états civils de cabots, de matous et de volatiles,* raconte Brassens, *j'inscrivais leur nom, leur date de naissance – jour d'adoption – et celle de leur mort sur le plâtre du mur de ma chambre. La liste était longue. C'était en quelque sorte leur monument funéraire, leur cénotaphe."*

La petite cour accueille une véritable ménagerie, chiens, chats, mais aussi souris, rats blancs, un perroquet et la fameuse cane qui, sauvée de la cuisine, est adoptée par Jeanne et termine en chanson : « La cane de Jeanne est morte, en gui l'an neuf, l'avait fait la veille, merveille, un œuf. »

Le soir, quand un animal manque à l'appel, Jeanne donne l'alarme : interdiction de se coucher tant que l'effectif n'est pas au complet. Elle fait le tour du quartier, frappe à toutes les portes, Marcel et Georges font le tour des terrains vagues et les recherches peuvent durer une partie de la nuit. "*Souvent*, raconte Brassens à son copain Battista, ***le déserteur nous attendait devant la porte de la maison. Sinon, nous devions repartir à l'aube.***"[3]
Quelques années plus tard, sur la route de Crespières, sa maison de campagne, Brassens ramasse un petit chat salement blessé par les roues d'une voiture. Il le récupère et le veille toute la nuit : ***"Il me regardait avec des yeux où je ne pouvais rien deviner. Un humain parle. Il te dit : « Délivre-moi ! J'ai mal ! Sauve-moi ! » Une bête, ça s'en remet complètement à toi... à ta discrétion... à ta merci. Elle te laisse la responsabilité entière de sa mort.***" Brassens tuera le petit animal, non sans remords tout au long de sa vie.

Plus tard, il achète un perroquet pour l'offrir à Jeanne. ***"C'est facile d'avoir un perroquet, il suffit de pouvoir le payer. Le perroquet, c'est un oiseau de luxe, on me reproche de ne pas aimer vivre dans le luxe, de vivre dans un taudis, mais j'ai quand même un perroquet."***
Dans le magasin, Georges Brassens hésite à faire son choix. "Vous voyez, monsieur Brassens, lui explique le vendeur, celui-là est plus cher, non pas à cause de son plumage mais parce qu'il siffle parfaitement *Étoiles des neiges* !" Alors, Brassens se dit ***"Un perroquet qui siffle parfaitement*** **Étoile des neiges** ***est forcément un con"*** et il prend le Jacquot, qui, une semaine après, se met à siffler *Le Vieux Léon*. L'oiseau restera vingt ans avec Brassens qui s'amuse à lui apprendre quelques phrases comme "Untel est cocu" quand un copain vient de se marier.
Souvent, lorsque les copains débarquent à l'Impasse, c'est un sonore "bande de cons" de Jacquot qui retentit, en guise de bienvenue.

Tous les animaux, les borgnes, les chats pelés, les souris et les rats seront toujours les bienvenus à l'Impasse, mais il n'en est pas de même pour les hommes. Jeanne a ses têtes et il est parfois bien difficile de se faire accepter chez elle. Pour les dîners, ce sont dix personnes et pas une de plus ! Et si un onzième visiteur arrive, il reste à la porte, car avec Jeanne, il n'y a pas moyen de discuter.
L'abbé Barrès, ami d'enfance de Brassens, en fait l'expérience un jour où il se rend à l'Impasse. Jeanne ouvre.
- Je viens voir Georges.
- Il n'est pas là.
L'abbé prend le chemin du retour un peu déçu du contretemps, quand soudain il entend le chanteur qui l'appelle. Jeanne s'est attribué un rôle de cerbère qu'elle joue à la perfection : "Brassens ? Qu'est-ce que vous lui voulez ? Si vous croyez qu'il a besoin qu'on lui tienne compagnie..." réplique-t-elle à des inconnus qui passent chez eux.
Il faut montrer patte blanche pour être admis dans cette tanière et peu de figures féminines ont le privilège de pouvoir partager un repas.
Les premières années, Jeanne cache l'unique pantalon de Georges pour l'empêcher de rejoindre ses fiancées. Jeanne veille. Ainsi, Püpchen[5], la compagne de Brassens, ne sera jamais la bienvenue à l'Impasse... Brassens l'a connue en 1946. Un soir, à la sortie du métro Plaisance, elle remarque un jeune homme qui ne cesse de la regarder.

Brassens et Püpchen à Paris.
Collection Marion Poletti

Cette scène se reproduit plusieurs soirs de suite jusqu'au jour où il ose l'aborder : "Il savait où je descendais puisque nous n'habitions pas loin l'un de l'autre. On est descendus ensemble, on a continué à bavarder, on est allés ainsi jusqu'au boulevard Brune. Il y avait une vieille gare, on ne pouvait plus se quitter, on parlait ; on a parlé... parlé...

puis il m'a demandé s'il pouvait me revoir. On s'est vus ainsi pendant cinq ans jusqu'à ce qu'il chante." [5] Comme Püpchen est mariée, même si elle vit séparée de son époux, tous les copains tentent de dissuader le jeune amoureux : *"Je veux qu'elle m'aime et elle m'aimera"*, réplique inlassablement Brassens en guise de réponse. Leur histoire débutera là, à l'angle de la rue Didot et de la rue de Vanves, à l'endroit même où, pendant la guerre, Brassens a manqué de se faire arrêter par deux policiers, événement relaté dans sa chanson *Entre la rue Didot et la rue de Vanves.* Au fond, Brassens s'accommode fort bien du fait que Püpchen soit mise à l'index de l'Impasse. Son non-conformisme le pousse en effet à refuser de partager un quotidien qui gâcherait tout, et à donner rendez-vous à sa favorite trois fois par semaine à 15 heures précises, *"La femme de ma vie, je la connais depuis 1946, nous n'avons jamais vécu ensemble, mais, trois fois par semaine, nous nous donnons rendez-vous à 15 heures. À partir de 14 heures, je suis heureux, j'ai rendez-vous avec elle."*
La vie à l'Impasse est rude. Marcel partage son tabac, un pot en terre planté au milieu de la cour où chacun dépose ses mégots et le reste de tabac qu'il a pu trouver. Ce pot sera le sujet d'une belle engueulade avec "Corne d'Aurochs", qui, non content d'être logé quelque temps à l'Impasse, pioche sans vergogne dans cette réserve sans jamais songer à l'approvisionner. Brassens est très en colère mais Émile Miramont sera pardonné à la suite d'une autre aventure. Décidé à rejoindre un réseau de Résistants, il se voit mis à l'épreuve, et doit "supprimer" un Boche. Incapable d'assassiner l'Allemand de sang-froid à la sortie d'une boulangerie, "Corne d'Aurochs " revient défait à l'Impasse où Marcel et Georges l'accueillent à bras ouverts afin qu'il réintègre sur-le-champ la "confrérie des fumeurs de mégots." Il faut dire que durant cette période, Brassens vit coupé du monde, totalement étranger à la guerre qui sévit.
"Je ne regrette pas non plus, je suis même très heureux, de ne pas avoir fait la guerre. Je ne me vois pas en ancien pilote de chasse. Ça m'emmerderait maintenant. Seulement, évidemment, ils ont des excuses. C'est que, à ce moment-là, le monde était fou. Moi, je n'étais pas fou, ma folie était ailleurs, j'écrivais, je pensais à autre chose, je vivais déjà en marge du monde, je m'étais créé un univers dans lequel n'avaient cours que les idées, les pensées, les sentiments que j'acceptais. Je vivais très peu dans le présent et dans le milieu ambiant, je vivais juste dans le temps superficiel de ma mémoire.

Brassens dans l'escalier, impasse Florimont, 28 octobre 1953.
Photographie Maurice Jarnoux - Paris Match - Scoop

Je disais bonjour, bonsoir, mais c'était dur, tout le reste se passait dans cet univers. Je vivais tout à fait étranger, j'étais étranger à la réalité, c'est ce qui explique que n'étant pas un trouillard, je n'aie pas été héroïque, parce que je n'étais pas là." [6]

Pendant huit années, Brassens vit sans un sou en poche. Jeanne glane les restes des marchés du XIVe et quand les amis viennent à l'Impasse, c'est avec leur propre nourriture.
Pierre Onteniente, qui vient chaque dimanche, apporte avec lui son bifteck.
"Depuis trois mois, nous mangeons par hasard. Je profite de ma mauvaise denture pour boulotter le moins possible. Mais Jeanne et Marcel ont d'autres conceptions. J'en pleure (...). Pour abréger, disons, que la situation n'a jamais été si lamentable dans l'Impasse. Bientôt, grâce à la disparition de ce muscle inutile qu'est l'estomac, nous pourrons nous montrer dans les foires, et gagner ainsi le droit de retrouver un autre estomac." [7]
Certaines personnes leur viennent en aide, comme Roger Toussenot, destinataire d'un grand nombre de lettres de Brassens, qui envoie régulièrement des colis de vivres pour nourrir les habitants de l'Impasse. De 1946 à 1950, une importante correspondance lie les deux hommes. À travers ces lettres, on décèle le goût de l'écriture du jeune Brassens et sa volonté de devenir poète au détriment de la chanson, une forme qu'il perçoit alors comme mineure et sans véritable importance. Mais personne, hormis Jeanne et Marcel, ne s'intéresse à ses écrits : *"J'étais quand même une espèce d'épave, une épave studieuse, mais une épave."* Il continue pourtant à remplir ses carnets et tous les papiers qu'il trouve de nombreux écrits : des pièces de théâtre, comme *Pensez à moi* ; des manuscrits jamais publiés comme *Les Couleurs vagues, Le Taureau par les cornes, L'Éloge de l'école buissonnière, Le Vent des marécages.*

*"Les choses étaient très pénibles. Vous ne pouviez pas vous habiller différemment des autres. Je m'en rappelle. J'avais les cheveux longs en ce temps-là, cela ne se faisait pas du tout, tout le monde se payait ma tête.
Mon secrétaire, Gibraltar, le seul qui m'a connu à cette époque, qui était employé dans une administration. Quand j'allais le voir, son patron lui parlait de moi et lui disait : « Qu'est-ce que c'est que ce type ? »
Je faisais peur. Si vous m'aviez vu, j'avais les cheveux un petit peu moins longs qu'on ne les a aujourd'hui mais beaucoup trop longs pour l'époque.
On disait que j'étais sale, que j'étais plein de poux. J'avais des espadrilles, je ne portais jamais de cravate, bien sûr. J'avais inventé cela avant tout le monde.
Je n'avais pas de blue-jean parce que je m'habillais français vu que je n'avais pas les moyens d'avoir de blue-jeans. (...) Mais je m'habillais de façon tout à fait simple. J'avais un froc l'été et une chemise par-dessus. C'était pas courant à l'époque, cela."* [8]

Pierre Onteniente habite désormais une petite chambre du côté de Pigalle. Depuis son retour de Basdorf, il a repris son travail de contrôleur au Trésor public. Un soir, on sonne à sa porte : "Tiens, un copain de Basdorf !" Cinq minutes plus tard, on sonne de nouveau : "Tiens, un autre copain de Basdorf !" Pendant toute la soirée, les vieux copains vont ainsi défiler un par un. C'est un coup monté par l'instigateur Brassens, qui arrive le dernier !
Ils se retrouvent finalement à quinze dans la petite pièce, grâce à cette mise en scène montée avec la complicité de René Iskin et André Larue.
Il prend l'habitude de venir chaque lundi soir chez Pierre. Ils descendent ensemble acheter

des raviolis chez le traiteur italien, puis parlent toute la soirée de chansons et de poésie.
Le mercredi, c'est chez les Laville qu'il se rend, rue Notre-Dame-des-Champs. Il y passe une partie de la journée à chanter des chansons pour faire passer le temps.

La Littérature

Jeanne, surnommée "Calamity Jane" par Brassens, est prête à tout. Elle donne de l'argent pour la parution de ses ouvrages et croit en lui comme personne ne l'a jamais fait auparavant. Cette vie hors normes qu'il aime, même si elle est très difficile, l'amène tout naturellement à découvrir les vers de François Villon, ce poète bandit du Moyen Âge.
Il deviendra non seulement une source d'inspiration mais aussi un véritable modèle pour l'écriture des textes de ses chansons.

"Villon m'a intéressé (...), j'ai toujours été tenté par cette idée de marge. J'ai vécu avec Villon pendant deux années. Je ne lisais que ça. J'étais devenu lui. C'est passionnant : aujourd'hui encore, je pense encore, je pense souvent à lui. J'ai beaucoup aimé Villon et je l'ai beaucoup travaillé. Je l'ai beaucoup étudié, je l'ai beaucoup goûté. Il m'a semblé que ce serait une bonne idée de faire connaître mon ami Villon à certains qui n'en avaient jamais entendu parler. J'ai pensé que peut-être grâce à moi, La Ballade des dames du temps jadis, *aurait un peu plus de succès, de succès populaire, qu'elle n'en avait eu : et j'ai gagné !"* [9]
Brassens aime se confondre parfois avec ce poète tant admiré. Il se rêve bandit de grands chemins, à vivre de rapines et d'expédients. On retrouve dans ses chansons de multiples hommages discrets, des allusions, des déférences comme dans sa chanson *Le Moyenâgeux*, où il va même jusqu'à regretter de ne pas mener la vie d'un brigand et de ne pas mourir sur le gibet.

Le Moyenâgeux

Le seul reproche, au demeurant,
Qu'aient pu mériter mes parents,
C'est d'avoir pas joué plus tôt
Le jeu de la bête à deux dos.
Je suis né, même pas bâtard,
Avec cinq siècles de retard.
Pardonnez-moi, Prince, si je
Suis foutrement moyenâgeux.

Il y a aussi La Fontaine, qu'il lit presque chaque jour, Voltaire, dont il dévore *Le Traité sur la tolérance* et qu'il met tout au long de sa vie au panthéon de ses auteurs préférés.

Défense de l'école buissonnière

Bien que toutes les saisons conviennent à l'école buissonnière, c'est le printemps qu'elle choisit de préférence..
L'hiver bien sûr ne manque pas de charme ; on y peut trouver de la neige et des batailles formidables mais l'on porte des vêtements encombrants et l'on est chaussé de godillots si lourds qu'ils nous interdisent de nous démener à notre guise. Et puis les plus grandes batailles ne sont pas éternelles ; on se lasse bientôt de se lancer des boules blanches à la tête et alors, la bise intensifie ses tracasseries ; on commence d'avoir des frissons, de grelotter, de battre la semelle et l'on doit finalement reconnaître qu'il vaudrait mieux subir des inoculations douloureuses de science dans une classe délicieusement chauffée plutôt que de se geler au milieu de la campagne.

Au printemps tout est plus commode, plus facile d'abord on est revêtu de légèreté qui donne libre cours à nos élans ; ensuite les obstacles moraux et matériels disparaissent sous une caresse de verdure et de renouveau .. L'espace est clair, câlin, il fleure bon, les oiseaux qui s'y balancent donnent l'exemple de la liberté, on a envie de se confondre avec les infinis, de sauter de crier, de casser des vitres, de s'élever au dessus des autres et de soi même...
Une tendresse nouvelle s'accroche à nous .. On a quinze ans, ou seize.

Parfois c'est la veille que l'on projette la douce aventure ; le professeur a été démesurément stupide et sévère, on se vengera de cette manière ; mais le plus souvent la belle décision éclot spontanément

2 L'on est un, l'on est deux, l'on est trois ... l'on
se dirige vers le collège .. le premier n'a pas eu
le courage de faire ses devoirs, le deuxième n'a
pas eu le goût d'apprendre ses leçons, le troisième
n'a pas eu le temps de faire ses devoirs et d'appren
dre ses leçons .. Si l'on y va, c'est l'impitoyable
punition, l'inévitable retenue. .. Non seulement
l'on aura passé toute cette journée enfermé, mais
encore il faudra venir jeudi ou Dimanche purger
une peine de deux ou quatre heures d'emprison-
nement ~~pendant~~ tandis que les autres (des buses ne
comprenant pas la liberté) seront entièrement li
bres de faire ce qui leur plaira, ce qui plaira à
leur famille pardon (l'on sait d'ailleurs que
ces pauvres types ces bourgeons d'esclaves sont par
tisans de l'école du jeudi et du Dimanche et,
qu'à défaut ils essayent de retrouver chez eux l'at
mosphère de l'étude en se plongeant dans des tas
de bouquins)
En outre il y aura les réprimandes des parents,
qui par esprit d'imitation donnant raison
au punisseur, nous priveront de sortie et d'ar
gent de poche pendant deux Dimanches et refu
seront de nous offrir le costume grâce auquel
ont pourrait provoquer des ravages dans les
coeur des jeunes filles
Le collège apparait à quelque dizaines de mè
tres et ~~le~~ soleil déverse à grands seaux la lu-
mière et la chaleur ou s'il ne le fait pas encore
il promet de le faire .. Le bleu du ciel coule
lentement sur le toits des maisons et la brise
fraiche s'y trémousse .. On démuselle les fenêtres
et les fillettes ont des éclats de rire imprégnés
de baisers ..
aller s'enfermer jusqu'au soir entre quatre murs
de ciment sous la sévérité d'un pion très laid
serait trop bête, trop commun
Y va t'on ! n'y va t'on pas !

3/ L'on n'est plus qu'à vingt pas du bagne, et soudain un chemin se présente, un petit chemin que l'on n'avait pas assez remarqué jusqu'ici un joli chemin qui fait semblant de conduire au collège mais qui après quelques subtils détours nous déposerait au coeur même de la nature..

On le prend, on le prend, on l'a pris et l'on est sauvé.... Et l'on marche, l'on marche en chantant tout ce qui se présente à nos lèvres, les chansons obscènes aussi; les chansons obscènes surtout, pour réagir contre l'austérité insipide des universitaires; l'on marche en fumant les cigarettes que l'un de nous a eu l'intelligence de voler à son père; l'on marche en parlant de ses petites amies (au sens presque honnête du mot) que l'on retrouvera à l'entrée des vacances et que l'on caressera purement malgré les chansons obscènes et les menaces de possession brutale; l'on marche en songeant à ces imbéciles de professeurs qui débitent des fadaises et à ces imbéciles d'élèves qui les écoutent et les croient; l'on marche et bientôt l'on arrive à midi et l'on se sépare pour rentrer chez soi et persuader ses parents que la leçon de ce matin était intéressante et que l'on en a tiré profit...

Demi mensonge à la vérité car si l'on a perdu quelque chose, quelque notion de bon savoir qui ont été semées dans cette classe où l'on ne se trouvait pas, l'on a par compensation avalé des bols d'air aromatisés d'allégresse, de liberté et de pureté et, si l'on est un tant soit peu lyrique ces parfums resteront en nous et y germeront pour nous apporter plus tard lorsque la vie aura effiloché le rêve des sentiments miraculeux.

A la lueur douce de l'évocation l'on reverra

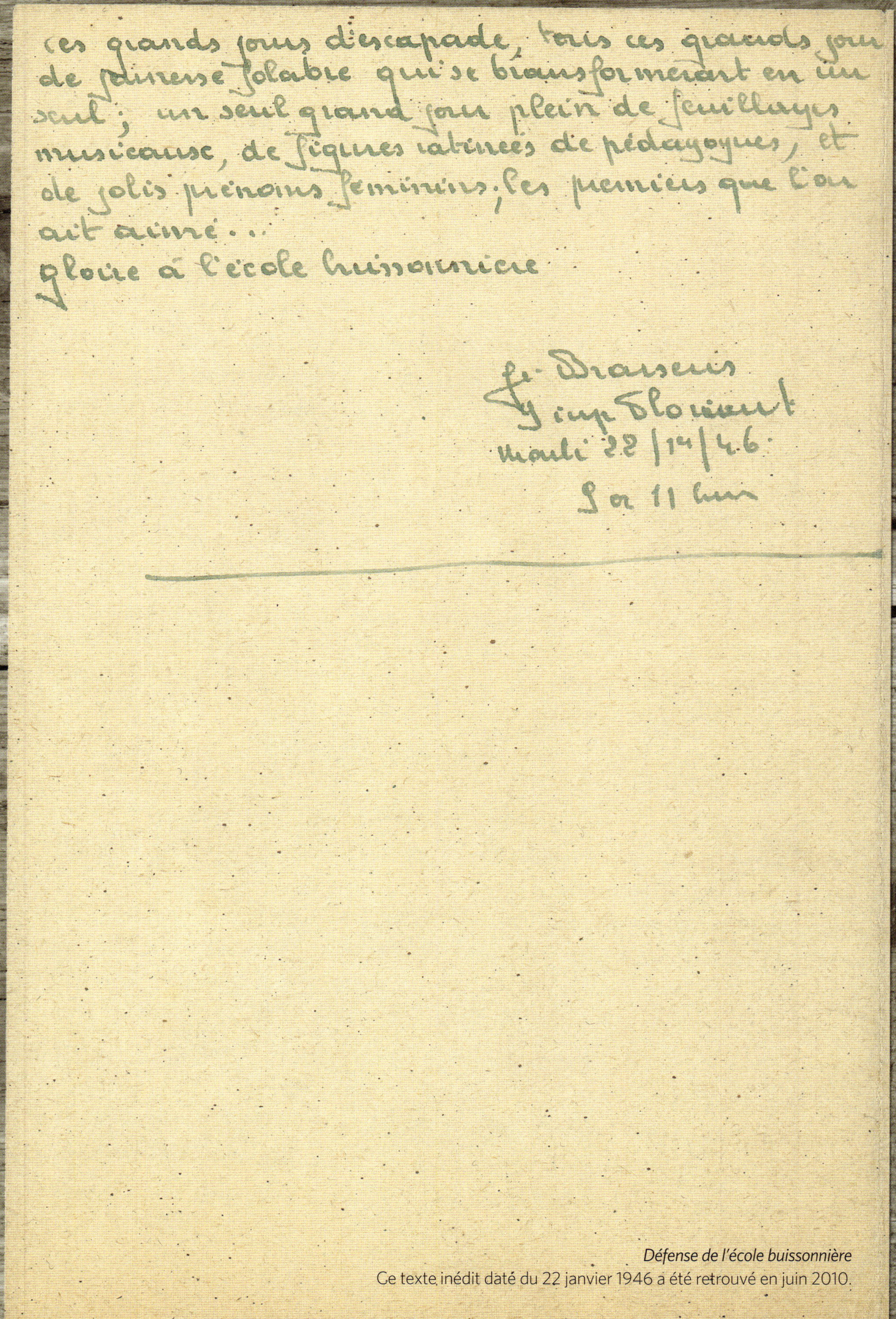
ces grands jours d'escapade, tous ces grands jours de jeunesse folâtre qui se transformeraient en un seul ; un seul grand jour plein de feuillages musicaux, de figures ratinées de pédagogues, et de jolis prénoms féminins, les premiers que l'on ait aimé...

Gloire à l'école buissonnière

G. Brassens
Imp. Florimont
Mardi 22/1/46.
Soir 11 heures

Défense de l'école buissonnière
Ce texte inédit daté du 22 janvier 1946 a été retrouvé en juin 2010.

tous les chiens du pays savent bien
que le confiseur n'aime pas les bêtes,
aussi quand ils ont envie de satisfaire
leurs boyaux c'est sa ~~boutique~~ devanture qu'ils
choisissent

Toutes les autos du pays savent
bien que le confiseur est ~~un être~~ d'humeur ~~vieux~~ grognon
grognon aussi, quand ~~elles~~ ont envie
d'avoir un accident, c'est sa ~~bouti~~ vitrine
que qu'ils choisissent.

tous les vagabonds du pays savent
bien que le confiseur ~~est un avare~~ adore les sous,
aussi quand ils ont envie de violer
la loi qui protège la propriété c'est
sa boutique qu'ils choisissent.

tous les jeunes gens du pays savent
bien que le confiseur est un vieux ja
loux, aussi, quand ils ont envie de
jouer aux hommes c'est sa femme qu'ils
choisissent.

toutes les maladies du pays savent
bien que le confiseur ~~est un être inutile~~ ne sert à rien
aussi, quand elles ont envie de faire
des ravages, c'est sa ~~bout~~ carcasse qu'elle
choisissent.

Le col de ma ~~chemise~~ chemise était affreusement sale, il y avait 8 jours que je n'avais pas changé et mes pieds étaient chaussés de vieux godillots que les pavés des routes méchantes avaient rongés

J'avais une barbe longue noire, laide à faire peur à des fantômes, depuis 8 jours je n'étais pas rasé et mon costume présentait les affres d'une fin proche et vraiment méritée.

Vous m'êtes apparue alors avec des yeux qui faisaient la pige au ciel et des cheveux qui flânaient contre vos épaules et je vous ai suivie pour vous dire mon rêve et vous m'avez répondu d'aller me décrasser

Bien sûr, j'avais le col de ma chemise sale mais je connaissais des chansons que personne ne connait et je savais par coeur les mots "je t'aime", la vie n'avait pu me les faire oublier ~~et je savais de caresses profondes et pures~~

quand ta maman petite fille te dira
que les garçons genereux et gentils
n'existent pas, n'en crois rien, car ce
n'est pas vrai.

Mais se promène dans mon
coeur et par dessus tout le bonheur
le bonheur perd son temps avec
les imbeciles, c'est à croire qu'il
n'a pas plus d'esprit que de coeur.

quand elle sortira du couvent elle
aura peut être oublié tout, jusqu'à
mon nom, jusqu'à mon âme, jus-
qu'à l'être qu'elle était en ce temps
là...
Ça ne sera pas de sa faute...
Compagne d'un de ces hommes
qu'elle trouvait idiot, elle accom-
plira dignement son destin de
maîtresse de maison et de mère
de famille et je ne saurai rien
des jours qu'elle vivra et elle ne
saura rien des jours que je vivrai
et peut être nous ne chercherons
pas à savoir quelque chose l'un
de l'autre.

Dans nos ~~chemins~~ reves quand nous le vou-
drons il y aura des enfants terribles
qui en courant comme des fous après
des cerceaux peut être imaginaires
s'amuseront a renverser les vieilles da
mes acariatres; toutes les vieilles da
mes acariatres qui ressemblent a des
marabres et maudisent l'age serein

Dans nos ~~chemins~~ reves, quand nous le
voudrons, il y aura des amoureux
terribles qui feront semblant d'échan
ger des baisers et des caresses impures
afin d'effaroucher les vieilles dames
pudibondes. toutes les vieilles dames
pudibondes qui ressemblent a des
marabres et qui grondent l'age serein

Dans nos reves, quand nous le vou
drons il y aura des moustiques terri
bles qui vrombiront au ciel des
ames et qui piqueront le cou des
vieilles dames méchantes, de toutes
les vieilles dames méchantes qui ressem
blent a des marabres et qui battent
l'age serein

Ce texte inédit a également été retrouvé en juin 2010 avec celui de *L'École buissonnière*.

Georges Brassens entouré de Jeanne et Marcel Planche, René et Agathe Fallet, Pierre Onteniente et Marcel Lepoil, 1960.
Collection Pierre et Françoise Onteniente

"Chez les écrivains que j'ai aimés, je les ai aimés parce que ce que je trouvais chez eux je l'avais déjà en moi et je l'ignorais (...) Je préférais quand même toujours les vers à la prose, souvent on trouve des gens comme cela à l'asile qui aiment bien scander des phrases, chez les gens un peu simples comme cela, on aime bien scander, les premiers hommes ont dû commencer par scander, on a commencé par un cri et puis par deux, on a dû commencer par la poésie, enfin par la forme scandée certainement. J'ai lu à peu près tout le monde, dire que j'ai bien lu tout le monde, c'est une autre histoire mais des auteurs m'ont particulièrement frappé. J'ai lu en particulier les classiques : Racine, Corneille, Molière, La Fontaine, voilà les gens que j'ai lus. (...) [10] *Ronsard, mais Ronsard aussi était d'un abord difficile moi qui n'ai fait que trois ans de latin. Mais, dire que je connaisse bien Ronsard et qu'il m'ait touché profondément, non. (...) Mais c'est ma faute et ce n'est pas la faute à Ronsard cela va sans dire. J'ai beaucoup lu Rabelais, qui est difficile comme Montaigne mais qui correspondait au tempérament que j'avais à ce moment-là. Et puis, je me suis surtout penché sur les poètes du XVIIe car à ce moment-là la langue – bien qu'elle ait beaucoup évolué aujourd'hui – mais la langue du XVIIe siècle m'était très accessible. J'ai pensé que ces gens-là pouvaient me nourrir."* [11]

La littérature joue une place centrale dans la vie de Brassens et dès qu'il aura un peu d'argent, il fera acheter en dix exemplaires les livres qu'il aime pour pouvoir les distribuer. À son ami l'humoriste Raymond Devos, il offrira tous les livres sur le rire ainsi que les ouvrages des philosophes Alain et Gaston Bachelard. Un soir qu'ils évoquaient les fantasmes sexuels, Brassens répliqua à son ami : *"Tu verras, on n'a rien inventé."* Deux jours après, il lui expédiait un ouvrage sur les mœurs sexuelles des insectes. Brassens se mettra, à plus de cinquante ans, à prendre des cours de latin pour lire dans le texte les auteurs latins qu'il admire. Certains livres auront valeur d'adoubement pour les nouveaux amis.

Georges lisant, impasse Florimont, 1956.
Photographie Pierre Cordier - ADAGP, Paris, 2011

Il n'est pas possible de devenir ami avec Brassens si l'on n'apprécie pas le livre de Claude Tillier, *Mon oncle Benjamin*. Ce livre est le récit truculent d'un médecin de campagne, amoureux des femmes et du vin, libre penseur, anarchiste et révolté. *"Quand j'ai lu* Mon oncle Benjamin, *je me suis découvert, je devais avoir 24 ou 25 ans et je le lis chaque année, comme Charles-Louis Philippe et* Les Contes du matin." [12] *Le Bachelier sans vergogne* d'Albert Marchon, récit d'un vagabondage, compte aussi parmi ses livres de chevet, ainsi que *La Ballade de la geôle de Reading*, d'Oscar Wilde. Brassens, si peu matérialiste, vit entouré de ses livres, qu'il prend soin de faire relier, qu'il classe dans sa grande bibliothèque et ne cesse de consulter. *"À chaque fois que dans ma vie j'ai essuyé un mauvais coup j'ai lu* Typhon *de Conrad. Le sort ne m'a pas ménagé : je l'ai lu cinq à six fois. C'est mon livre de bord. Je l'emporterai dans la barque fatale. J'en connais des passages par cœur. Sur mes lits de souffrance, par un singulier rapprochement, je me trouvais dans une situation comparable à celle d'un navire en plein ouragan. Je ne pouvais plus me dérouter. Il me fallait affronter le mal comme un typhon : corps à corps. Je me répétais les ordres du capitaine à son second : « Debout au vent… toujours debout au vent ! C'est le seul moyen d'en sortir. Faites face, ça n'est déjà pas si facile. Et du sang-froid ! » Je devais, comme les marins, me tirer seul d'un mauvais pas."*
Chaque livre joue son rôle dans la vie de Brassens. L'un célèbre les copains, l'autre la témérité, d'autres encore, une certaine philosophie de vie comme *Les Nourritures terrestres* d'André Gide, que son ami Roger Toussenot lui a offertes. Des passages soulignés sont révélateurs de l'humanité de Brassens : "En vérité, le bonheur qui prend élan sur la misère, je n'en veux pas. Si mon vêtement dénude autrui, j'irai nu. Ah ! tu tiens table ouverte, Seigneur Christ ! Ce qui fait la beauté de ce festin de ton royaume, c'est que tous y sont conviés." Certains passages soulignés nous font penser qu'il n'a pas seulement recopié ses mots mais qu'à force de les relire, il les a faits siens dans son quotidien.

"L'intérêt de Brassens, c'est qu'on n'a pas tellement besoin de lire avec lui, il a une telle mémoire qu'il s'occupe de vous le réciter"[13], aime à répéter son copain Fallet. Brassens a gardé cette mémoire impressionnante. Il s'amuse à réciter des passages entiers de Victor Hugo, de Charles Péguy, histoire d'impressionner son auditoire mais toujours avec l'air de ne pas y toucher. C'est aussi cela, l'art de Brassens : l'élégance sans appuyer.

Ses tentatives de publication

Pour le moment, l'apprenti écrivain noircit ses carnets, écrit sur tout ce qui se présente : des petits bouts de papier sont ainsi griffonnés, les pages vierges d'un livre font aussi très bien l'affaire de même que ses fameux cahiers, qu'il conserve avec soin. Aidé par les traités de versification qui ne le quittent jamais, comme les ouvrages de grammaire, d'orthographe et de nombreux dictionnaires, Georges Brassens rattrape son retard et se met à se passionner pour la construction de phrases et l'art poétique. Entre 1940 et 1944, il écrit 300 à 400 poèmes et près de 100 chansons.

Georges Brassens continue de se rêver écrivain poète et publie son livre, *La Lune écoute aux portes,* en 1947, un texte délirant et surréaliste qui devait tout d'abord s'intituler *Si les lièvres avaient des fusils, on n'en tuerait pas autant* ou encore *Lalie Kakamou.* Dans cet ouvrage, Michel Leiris "initie les fillettes aux rapports sexuels résolument malpropres" et François Mauriac est intronisé "président de la secte occulte des masturbateurs frénétiques". L'ouvrage est signé Georges-Charles Brassens, en hommage à l'auteur Charles-Louis Philippe, que le chanteur admire. Sur la couverture, Brassens a fait imprimer ces mots : "Éditions Gallimard, bibliothèque du lève-nez", et il envoie un exemplaire du livre au célèbre éditeur, accompagné d'une lettre : *"Je n'ai pas voulu vous faire perdre du temps précieux, certain par avance de votre accord. Malgré votre renommée de voleur monstrueux, votre prestige est incontestable et je vous désigne comme mon éditeur."*
Persuadé de créer ainsi un petit scandale au sein de la maison d'édition et de retenir l'attention de la direction, il ne reçoit aucune réponse.
Ses seuls lecteurs restent ses copains et Jeanne, la fidèle, qui le soutient envers et contre tous.

En 1950, Brassens écrit *La Tour des miracles,* qui ne sera publié qu'en 1953, l'année de la consécration. Ce roman lui sert d'aide-mémoire puisqu'on y retrouve, comme dans un cahier de notes, des personnages, des éléments de récit, des expressions détournées qui lui trottent dans la tête depuis longtemps et qui serviront plus tard à de nouvelles chansons. Cette chronique de la marginalité, dont la rédaction s'est étalée sur de nombreux mois, lui permet en outre de laisser libre cours à sa grande imagination et à son goût de la provocation.
D'abord tout disposé à oublier ce livre, Brassens a cependant confié des exemplaires du manuscrit à des amis proches pour avoir leur avis. Trois ans plus tard, alors que Brassens est aux Trois Baudets, un jeune homme immigré d'origine grecque

et égyptienne réussit à s'infiltrer dans les coulisses avec l'espoir de le rencontrer. Il se nomme Yussef Mustacchi, et nourrit une telle admiration pour Brassens qu'il a changé son prénom pour devenir Georges Moustaki.

Georges Moustaki lui montre ses chansons, Brassens l'encourage à continuer et, au fil de la conversation, le jeune homme lui parle de son beau-frère, Jean-Pierre Rosnay. Ce nom n'est pas inconnu et Brassens se souvient de ce jeune poète qui avait été à l'origine de l'enlèvement de Julien Gracq par une bande de jeunes écrivains, afin d'attirer l'attention du public sur la difficulté pour eux de se faire publier. Moustaki explique aussi que son beau-frère a fondé une maison d'édition, les Jeunes Auteurs Réunis, JAR, dont les ouvrages sont vendus par des jeunes gens faisant du porte-à-porte. Un de leurs démarcheurs les plus motivés est un garçon rêveur nouvellement arrivé d'Afrique du Nord : Guy Bedos. Alors, sous la pression de ses amis qui ne cessent de répéter que "ça ferait plaisir à tant de gens", Brassens propose son manuscrit, qui va être immédiatement publié.

Entre-temps, en 1951, le chanteur retrouve son ancien professeur Alphonse Bonaffé au hasard d'une promenade aux puces de Vanves. Heureux de revoir celui grâce à qui tout a commencé, Brassens lui soumet ses écrits. La franchise faisant partie du caractère du professeur, celui-ci n'hésite pas à les critiquer, ce qui va décider Brassens à s'éloigner du difficile chemin de la poésie, une voie qui n'est finalement peut-être pas la sienne.

L'écriture des chansons

Il ne va travailler qu'aux chansons, cet art mineur pour le jeune homme prétentieux qu'il est à cette époque. C'est pour acheter une paire de chaussures qu'il essaie d'abord de vivre de ses compositions. Sans grand résultat. Il préfère alors replonger de plus belle dans ses écrits préférés : *"Aussitôt après avoir déconné sur un accord, je revisite Anna de Noailles, Francis Jammes, André Gide, Abel Gance, Toussenot et Brassens et dans le plus beau désordre."* [14]
Il ne pense pas une seconde à devenir chanteur mais à placer ses chansons auprès d'interprètes qui les auraient chantées.
Au début des années 1950, il écrit *Le Parapluie* dans l'espoir qu'Yves Montand la chante (les éditions Ventura sortent même les petits formats annonçant les chansons), mais l'aventure s'arrête avant la publication du disque. *La File indienne* sera proposée à Maurice Chevalier – qui déclinera l'offre – ainsi qu'aux Frères Jacques. *La Marguerite* sera proposée à Brigitte Bardot, qui la refusera aussi. Aucun succès de ce côté-là non plus.

Tous les matins de cinq heures jusqu'à huit heures, Brassens écrit à son ami Roger Toussenot :
"Ne t'en déplaise, je travaille aux chansons. Tout le monde n'a pas la chance d'être journaliste ou employé de bureau. Je ne puis tout de même pas m'ériger en bandit masqué. C'est commun et périlleux. Au reste, ma famille du sud de la France s'y oppose et ma mère m'a menacé de mourir si je prenais fantaisie de ternir la réputation du clan des Brassens. Il ne me reste que le music-hall. Tant pis pour toi car pour ma part j'en échapperai." [14]

"Quand je me suis dit « il faut écrire des chansons », je me suis quand même demandé si j'en étais capable.

Alors, je me suis mis à lire les poètes. (…) j'ai fourré mon nez dans les poètes (…) et je me suis aperçu que j'étais absolument nul.
Alors, je me suis demandé si, en lisant les poètes, je n'arriverais pas à acquérir, sinon leur génie, du moins un petit peu… Si je n'arriverais pas à ornementer un petit peu mon esprit de manière à écrire des chansons un peu meilleures que celles que l'on entendait quotidiennement à la radio.
C'est comme cela que je suis venu à ce que l'on appelle la poésie et, alors, j'ai pris le goût aussi du beau vers et j'ai travaillé l'art des vers aussi parce que ça c'était à ma portée. Quand j'ai eu lu quelques poètes, je me suis mis à écrire des poèmes et à négliger un petit peu la chanson. C'est au moment où je me suis aperçu que je n'avais pas de génie que je me suis dit : « Eh bien, je vais me consacrer à la chanson.»
Et tout ce que j'ai travaillé, tout le petit bagage que j'avais acquis, qui est quand même plus grand qu'il n'y paraît, m'a servi à trousser les couplets un petit peu moins mal que je l'eusse fait si je m'étais borné à écouter les chansons." [15]

Les poètes

La poésie l'accompagne partout et tout au long de sa vie. Elle est au cœur de son œuvre.
C'est donc tout naturellement qu'il met en chansons certains poèmes qu'il aime. Le premier sur lequel Brassens travaille est Paul Fort (1872-1960).
Élu "prince des poètes", Paul Fort publie de 1922 à 1958 ***Les Ballades françaises***, source inépuisable pour le jeune Brassens. Il les lit, souligne, reprend leurs vers et naturellement les transforme en chansons. Georges Brassens ne fréquente pas du tout le milieu intellectuel parisien. Ses copains, ils les rencontre à l'Impasse ou à la Fédération anarchiste. Il sera fier de rencontrer Paul Fort et se liera d'amitié avec le vieil homme.

En 1952, il enregistre son poème *Le Petit Cheval.* On raconte qu'un soir la fille de Jacques Grello avait du mal à retenir *Le Petit Cheval,* qu'elle devait réciter le lendemain en classe. Brassens, qui se trouvait chez eux, prit alors sa guitare, trouva des accords et se mit à chanter. Le poème sera ainsi le premier poème enregistré par Brassens qui avait totalement omis de demander la permission au poète, mais celui-ci, pourtant très célèbre, s'en trouva fort flatté et reçut le jeune chanteur chez lui à deux reprises.

"Toi, dit-il à Brassens, tu peux faire ce que tu veux. Je sais que tu ne me trahiras pas." Ainsi, *L'Amour marin* devient *La Marine*, *Le Convoi de Paul Verlaine après un tourbillon de neige* se nomme *L'Enterrement de Verlaine*, et *La Complainte du petit cheval blanc*, *Le Petit Cheval.* Le poète fut tout content d'entendre cette version et non seulement il accepte que le chanteur mette en musique ses poèmes mais il lui permet aussi de changer certains couplets, de raccourcir des strophes, de changer les titres.
Poète des fées et des enchanteurs, ***"cet homme qui plantait des arbres au milieu de sa maison"***, comme aime à le décrire Brassens, est un modèle pour le chanteur.

À propos de Paul Fort, Brassens avouera un jour : ***"Si j'avais été un simple musicien, il aurait été mon parolier."*** Et c'est donc tout naturellement qu'en 1955 Brassens enregistre un 45 tours en hommage au poète.

Après la mort de Paul Fort, Germaine Tourangelle, sa femme, envoie chaque année à Brassens un bouquet de fleurs accompagné de manuscrits du poète.
C'est ainsi que le chanteur reçoit un jour *Villon*, un poème qui lui est dédié. Sur ses treize 78 tours, Georges Brassens a enregistré six poèmes qu'il a mis en musique ; sur 14 disques, cinq seulement ne contiennent pas de poèmes chantés.
Il est vrai que, à cette époque, beaucoup de chanteurs se plaisent à mettre la poésie en musique. Rutebeuf, Verlaine, Aragon, Apollinaire, Ronsard et Villon sont chantés par Léo Ferré, Charles Trenet, Jean Ferrat, Yves Montand, Georges Moustaki, Guy Béart ou Félix Leclerc.

Mais seul Brassens fera découvrir des auteurs inconnus comme Antoine Pol ou des poèmes inédits de grands auteurs comme Victor Hugo, même si celui-ci avait bien précisé : "Défense de déposer de la musique le long de mes vers". Brassens passera outre et nous fera découvrir alors des vers inconnus du grand poète.
On trouve aussi bien dans l'œuvre de Brassens ces deux poèmes : *La Légende de la nonne* et *Gastibelza*, que *La Prière*, de Francis Jammes, *La Pensée des morts*, de Lamartine, *Les Oiseaux de passage*, de Jean Richepin. Si on s'amuse à lire les poèmes, *Chanson des cloches de baptême* (rebaptisé par Brassens *Philistins*) ou *Les Oiseaux de passage*, on s'aperçoit qu'il y a un véritable travail de réécriture pour adapter les poèmes sous la forme d'une chanson.
Les Oiseaux de passage sont réduits considérablement ! Il coupe les huit premiers quatrains et ensuite fait sauter la moitié des quatrains afin que ce long poème ressemble à une chanson. Jean Richepin (1849-1926) est aussi pour Brassens une sorte de frère spirituel : il a rédigé *La Chanson des gueux*, ce qui lui a valu un court séjour en prison pour "outrage aux bonnes mœurs", et s'est produit à Bobino, accueillant déjà chansonniers et poètes. D'autres poèmes sont "allégés" il coupe la dernière strophe du poème d'Aragon, *Il n'y a pas d'amour heureux*, qui parle de l'amour de la patrie, et détourne un peu le sens du poème, ce qui lui vaudra les foudres du poète. Dans le recueil de Francis Jammes ***L'Église habillée de feuilles***, il trouve le poème *Les Mystères douloureux*, qu'il rebaptise *La Prière* et dont il ne retient que quelques strophes et va reprendre d'ailleurs la même musique mise l'année précédente sur le poème de Louis Aragon. Pour le poème *Pensées des morts*, de Lamartine, il ne garde que sept strophes. Une manière pour Brassens de se réapproprier ces poèmes, de leur donner le sens qu'il souhaite et surtout d'en faire des chansons !

En 1942, Brassens déniche aux puces un recueil intitulé ***Émotions poétiques***. Il est signé Antoine Pol. Brassens y découvre le poème *Les Passantes*. Il prend comme d'habitude la liberté de supprimer deux strophes. Ce n'est qu'en 1971 que Brassens se décidera enfin à chanter ce poème qu'il a finalement réussi à mettre en musique après de longues années de labeur. Mais qui est cet Antoine Pol dont il doit retrouver la trace ? Pierre Onteniente, devenu alors son secrétaire, s'adresse tout d'abord à la Société des gens de lettres, où le nom est malheureusement inconnu. Même chose à la Sacem. Le mystère sera finalement élucidé le jour où le Cercle des Centraliens bibliophiles, qui souhaite réaliser une édition de luxe de chansons de Brassens, appelle Gibraltar pour obtenir l'autorisation du chanteur.
"À qui dois-je envoyer la réponse ?" demande alors le secrétaire. "À Mr Antoine Pol, à telle adresse !" "Mais est-ce vous qui avez écrit *Les Passantes* ? Cela fait un bout de temps que je vous cherche !" Quelque temps plus tard, Brassens se décide enfin à l'appeler mais une dame lui répond que le poète vient de mourir. Il n'aura jamais eu la chance d'entendre la version chantée de son texte, qui sera éditée sur l'avant-dernier disque de Brassens, en 1972. D'autres poèmes seront chantés par Brassens et apparaîtront sur un disque posthume en 1983 : "Brassens chante Bruant, Colpi, Musset, Nadaud, Norge", où l'on peut entendre *Ballade à la lune*, d'Alfred de Musset, *Carcassonne* et *Le Roi boiteux*, de Gustave Nadaud.
En mettant en musique ses poèmes tout au long de sa vie, c'est une manière pour Brassens de faire connaître des écrivains inconnus pour le grand public. Qui connaissait Antoine Pol avant *Les Passantes* ? Il donne le goût de se plonger dans l'œuvre de poètes tels que Francois Villon, Paul Fort et tant d'autres : ***"Je chante pour les concierges cultivées"*** disait Brassens et n'oubliant jamais le milieu populaire d'où il venait, il avait pour ambition de l'initier, un peu comme Alphonse Bonaffé l'avait fait avec lui à Sète quelques années auparavant. ***"Je ne l'avais pas transformé en miel ce que j'avais butiné. Tandis qu'après, avec le temps, petit à petit, les choses que j'ai butinées à droite et à gauche, je les ai quand même arrangées à ma sauce personnelle."*** [16]

Ses techniques d'écriture

Annotant ses livres, prenant des références un peu partout, Brassens se fait sa propre école, lui qui n'a jamais aimé être écolier. ***"Mon instinct a été domestiqué. J'ai quand même appris à écrire des vers. J'ai appris au contact de ceux que l'on appelle nos maîtres, les aînés. À force de lire des vers, à force d'aimer les vers, j'ai quand même acquis une espèce de technique, une espèce d'art, une espèce de façon de faire."*** [17] Il écrit, rature, reprend, affine, recommence. Son cahier se remplit de nombreuses versions successives des chansons.

Le Curé
Ébauche d'une chanson inédite qui figure dans le classeur de chansons appartenant à Agathe Fallet.

Dans la sainte écriture au reste il est écrit
Entre autres paroles
quand on voit son curé on fait courir le bruit
qu'il a la vérole

Les hérétiques du cru une main sur le coeur
ont fait la promesse
que s'il revient un jour ils iront tous en choeur
Entendre sa messe

Il était un peu ~~pingre~~ économe et près de ses hosties

Certes il n'attachait pas la sainte eucharistie
avec des saucisses

Certes ~~il~~ en disant sa messe il oubliait souvent
D'enlever sa pipe

c'était inadvertance

non ça n'voulait pas dire ainsi qu'd'aucuns l'ont cru
je suis chrétien fumé . .

nouvelle possibilité

Il était dans la lune

non ça n'voulait pas dire
je suis chrétien fumé

Il était un peu sale
il était trop gros
du savon l'en aurait fallu trop
pour fair toilette

On ~~mmmmm~~
concierge
qu'en passant devant elle il avait dit chéri
à la sainte vierge
trinquer avec le jésus
à la bière ébienne

couplets sur l'ivrognerie

En voyant un curé dans les vign' du seigneur

porté un toast à Jésus Christ 4
à la tienne étienne

qu'en passant devant elle il avait dit "chérie"
à la sainte vierge

aurait fait voir en bas
et qui pis est sans que personn' le lui d'mandât
ses parties vulgaires

Les défauts
mais en disant sa messe il oubliait souvent
d'enlever sa pipe

non ça n' voulait pas dir' ainsi qu'd'aucuns l'ont cru
je suis chrétien jeune

vous enfonçait le corps de Jésus Christ

trop longtemps les saucisses
les doigts dans la bouche

si gros qu'il ne se lavait pas
trop
de savon

Les bigottes l'ont
fait jambe à la porte

dans les mosquées les synagogues

changer de confession

qu'il a la vérole

2 Certes en disant sa messe il oubliait souvent
mon
D'enlever sa pipe
1 Il était dans la lune il était bon enfant
Il était brav' type

Certes
étrange coutume
Mais ça n'voulait pas dire ainsi qu'beaucoup l'o
je suis chrétien jeune

Confondant les baptêmes avec les enterrement
à moribles repises
Il portait aux bébés les derniers sacrement,
Fâcheuse méprise

A bien des moribonds il abrégeait les maux
En leur berçant le bec dans ses fonts baptismaux

Il était un peu brute

bro' trop longtemps
Les doigts dans la bouche
Le corps de Jésus Christ.
membri
De nombreux fidèles
Certes il était avare et près de ses hosties
Certes il n'attouchait pas la sainte eucharistie

Nouvel ordre
Sur noyer son vicaire
les Cigottes
allant braver l'évêque

Et l'évêque

Il confond les baptê
Il porte aux nouveaux nés

Images idées possibles mais non employés

Il était sale parce qu'il était gros trop de savon

Tondait les oeufs avant qu'il fussent sortis du cul de la poule

qu'en passant devant elle il avait dit chérie à la sainte vierge c'est quand même pas moi sacré nom de Dieu qui l'ai mise enceinte
Trinquer avec Jésus à la tienne étienne
Dans les vignes du seigneur avec une demoiselle

Lui avait fait voir en tas ses parties vulgaire
Desir pour des réalités

Ducelles chroniques fait de la tisane avec sa fleur d'oranger - fornique

En voyant ces horreurs on comprend du curé
la terreur panique
Devant leurs yeux pointus leurs mamelles carrées
leurs fesses coniques

Combler sa lacune

Empêcher de boire plein de ciboire

chercher des poux dans sa pauvre bonne

Mais ça n'inquitait pas que l'évêque lui mit
sa crosse au derrière

Plan 1er Son noyer son vicaire
2 chercher des pou sa pauvre bonne
~~dans~~
3 on dit qu'en disant sa messe
4 je suis chrétien jeune
5 Il confond les baptême
6 a lieu les moribond
7 Les doigts dans la bouche
8 D'ailleurs il est ivrogne
9 a la sainte vierge
10 elle ~~[illegible]~~ a l'évêque
11 synagogue
12 Il dit grâces les avares

13 l'évêque lui met sa botte
14 Toute rejetée par les hérétiques
15 Adieu on viendra ta messe

tondre les oeufs

15
15
5
7
13 5
x 2

nouveau plan

Sur noyer son curé on fait courir le bruit
qu'il a la vérole
Les bigott' de chez nous ont tiré quelque fruit
De cette paroles

Sont couru chez l'évêque pour traîner dans la boue
Les ecclabousses
Disons le ambages pour lui chercher des poux
Dans sa pauv' tonsure

Monseigneur debarassez nous vivement
De ce sale type
car en servant la messe il oublie fréquemment
D'enlever sa pipe

Et même on présume
qu'c'est un moyen sournois de dire aux bonnes gens
Je suis chrétien fume

Il confond les baptêmes avec les enterrement
Sacheuse méprise
Il porte aux nouveaux nés les derniers sacrement
A maintes reprises Le saint viatique
La fut tout parbleu

Il prend les plus vieux moribonds les barbe comme des marmot
Leur dit d'être sage
Et leur trempe le nez dans les fonds babptismau

Faire passer les confusion
avant la pipe

Si les uns ne voient la qu~~eu~~ un peu d'ébranderie
à la galerie

Le curé d'ma paroisse est fait comme un melon
Sa chandelle est morte
Les bigots les cafards comme un malpropre l'ont
fait foutre à la porte

Son noyer son vicaire on fait courir sur lui
on colporte sur lui d'horribles
On dit qu'il on fait courir le bruit paroles
qu'il a la vérole

Son noyer son vicaire on fait courir le bruit
qu'il a la vérole

Y a dans tout évangile à peu près bien construit
cette étrange parole
Son noyer son vicaire on fait courir le bruit
qu'il a la vérole

Elles ont pris sa calotte l'ont traînée dans la boue
sans aucun mesure
Jamais au grand jamais on n'chercha tant de
dans une bonzure prix

On court chez l'évêque
monseigneur par pitié
De ce sale type
Car en disant sa messe il oublie trop souvent
d'enlever sa pipe

Si les uns ne voient là qu'un geste négligent
les autres présument
qu'c'est un moyen sournois de dire aux bonnes gens
Je suis chrétien fume

Il confond les baptêmes avec les enterrement
sans aucun critère
Il porte aux nouveaux nés les derniers sacrements
ça finit tout par terre

Il laisse trop longtemps à notre gré
les doigts dans la bouche
Il est mépris à membres
enrichi sans pareille
Ceux fit entrer le corps de Jésus christ
par le trou d'l'oreille
ultimatum à l'évêque
D'ailleurs il dit du mal de vous
de votre avarice
que vous n'attachez pas la ste en charité

ou commencer par

Comme il disait toujours non quand elles lui proposait "viens donc qu'on fornique" parce qu'il ne leur pinçait jamais de peur de se faire mal leurs fesses coniques et que même il leur avait donné le conseil judicieux de faire de la tisane avec leur fleur d'oranger les ligottes décidèrent de perdre leur curé pour noyer son curé on fait courir le bruit qu'il a la verole

ou par sans donner les raisons de leur rancune

le curé de chez nous est fait comme un melon
les ligottes l'ont foutu foutre à la porte

ou encore

Pour noyer son vicaire on fait courir le bruit
qu'il a la verole

ou bien

Les ligottes de chez nous sont parties en guerre
contre le vicaire.
le curé d'ma paroisse était
un brave vicaire
parce qu'il
et ne pinçait jamais de peur de se faire mal
leurs fesse conique

Quand on lui veut du mal on dit de son curé
Qu'il a la vérole
Les bigott' de chez nous passeront leur tonsure
à la casserole.

Parc'qu'il restait de marbre à leurs agaceries
Leurs prier' profane
Et n'se laissait jamais jamais à aucun prix
Trousser la soutane.

Elles l'ont pris en grippe l'ont traîné dans la boue
X [Pauvre sans culotte]
En un mot comme en cent elles ont cherché des poux
Dedans sa calotte

FLAC FLAC

Chez l'évequ' du quartier ell's ont [fait] sans pardon
l'procès du vicaire
Monseigneur votre église file un mauvais coton
On n'y va plus guère
Car celui qui la gère
Celui qui l'administre ~~fait~~ cause du tort au bon Dieu
Il n'a pas d'principes
Et quand il sert la messe il oublie c'est odieux
D'enlever sa pipe.

Si les uns ne voient là qu'un geste négligent
Les autres présument
Qu'c'est un moyen sournois de dire aux bonnes gens
Je suis chrétien fume.

Il confond(ant) les baptêmes avec les enterr'ments,
Sans aucun critère
Il porte aux nouveaux nés les derniers sacrements
Ça fout tout par terre.

En sortant ivre mort des vignes du seigneur
Quand il monte en chaire
Il profère sur vous des choses monseigneur
Basses et mensongères
Il dit qu'vous êt' pignouf
Qu'vous adorez l'veau d'or et coupez les hosties
En quatre et en six (e)
Que vous n'attachez pas la sainte eucharistie
Avec des saucisses.

~~Si vous ne frappez point d'excommunication~~
~~Ce vilain apôtre~~
~~On chang' notre croix d'épaule on chang' de confession~~
~~Un Dieu chasse l'autre~~

Tout au long de sa vie, le cérémonial sera le même. *"Je suis chez moi à peu près partout. Je n'ai pas de vraie maison, j'habite chez des amis. Je n'attache pas une très grande importance à l'endroit où j'habite. Du moment que j'ai ma peau sur moi, ça me suffit. Je ne mets rien aux murs. C'est à peu près nu. C'est une maison, une chambre de moine (...) de moine un peu paillard (...) je n'ai presque rien : une table, une chaise, un lit et puis quelques bouquins et puis quelques guitares. C'est tout. Quelques pipes aussi. Moi, je n'ai pas tellement besoin de décor. Je me le crée moi-même, le décor, selon mes besoins. Au fur et à mesure que j'en ai besoin, je m'invente un petit décor. Je me dis : « Tiens, là un arbre serait bien » ; je l'invente et, quand l'arbre me fatigue, j'en change et je mets autre chose, une poule, un chien, à la place. Les arbres ont une grande importance encore que je n'en ai pas vu tellement, d'arbres. Il suffit d'en voir un ou deux ; quand on voit toute une forêt, on n'en voit plus. Un arbre ou deux suffisent pour composer une forêt."* [18]

Brassens invente ses propres techniques d'écriture, apprivoisant les mots à sa façon. Il recopie parfois des bouts de poèmes qu'il aime, puis place les vers serrés dans un des nombreux livres de sa bibliothèque. Plus tard, il ouvre l'exemplaire par hasard et retrouve les vers qui lui donnent l'idée d'une nouvelle chanson. Sur un de ces papiers, Georges Brassens a un jour écrit ce mot de Rémy de Gourmont : "Je crois que la caractéristique de notre époque est la médiocrité : talents et virginités, vertus et caractères, vices, audaces, amours, haines et désirs tout y va par moitié ; rien n'est complet ; c'est le règne du quasi, du demi, du simili." De ces mots, il écrit *Histoires de faussaires*. Une autre fois, ce sont des lignes d'Anatole France dans *Le Jardin d'Épicure* qui se retrouveront déguisées dans *La Non-demande en mariage*. *"C'est moins dans les soucis quotidiens que la mère de famille perd sa fraîcheur et sa force et se consume jusqu'à la mœlle des os... C'est devant le fourneau de cuisinier que, par magie vulgaire, la petite créature blanche, rose, au rire de cristal, se change en une momie noire et douloureuse. Sur l'autel fumeux où mijote le pot-au-feu, sont sacrifiées jeunesse, liberté, beauté, joie."* Installé à sa table de travail, Brassens note tout, de peur d'oublier. Dès qu'une idée apparaît, il la capture, puis la couche sur le papier sous une forme approximative et pas forcément rimée. Puis, comme un écolier, il va dresser le plan de sa chanson : répartir les couplets, résumer leur contenu et donner une forme à l'ensemble. Ensuite, il peaufine, rature, retravaille son texte avec un respect scrupuleux des règles de la versification et un souci extrême au rythme.

Chaque chanson est écrite en tapant du pied et l'on peut admirer, encore aujourd'hui, la jolie trace laissée par le soulier sur la moquette de son bureau à l'Impasse.

"Je travaille énormément, d'ordinaire, j'ai toujours un vers ou deux qui me tombent du ciel et j'essaye de trouver un prolongement. La Mauvaise Réputation, *j'avais trouvé par hasard, « les braves gens n'aiment pas que l'on suive une autre route qu'eux », c'est une réflexion qui m'est venue comme cela, j'ai l'habitude de penser en proverbe ou en vers et puis je me suis dit : « Qu'est-ce que je vais faire avec cela ? » Je l'avais noté dans mon carnet où je note tout ce qui me passe par la tête et un jour en consultant le carnet, j'ai dit : « Qu'est-ce que je vais bien en tirer ? » J'ai essayé de mettre en conflit mes opinions et celles d'un certain groupe et petit à petit, j'ai trouvé des images, des idées, j'ai noté tout cela, quand j'ai eu 5-6 pages, j'ai essayé de ne garder que ce qui me semblait être le plus valable, le meilleur."*

Comme pour *L'Orage*, Brassens part d'une phrase ou d'une histoire, puis développe, coupe, polisse, jusqu'à ce que la version lui convienne tout à fait. Il conserve de plus tous ses brouillons pour pouvoir revenir sur une idée, un vers ou une strophe si nécessaire. Dans l'entourage de Brassens, tout le monde a au moins un papier sur lequel sont notés des morceaux de chansons. Plus tard, invité à dîner chez des amis, Georges Brassens n'arrive pas avec un bouquet de fleurs, mais une poignée de manuscrits qu'il offre à ses hôtes.
Ainsi, Claude Lemesle reçoit un jour les manuscrits des chansons *Le Mistral*, *Le Fantôme* et *Quant à Cupidon*; Agathe Fallet, la femme de René Fallet, devient l'heureuse propriétaire d'un classeur contenant plusieurs manuscrits et brouillons, parmi lesquels *L'Orage* et *Le Bistrot*. Sans compter ceux appartenant aujourd'hui à Fred Mella, Mario Poletti, Marcel Amont et j'en passe !

"Il y a des choses qui existent dans mes chansons, il y a des choses vraies qui sont arrivées à des gens de mon entourage. Vous m'auriez dit qu'une fille vous avait laissé dans telle ou telle circonstance, non pas maintenant, mais à 17 ans, je vous aurais vu pleurer dans le coin, je vous aurais dit « Ne t'en fais pas mon petit, c'est très grave car je sais que c'est très grave d'avoir sa première bulle de savon qui crève » mais je vous aurais dit « Ne t'en fais pas, quand même, avec le temps, cela s'arrangera, bien que les chagrins d'enfant ne s'arrangent jamais peut-être finalement, peut-être

s'il fouette mes chats y'a un fantôme

que la bulle de savon qui est crevée, elle est crevée définitivement et qu'on s'en remet jamais mais enfin je vous aurais dit cela, et à l'aide d'autres histoires analogues à la vôtre, alors tout en prenant part à votre chagrin, quand même, cela se serait mis à devenir une chanson." [19]

Puisant son inspiration dans sa vie ou dans celle des autres, Georges Brassens travaille avec le même petit théâtre : cinq ou six personnages dans un décor personnel dont il se sert toujours, les mettant dans des situations parfois burlesques ou tendres. Un abbé, un policier, un arbre, des fleurs. Le décor est planté et l'histoire toujours recommencée :
"Dans ma mémoire, dans ma vie intérieure, dans ma pensée, dans mon petit théâtre que j'ai depuis l'âge de quatorze-quinze ans, il se passe des tas de choses qui sont parfois réelles, qui relèvent de la fiction, qui se chargent de réminiscences, de ce qui se passe dans la vie des autres et dans la mienne, dans mes lectures." [20]

"C'est toujours les mêmes histoires. Ce n'est pas exactement les personnages, plutôt les émotions, je reçois les impressions, je place cela dans des cadres avec des personnages de façon un peu arbitraire. C'est plus poétique de placer des amoureux avec des arbres où l'on peut graver des prénoms, une rivière sur laquelle on peut faire des ricochets…" [21]

Chez Brassens, il n'y a pas de héros, les personnages de ses chansons sont des gens simples : ivrognes, voyous, putains, paysans, flics et demoiselles. Les Ninon, Manon, Margot... prennent parfois les traits de femmes que Brassens a fréquentées. On peut ainsi reconnaître une certaine petite Jo dans quelques-unes de ses chansons.
Voleuse, menteuse et volage, la jeune Jo terminera sur le trottoir après avoir rencontré Brassens à la station de métro Plaisance, où elle tapait bruyamment sa chaussure sur le sol, afin d'y enfoncer les clous de sa semelle. Brassens tombe immédiatement sous le charme de cette demoiselle à peine âgée de dix-sept ans dont il veut parfaire l'éducation. Il lui prépare des exercices de français, des ouvrages qu'il souhaite lui faire lire. Mais Jo est bien plus indomptable qu'il n'y paraît. Certains amis l'hébergent - Gibraltar, les Larue - mais devant ses vols et ses mensonges, ils renoncent finalement tous à lui venir en aide. Cette relation tumultueuse a sans doute inspiré quelques chansons : *Une jolie fleur* (et non pas Nadine de Rothschild comme on a pu longtemps le supposer. Après vérification, impossible, la chanson a été écrite avant que Brassens ne joue dans le célèbre music-hall !), *Putain de toi* et *Le Mauvais Sujet repenti* (modification de *Souvenir de parvenue,* déjà écrite à Basdorf).

Après la petite Jo, Brassens connaît des amours clandestines avec "le Succube". Cette jeune femme mariée qui résidait près de l'Impasse lui offre l'occasion d'écrire quelques belles chansons sur l'adultère.

La Traîtresse

J'en appelle à la mort, je l'attends sans frayeur
Je n' tiens plus à la vie, je cherche un fossoyeur
Qu'aurait un' tombe à vendre à n'importe quel prix
J'ai surpris ma maîtresse au bras de la traîtresse / son mari
Ma maîtresse, la traîtresse !

On peut aussi reconnaître la femme de Victor Laville sous les traits de la femme d'Hector :

La Femme d'Hector

En notre tour de Babel
Laquelle est la plus belle
La plus aimable parmi
Les femmes de nos amis ?
Laquelle est notre vraie nounou
La p'tite sœur des pauvres de nous
Dans le guignon toujours présente
Quelle est cette fée bienfaisante ?

Refrain :
C'est pas la femme de Bertrand
Pas la femme de Gontrand
Pas la femme de Pamphile
C'est pas la femme de Firmin
Pas la femme de Germain
Ni celle de Benjamin
C'est pas la femme d'Honoré
Ni celle de Désiré
Ni celle de Théophile
Encore moins la femme de Nestor
Non, c'est la femme d'Hector.

De tendres anecdotes de la vie quotidiennes sont aussi mises en chansons, comme pour *Le Vieux Léon* :
"C'est l'histoire d'un type qui jouait de l'accordéon dans la rue de Vanves dans le XIVe et dont, nous autres, nous nous foutions un petit peu, quoi, parce que nous n'aimions pas ou nous croyions ne pas aimer l'accordéon.

Et puis, il est mort, on s'est aperçu qu'on aimait l'accordéon et qu'on l'aimait. C'est une déclaration d'amour, Le Vieux Léon, *malheureusement qui arrive trop tard puisque celui à qui elle s'adresse ne peut pas l'entendre."* [22]

Quel temps fait-il
Chez les gentils
De l'au-delà
Les musiciens
Ont-ils enfin
Trouvé le la
Et le p'tit bleu
Est-c' que ça n' le
Rend pas meilleur
D'être servi
Au sein des vi-
gnes du Seigneur
Si d' temps en temps
Un' dam' d'antan
S' laisse embrasser
Sûr'ment papa
Que tu regrett's pas
D'être passé
Et si l' bon Dieu
Aim' tant soit peu
L'accordéon
Au firmament
Tu t' plais sûr'ment
Mon vieux Léon

Souvent, comme le chanteur le dit lui-même, *"c'est une émotion qui court à la recherche d'un mot ou un mot qui court à la recherche d'une émotion".* [23]

Brassens peut aussi partir d'images comme "point d'accrocs dans sa robe de mariée", ou encore "Ulysse de banlieue". Il note ses idées et la chanson apparaît. Deux expressions suffisent parfois pour inventer la vie d'une femme qui attend. Ainsi naît *Pénélope*, l'histoire de cette femme qui a envie de sortir du carcan étroit dans lequel elle vit.
À la mort de son grand-père, le chanteur entend cette expression "mort de mort naturelle" et quelque temps plus tard, il écrira *Bonhomme.*

Malgré la bise qui mord
La pauvre vieille de somme
Va ramasser du bois mort
Pour chauffer bonhomme
Bonhomme qui va mourir
De mort naturelle

Georges Brassens travaille ses chansons comme un sculpteur : il peaufine les strophes, cisèle les vers, travaille le rythme des heures durant, ne laissant rien au hasard. Si un mot ne lui convient pas, il change, rature, reprend la chanson en entier pour trouver le ton juste. Il passe ainsi beaucoup de temps sur ses brouillons et les esquisses des futures chansons.
On sait que *Supplique pour être enterré à la plage de Sète* demandera non pas plusieurs mois mais plusieurs années de travail, avant de sortir enfin de ses carnets. Presque dix ans sur une chanson...
Il peut attendre un mot une heure, six mois ou six ans. Dans son carnet, on trouve des expressions notées sur plusieurs pages qui sont le point de départ d'une chanson dont il ne trouve pas de suite au moment où il l'écrit. Il reprend même des bouts de son carnet de 1947 pour y puiser le terreau de nouvelles chansons. Mais c'est peut-être le prix à payer pour qu'à la fin il n'y ait plus rien à modifier. "Cent fois j'ai essayé de changer une virgule dans tes chansons, avouera Jacques Brel. Et n'y suis jamais arrivé."

Le vocabulaire

"Je ne suis pas un type qui écrit comme au XVIIIe*, j'écris comme aujourd'hui. Alors j'emploie des vocables qui sont un peu tombés en désuétude parce que j'aime cela. J'ai le goût des choses antiques. Il y a bien des gens qui achètent des vieilles lanternes et qui me reprochent de parler de fontaines dans mes chansons, il y en a qui mettent leur télé dans des meubles* XVIIIe *siècle et qui me reprochent de parler de puits... Le mot «ordinateur» ne peut pas entrer dans une de mes chansons, je ne veux pas qu'il y entre, mais je ne sais pas pourquoi. «Satellite», «spatial» non plus.*[24] *Je peux parler de la lune, j'en ai beaucoup parlé, mais la lune des poètes, pas celle des astronautes. J'aime beaucoup les moteurs, mais ce n'est pas un mot pour mes chansons."* [25]

La Marche nuptiale

C'est dans un char à bœufs, s'il faut parler bien franc
Tiré par les amis, poussé par les parents
Que les vieux amoureux firent leurs épousailles
Après long temps d'amour, long temps de fiançailles
Cortège nuptial hors de l'ordre courant
La foule nous couvait d'un œil protubérant
Nous étions contemplés par le monde futile
Qui n'avait jamais vu de noces de ce style

"Le char à bœufs, c'est parce que c'est plus beau qu'une automobile ; bien que j'aie du goût pour les automobiles, j'ai horreur de la bagnole mais je parle des automobiles que l'on faisait avant… Les voitures que j'ai connues quand j'étais petit… Alors, les voitures étaient belles parce qu'il y avait des cuivres, des lanternes, elles relevaient encore un peu des fiacres. Elles étaient belles, les voitures. Des voitures comme cela, les eussé-je peut-être mises dans mes chansons mais je ne peux pas mettre une voiture d'aujourd'hui dans mes chansons. Il fallait un char à bœufs, il fallait une charrette, il fallait que cela se passât à la campagne, bien que je préfère la ville à la campagne. La preuve c'est que je vis à Paris et non pour des obligations professionnelles." [26]

Georges Brassens aime employer des mots qui ne sont pas associés à une période exacte mais sont entrés dans le langage courant, offrant des images communes à tous les auditeurs. Le chanteur choisit ses mots comme un poète, sans coller à l'air du temps ni casser l'imagerie de ses chansons qui, prises dans l'ensemble, peignent un univers charmant peuplé de fleurs de lys et de lilas. Et pourtant, Brassens avoue ne pas être plus porté que cela par la nature et sa beauté…
"Tu parles de myosotis, des chrysanthèmes, des fleurs de lys et d'oranger, de la pâquerette et de la pervenche…", lui fait remarquer le père Sève.[27]
"Ta liste, c'est de la recherche idiote, répond le chanteur. *Je mets des fleurs parce que ça fait joli dans une chanson mais si tu t'imagines qu'elles m'intéressent, regarde autour de toi, sur la table, sur ma fenêtre, il n'y en a pas. J'aime mieux voir des fleurs qu'un tas de ferraille mais cela ne va pas plus loin."*
"Je n'essaie pas de décrire ou de refaire le monde mais de faire passer des sentiments universels, c'est ce qui entraîne un certain vocabulaire dans lequel mes jeunes auditeurs me semblent aussi à l'aise que les gens de mon âge. Ce n'est pas passéiste, c'est INTEMPOREL.

Maintenant, on peut faire la cour à une femme dans une automobile ou dans un avion, mais je préfère dire que c'est dans une meule de foin. Je n'ai jamais vu de meule de foin dans les rues de Sète." [27]

Brassens est aussi, malgré lui, un consciencieux professeur de français qui se plaît à montrer toute la richesse et la variété de la langue française. Il revisite des mots, des expressions qui grâce à lui reviennent au goût du jour. Le chanteur prend aussi un malin plaisir à détourner les expressions populaires. Dans pratiquement toutes ses chansons, on trouve cette façon de reprendre des expressions que tout le monde connaît mais également de les détourner.

Il y avait des temps et des temps
Qu' je n' m' étais pas servi d' mes dents
Qu' je n' mettais pas d' vin dans mon eau
Ni de charbon dans mon fourneau
Tous les croqu' morts, silencieux
Me dévoraient déjà des yeux
Ma dernière heure allait sonner
C'est alors que j'ai mal tourné

On trouve aussi "Prendre la clé des cieux" ou "Mieux vaut tourner sept fois sa crosse dans la main" dans *Les Deux Oncles*. Et l'expression "une bête de somme" deviendra "la pauvre vieille de somme" dans la chanson *Bonhomme*.
C'est dans une interview pour la radio que Brassens explique le plus clairement son écriture.
"Quand j'ai commencé Le Testament, *voilà comment je l'ai commencé. Je note les idées qui me traversent l'esprit, brusquement sans raison aucune, une image me vient, faire la tombe buissonnière, je ne sais pas, je rencontre un corbillard qui marche lentement ou qui se trompe de route ou alors je lis le truc de Max Jacob*

« comme on s'était trompés de route on dut recommencer l'enterrement ». Je lis cela, brusquement, je pense à la tombe buissonnière. J'écris la tombe buissonnière sur mon carnet de notes. Je laisse tomber mon carnet de notes quelques jours après, tout à fait par hasard, je repense à ce corbillard qui s'était trompé de route et j'écris « La mort tourne autour du tombeau ». Je dis cela serait marrant si le mort sortait maintenant et disait « Non, je ne veux pas mourir, laissez-moi cueillir les papillons avant de mourir » et je note… Et quand tout cela est noté, je finis par en avoir suffisamment pour donner une autre forme d'image et je me dis « Qu'est-ce que je vais foutre avec tout cela ? » : avec ma tombe buissonnière, avec « La mort tourne autour du tombeau », avec le type qui prend son temps d'aller effeuiller des marguerites, des chrysanthèmes…
Hop, je note et puis je commence « voilà ce que tu vas faire, tu vas raconter ton enterrement, tu vas dire comment tu veux être enterré » et puis j'écris un truc et puis finalement, le mot testament n'a pas tellement sa place dans cette chanson et je commence à écrire. Il faut la commencer, la chanson, en général, je ne la commence pas par le début, je la commence toujours par la fin parce que c'est plus facile. Il vaut mieux remonter le courant, je crois que c'est Poe qui disait cela dans La Genèse d'un poème, *il faut d'abord trouver les mots qui frappent, quels sont les mots tristes, c'est toujours les mots tristes qui frappent, le mot le plus triste de la langue anglaise, c'est « nevermore », jamais plus, et dans quelle condition ce mot est-il particulièrement triste ? Quand c'est un type qui le dit à propos d'une femme qu'il ne reverra plus, de celle qu'il aimait. Si elle est morte, cela fait très bien. Voilà, j'ai déjà mon refrain. Il faut que cela soit un refrain, il est bon qu'il y ait un refrain pour se rappeler au bon souvenir du public qui est un peu passif.*
Il faut les conditions les plus sinistres.
Il faut que cela soit un soir de novembre, de décembre, enfin, je ne me souviens plus, enfin un soir triste et il faut que ce mot soit répété « nevermore » à cet amant par un perroquet.
Parce que le perroquet parle. Un soir, un perroquet vient, frappe à la fenêtre, je lui ouvre, ce perroquet se penche et je lui parle de ma belle : « Qu'est-ce qu'elle est devenue celle que j'aimais ? Est-ce que je la reverrai ? »
« Non, tu ne la reverras jamais plus », me dit le perroquet, et brusquement, je me dis qu'un perroquet n'est pas assez noir, en pensant noir, il pense à l'oiseau de mauvais augure qui parle aussi, le corbeau. Alors, il trouve le corbeau et commence le poème : « un soir que j'étais là, on frappe à la fenêtre. J'ouvre, c'est un corbeau, il se perche sur un buste blanc (naturellement pour le contraste) et le poète l'interroge : « Qu'est devenue celle que j'aimais ? » et le corbeau répond : « Tu ne la reverras jamais plus », je fais un peu cela, j'emboîte le pas à Edgar Poe ou je fais le contraire. Je me dis que le type doit se dire qu'un jour il va mourir, il faut qu'il dise comment il veut être enterré, il faut qu'il raconte son enterrement et il faut qu'il mette une petite morale là-dedans. Alors, je trouve : je serai triste comme un saule/quand le Dieu qui partout me suit/ me dira la main sur l'épaule/va-t'en voir là-haut si j'y suis. En réalité, ce n'est pas encore cela. Je ne l'ai pas vraiment commencée comme cela, la chanson, j'ai trouvé d'abord : Est-il encore debout le chêne ou le sapin de mon cercueil ? (…) S'il faut aller au cimetière/ Je prendrai le chemin le plus long/je ferai la tombe buissonnière/je quitterai la vie à reculons/tant pis si les croque-morts me grondent/ tant pis s'ils me croient fou à lier/je veux partir pour l'autre monde/par le chemin des écoliers/Le chemin des écoliers, la tombe buissonnière, le chrysanthème qui est la marguerite des morts, voilà le pivot de ma chanson, les piliers, quelques images qui m'ont paru jolies. Et ensuite, autour de cela, j'ai tissé un enterrement. Alors, en somme, pour moi, une chanson de huit strophes se compose surtout de huit vers à peu près valables, de huit images, de huit petits trucs qui me paraissent valables.
Et ensuite, je cherche, je fouille.
Et alors, je trouve brusquement un vers ou deux vers qui sont valables.
Un vers de quatre pieds, un octosyllabe ou un alexandrin. Il arrive de trouver six, sept, huit alexandrins qui me paraissent bons ou six, sept, huit octosyllabes qui me paraissent bons.
Et c'est là que tout se décide.

Les amoureux des bancs publics

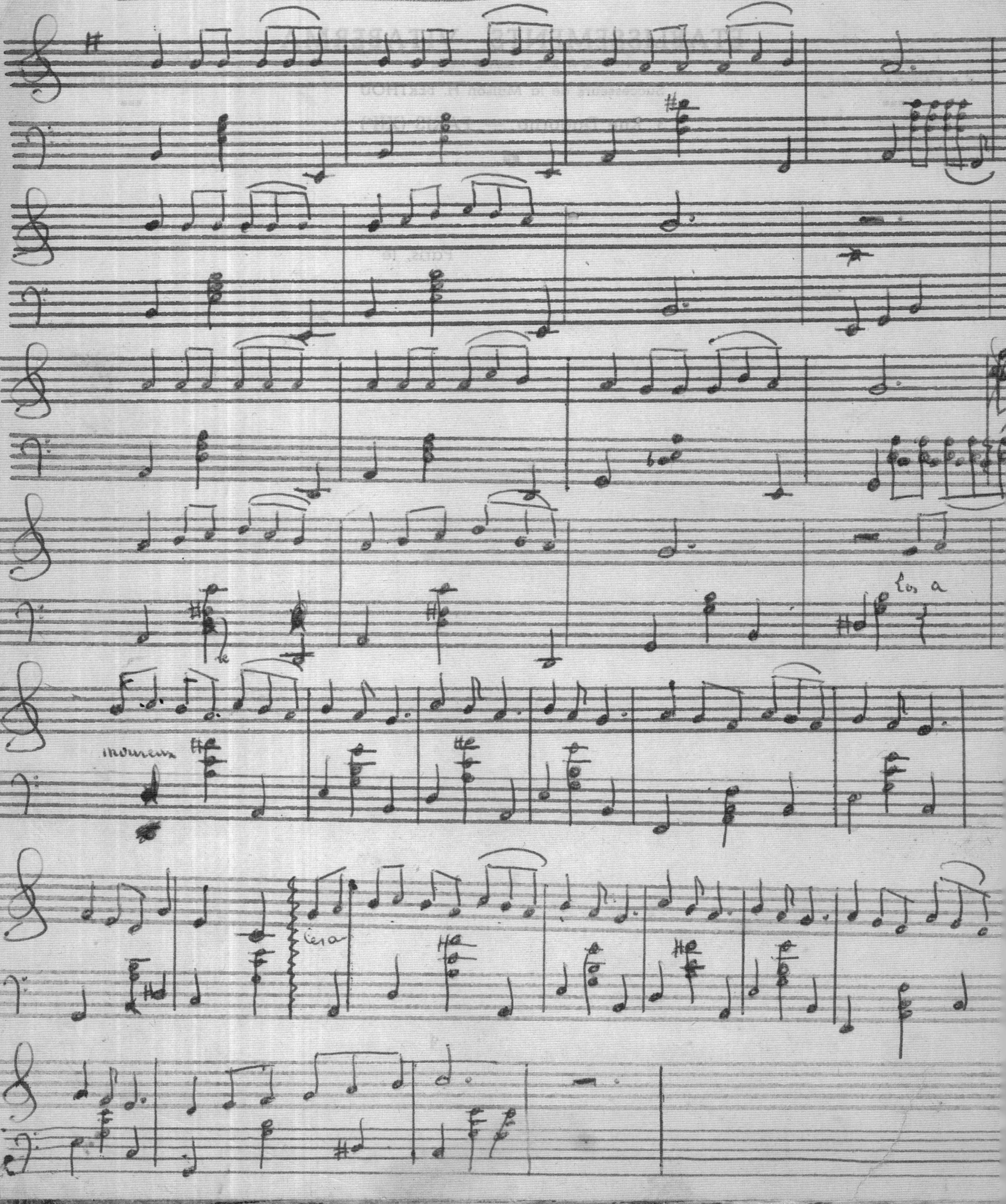

Le gorille
introduction suite

Au moment où j'ai trouvé quatre alexandrins très bons, enfin qui me semblent bons, alors à ce moment-là, mon poème sera forcément écrit en alexandrins et je le garde. Cela me donne une base métrique. Mais si, brusquement, je trouve cinq, six, sept, huit octosyllabes qui semblent meilleurs, je fous mes alexandrins en l'air et je termine ma chanson en octosyllabes. À ce moment-là, je cherche une musique, je me remâche le poème (…) et petit à petit la musique vient, et petit à petit les vers s'arrangent et puis un beau jour, je trouve une musique, je me la chante et tout en me la chantant, je continue mes brouillons. La musique m'oblige quand même parfois à changer la coupe de mon vers. Je trouve une ligne mélodique qui me semble très valable." [28]

La musique

"Pour moi, le poème commence toujours par un rythme : d'abord le rythme et, ensuite, viennent les mots, et, ensuite, viennent les idées. Et, en prime, si j'en ai une, la petite philosophie que j'y ajoute. Mais au commencement, c'est le rythme, pas le verbe."

Si les chansons de Georges Brassens contiennent peu d'orchestration, ce n'est pas par facilité mais par véritable choix : *"Ma musique, elle doit être in-entendue. Elle doit être comme de la musique de film, la musique de film, elle accompagne une image mais il ne faut pas qu'on l'entende trop. Si on l'entend trop, il faut qu'elle apporte un petit quelque chose, il faut qu'elle donne une espèce d'atmosphère à l'image que l'on est en train de voir, mais il ne faut pas qu'elle prenne le pas sur l'image que l'on est en train de voir, sinon c'est foutu. Dans mon cas, il ne faut pas, qu'aux moyens d'artifices musicaux, par exemple, au moyen de cuivres, au moyen d'une grande orchestration, je détourne l'attention du texte. Il faut que mes chansons aient l'air d'être parlées, il faut que ceux qui m'entendent croient que je parle, croient que je ne sais pas chanter, que je fais des petites musiquettes faciles."* [29]

Brassens a appris tout seul à composer et a toujours voulu cacher le fait qu'il était tout à fait capable d'écrire des partitions. Celles retrouvées dans les affaires de l'Impasse prouvent qu'il ne maîtrise pas parfaitement l'art de l'écriture musicale mais qu'il a tout de même pu rédiger la musique du *Gorille*.

"Si je voulais étudier l'écriture de la musique, comme un vrai musicien, je devrais y consacrer deux ou trois années, à raison de cinq à six heures par jour. J'ai dans ce domaine de très mauvaises habitudes dont il faudrait d'abord que je me défasse... Pour ensuite réapprendre comme un gosse qui fait ses classes au conservatoire. Un tel travail m'accaparerait trop. Je l'ai compris lorsque j'ai voulu apprendre à taper à la machine avec méthode. J'en arrivais à ne plus penser qu'à ça. Ces connaissances musicales ne me seraient pas d'une grande utilité pour mes chansons. À mon âge, ce serait du temps perdu. J'en perds assez comme cela. Je crois qu'il vaut mieux que je pousse avec mes défauts, mes lacunes, mon ignorance. Que je reste cet autodidacte défectueux." [30]

L'un des trésors des chansons de Brassens, c'est aussi la fausse facilité de ses mélodies. En ce sens, sa musique pourrait se comparer à un pas de danse de Fred Astaire. Quand on le regarde, on se dit : "C'est facile, je peux très bien danser comme lui", les pas semblent si évidents, si faciles, si naturels. Mais, dès qu'on se lève et qu'on tente deux ou trois mouvements, on s'aperçoit de la très grande difficulté du geste.
"J'aime beaucoup mes musiques, elles ont l'air très connes et très banales mais elles ne le sont pas du tout, cela dit, je m'en fous qu'on le pense, ce qui importe c'est ce qui est et ces musiques ne doivent pas être trop voyantes, j'entends par voyantes, au cinéma vous avez une musique, si vous entendez la musique, si l'oreille, l'attention du public est détournée de l'image à cause de la musique, je considère que c'est mauvais. Dans mon cas, c'est pareil. Je ne tiens pas à ce que quand je dis quelque chose, je dis pas des trucs énormes dans mes chansons, je dis des petits trucs qui ne vont pas très loin, il ne faut pas exagérer, je ne veux pas qu'un accord particulier, qu'un truc trop joli derrière vienne déranger celui qui écoute ma chanson. Je veux qu'il soit cerné par les mots, je veux, comme dirait l'autre, que vous tiriez le cordon assez fort pour que la concierge entende mais assez discrètement pour ne pas la réveiller; il ne faut pas qu'un type se dise « Cette musique est chouette », s'il dit cela, j'ai raté mon coup, qu'il se le dise après mais au premier coup... vous savez aucune chanson n'a jamais tenu le coup sans une musique valable."
On l'a vu, Georges Brassens est un fou de musique. En dehors des livres qui s'accumulent à l'Impasse, il collectionne les disques vinyles et 78 tours et possède, par exemple, tous les enregistrements de Django Reinhardt, dont il est l'un des plus grands admirateurs. Il est aussi un des premiers à avoir découvert Elvis Presley.

"Je ne comprends pas l'anglais, c'est d'autant plus facile. Et tout le monde, ceux de mon entourage, pensait que j'étais dingue. Ils disaient : « il est fou ce type ». Je n'étais pas dingue mais j'aime la musique, d'où qu'elle vienne et quelle qu'elle soit, que ce soit de la musique classique, que ce soit du rock, que ce soit de la chansonnette à la Vincent Scotto. J'aime la musique. Alors, voyez là, j'ai précédé la mode. J'ai été un des premiers à Paris à aimer Elvis Presley. Je ne m'en vante pas bien sûr." [31]

Il écoute des disques autant qu'il lit pour apprendre l'harmonie, comprendre l'orchestration et le jeu des musiciens.

Dès qu'il s'installe à l'Impasse, Brassens n'a plus que son vieux banjo pour composer ses chansons. C'est Jeanne qui, avec ses maigres économies, lui achète sa première guitare à Noël 1944. À la mort de sa tante, en 1946, il hérite du piano qu'il installe à l'Impasse. Brassens prend alors l'habitude de composer ses musiques sur cet instrument.

Plus tard, c'est un orgue électrique qui remplacera le clavier, permettant d'avoir, en même temps que la mélodie, une rythmique et un semblant d'orchestration. Lorsque la musique est composée, Brassens opère une "sorte de réduction", transposant les accords sur sa guitare.

Tout commence donc sur un clavier...

Surprenant pour tous les amoureux de Brassens, persuadés que le chanteur passe des heures la guitare sur les cuisses, à chercher les accords parfaits !

Une fois la musique transposée, Brassens enregistre l'ensemble grâce au magnétophone Revox. Il vit ainsi entouré de bandes magnétiques contenant différentes mélodies. Certaines datent d'il y a vingt ans, d'autres sont plus récentes. Et il les réécoute toutes pour voir celle qui s'adaptera le mieux au texte.

En cherchant à recréer sur les six cordes les accords qu'il a trouvés au piano, Brassens apprend à jouer de la guitare à mesure qu'il avance dans sa carrière. Ainsi, avec le temps, sa musique se fait de plus en plus riche et ses chansons constituent une excellente illustration pour suivre pas à pas les progrès de l'auteur. L'accompagnement commence par des accords basiques, pour évoluer ensuite vers des doigtés plus compliqués. Les premières partitions, comme celle du *Gorille*, sont harmoniquement très simples.

De la même façon, *L'Auvergnat* est d'abord écrite en *mi* mineur, et *Les Sabots d'Hélène* en *sol*.

Onze ans plus tard, sur un nouvel album publié par Tutti et les Éditions Musicales 57, *L'Auvergnat* se retrouve en *si* mineur, *Les Sabots* en *ré*.

Ces changements impliquent un doigté plus sophistiqué, et il faut désormais se servir de la cinquième case de la guitare. Pour la retrouver facilement, Brassens va jusqu'à tailler une encoche sur le manche de l'instrument. Lors des premières prestations scéniques, sa main reste prudemment sur les premières cases du manche, lieu privilégié des guitaristes débutants. Mais quand vient le moment d'éditer les partitions, il demande l'aide d'un spécialiste et joue lui-même les retranscriptions, apprenant de nouveaux accords. Ainsi, sa musique évolue d'année en année.

Peu à peu et sans le savoir, Brassens met au point un système d'accompagnement très particulier qui sera en quelque sorte sa signature. C'est ce que Maxime Le Forestier appelle le système "trois pour deux", expliquant que Brassens "chantait dans un rythme binaire *[chaque fois que l'unité de temps est divisible par deux]* et s'accompagnait dans un rythme ternaire, ou l'inverse".

Brassens met en place cette fameuse "pompe" qui fera aussi sa distinction : ce va-et-vient de notes semblables qui, généralement, déclenche un thème. Les basses sont jouées sur le temps et les accords sur le contretemps.

"J'écris beaucoup mais j'attaque une trentaine de chansons et n'en réussis qu'une dizaine et celles que je n'ai pas réussies m'ont coûté autant de temps que les autres. Puis j'écris beaucoup de musique pour mon plaisir. Quand un air me vient, je le joue jusqu'à le rendre le mieux possible. Je passe une semaine ou deux sur un quatrain ou sur une mesure que je n'utiliserai jamais mais parfois cela me ressert, une musique composée il y a vingt ans me revient, on ne sait pas pourquoi et elle colle très bien.

Comme la musique du cambrioleur, c'est une musique faite il y a 2, 3 ans et elle est venue comme par enchantement se coller sous mes paroles. Mais elle me plaisait plus parce que je l'avais faite, je l'avais complètement usée. Au bout d'un certain temps, on finit par être lassé. Je me lasserai plus des musiques que des paroles parce que les paroles ne s'adressent pas qu'à la sensibilité. Remarquez, je ne passe pas mon temps à écouter mes chansons, mais je préfère écouter les choses des autres, lire des vers autres que les miens. Néanmoins, il m'arrive d'écouter en voiture par hasard des vieilles chansons que je n'avais plus chantées depuis longtemps et que je trouve à mon goût. Elle suscite en moi de nouvelles images que je n'avais pas soupçonnées au moment de la composition."[32]

La vitesse d'élaboration n'est jamais la même et elle varie selon les chansons : certains airs peuvent arriver vite, d'autres mettent plusieurs mois à s'adapter aux paroles.

"Autrefois, quand j'ai débuté dans la chanson, les musiques venaient à peu près en même temps. Vous savez, parfois, une chanson vient très vite, L'Auvergnat *est venu très vite,* Les Sabots d'Hélène, *c'est une chanson qui m'a pris une demi-journée,* le Testament *m'a pris un mois,* Les Copains d'abord, *cela m'a pris un mois, parfois il faut deux jours, parfois il faut deux heures.* J'avais l'air d'un con, Marinette, *j'ai fait cela en une heure..."*

Parfois, la musique lui vient en cours de route quand il écrit des vers. Souvent, à la dixième ou la douzième strophe, les notes commencent à se former toutes seules, car elles suivent toujours le rythme du vers. Quand la musique se dessine à peu près, Brassens se met à la guitare ou au piano et cherche des accords. Il cherche des heures durant et trouve donc beaucoup de musiques. Il y en a parfois sept ou huit et, pour pouvoir choisir, il les écoute inlassablement. Celle qui remporte la mise est celle qui tient le coup le plus longtemps à son oreille.

Après avoir composé ses musiques, Brassens travaille à la guitare et s'amuse alors à swinguer comme un fou avec le texte et son accompagnement. "Sa manière de chanter est souvent comparable à celle des chanteurs de blues, notamment par sa mise en place et sa façon d'attaquer un peu en retard sur l'accompagnement. La netteté du style de Brassens et la fraîcheur de son expression l'apparentent d'ailleurs aux chanteurs folkloriques noirs", écrit Boris Vian en 1958. Boris Vian, qui soutiendra toujours Brassens et écrira même un article dans *Le Canard enchaîné* "Bon pour Brassens" pour engueuler le public de la chanson de ne pas avoir soutenu suffisamment le disque où figure *Oncle Archibald, Le Vin, Grand-Père*... Lui-même écrira une chanson *À la manière de Brassens.*

Je me promenais dans la rue Ô gué Ô gué
Quand devant moi je l'aperçus Ô gué Ô gué
Elle était jeune et court vêtue
Et son dos valait d'être vu

Je me suis dit Putain la belle créature
Et comme je vénère les fruits de la nature
Je lui ai proposé un p'tit tour en voiture
Cornegidouille
Sous un corsage tendu comme ça Ô gué Ô gué
On s' demande comment son cœur bat Ô gué Ô gué

Poussé par la curiosité scientifique
Je me mis en devoir d'enlever l'élastique
Et fus récompensé par un spectacle unique
Cornagidouille
De ces deux pommes mamelues Ô gué Ô gué
Je me suis vraiment régalu Ô gué Ô gué

Cette chanson resta dans les tiroirs de l'écrivain musicien proche des jazzmen. C'est d'ailleurs Sydney Bechet et André Réwéliotty et son orchestre qui sont les premiers à reprendre Brassens, enregistrant en 1954 *Brave Margot, La Cane de Jeanne* et *Le Testament* alors qu'il partageait la même scène au Vieux-Colombier.

"Ma musique préférée, c'est la musique de jazz! Je suis un forcené de la musique de jazz. J'aime toutes les formes de la musique de jazz, [il tape dans ses mains], *j'aime aussi la musique classique, mais à un degré moindre. Parce que j'ai été, pour employer un terme à la mode, vous voyez qu'on ne peut pas s'en sortir, j'ai été conditionné quand même par la musique de jazz. Je suis né en 1921 et sur tous les phonographes, après 1925/1926, évidemment, la musique de jazz indirectement nous est venue par des copies que l'on en faisait ici. En 1925, on faisait des fox, on faisait des one-step, on faisait des musiques qui étaient des copies des musiques de jazz.*

Georges Brassens regarde Pierre Nicolas au violoncelle, 1955.
Photographie Pierre Cordier - ADAGP, Paris, 2011

J'ai commencé à goûter le jazz indirectement par des gens qui avaient été imprégnés par le jazz et puis, j'en suis venu après à écouter les jazzmen, c'est-à-dire Armstrong, Duke Ellington, c'est-à-dire tous les jazzmen de l'époque."
"Il y a peu de jazz dans votre musique ?" réplique le journaliste Philippe Nemo.
"Si, il y en a énormément, il faut demander cela aux musiciens, ils vous le diront. J'ai une façon de chanter en décalant qui est particulière aux noirs et que peu de chanteurs français ont, en dehors d'Aznavour peut-être et de quelques autres. Je préfère le fox [il tape dans ses mains] *mais de temps en temps, je fais des valses aussi parce qu'il faut un petit peu varier. On m'accuse assez de faire toujours la même musique, même* La Marche nuptiale, *où je crois que je fais des arpèges ou dans* L'Eau de la claire fontaine, *je fais des arpèges, si j'avais suivi mon goût, je ne l'aurais pas fait comme cela. S'il vous plaît, voulez-vous tenir ma pipe une seconde. J'eusse préféré écrire, comme aurait dit l'autre, comme aurait dit Léon Zitrone,* L'Eau de la claire Fontaine *comme cela…* [il joue de la guitare] *en jazz… Je l'ai fait autrement pour varier un petit peu mes rythmes. Pas un artifice mais il faut quand même peut-être de temps en temps laisser respirer les gens qui écoutent, vous voyez, et que peut-être cela permet, vous voyez, encore que cela ne soit pas mon but, je vous le disais cela, j'ai assez de public comme cela et même parfois j'en ai trop puisque des fois on refuse du monde, je n'ai pas besoin de faire des appels au peuple, mais de temps en temps, je fais plaisir à des gens qui aiment bien les arpèges dans mes chansons."* [33]

Eddie Barclay, et son orchestre, dit "le roi du microsillon", enregistre lui aussi des chansons de Georges Brassens dans les années 1950.

Critiquées souvent, minimisées beaucoup, les musiques de Brassens furent longtemps la cible des "oreilles de lavabo" comme les surnomme René Fallet. Même si Brassens a toujours fait semblant de ne pas être touché par ces remarques, il oppose à ce genre de critiques des arguments irréfutables : *"Je l'ai déjà dit à plusieurs reprises et, puisque vous me permettez de le faire, je vais le redire : ceux qui disent que mes musiques sont toujours les mêmes ou que mes musiques sont inexistantes sont des connards ! Je l'ai déjà dit, je suis obligé de le répéter."* [34]

Précis de pensée libertaire à l'usage des petits enfants

Monsieur BRASSENS, on avait promis de pas abuser de votre numéro de portable mais on a besoin de vous d'urgence. On doit rédiger un chapitre sur "BRASSENS Libertaire" et on se dit que c'est un sujet trop compliqué pour des enfants
Ah... mais si pour vous c'est compliqué, qu'est-ce que ça doit-être pour des adultes alors!

Libertaire, ça vient de liberté. qu'est-ce que c'est, à votre avis, le contraire de la liberté?
La prisonnité?
exactement!

Moi, je dirais l'esclavage. Je ne suis pas un maître à penser, chacun fait comme bon lui semble, mais j'ai l'impression que libertaire, ça signifie "contre l'esclavage"!
c'est quoi l'esclavage?

Oh, ça prend plein de formes. il y en a avec Dieu, avec la police, avec le président. Vos parents peuvent vous rendre esclaves. Et vous aussi vous pouvez les rendre esclaves et ça n'est sans doute pas bien grave. Mais le pire esclavage c'est celui des mercantis, du travail, des richesses.
qu'est-ce que vous faites à Venise?
C'est mes oignons.

ça dure depuis la nuit des temps mais remontons au XVIIIe siècle si vous voulez bien : à cette époque-là les gens d'Europe, d'Amérique et d'Arabie ce sont rendu compte que si on leur tapait dessus assez fort on pouvait faire travailler les africains gratuitement. Alors ils leur ont tapé dessus, ils les ont fait travailler, ils les ont vendus comme de la marchandise, sans leur demander leur opinion.
C'est moche!

Oui! Alors au bout d'un moment, tout un tas de gens se sont dit comme vous : que même s'ils étaient noirs c'étaient vraisemblablement des êtres humains et que c'était discourtois de les traiter ainsi. Alors on a aboli l'esclavage.
Bonne nouvelle.
Pas pour tout le monde.

Un peu partout, les riches se sont aperçus qu'ils n'avaient plus grand monde pour faire gratuitement le travail à leur place. Alors comme ils ne pouvaient plus faire venir les esclaves chez eux, ils ont décidé d'envoyer des gens s'installer chez les anciens esclaves. Ça s'est appelé la "colonisation" !
Mais comme tout a une fin, la colonisation aussi a été interdite. Mais les gens avaient tellement pris l'habitude de faire faire leur sale travail par des Noirs et des Arabes qu'ils ont décidé "d'importer la force de travail". Ça s'est appelé "l'immigration".
Et ensuite, quand leur "force de travail" s'est mise à se marier et à faire des enfants, les mercantis ont commencé à se plaindre qu'ils ne se sentaient plus chez eux.
Et ensuite ?
Ensuite je n'en sais rien.
Et qu'est-ce qu'on doit faire ?
Je n'en sais rien.
Et où on s'inscrit, pour être libertaire ?
Tout le principe, c'est de ne pas s'inscrire.
Il y a les femmes aussi. On les achète, on les vend, on leur met un anneau au doigt comme si c'était un bien mobilier. On les transforme en gouvernantes. C'est bien assez compliqué d'être esclave de ses sens, je ne vais pas non plus m'inféoder à un contrat matrimonial.
Deleuze, il dit qu'il faut des agencements.
Vous lisez Deleuze, vous ?
Non, on le regarde en DVD.
Moi je tiens à ma liberté. Et c'est peut-être de la paresse, ou de l'égoïsme. Mais c'est ainsi. Et je ne peux pas vous expliquer en quoi ça consiste.
Mais des enfants, ils savent forcément. Si les enfants ne savent pas, on est fichus. C'est vous qui pourriez m'expliquer ce que c'est.
Mais qu'est-ce qu'il fichait à Venise ?

Le Libertaire

Mort aux vaches ! Mort aux lois ! Vive l'anarchie !

"La seule révolution possible, c'est de s'améliorer soi-même en espérant que les autres fassent la même démarche."

À 20 ans, le jeune Brassens rejette la société, vit en dehors des lois, prône l'abolition du gouvernement et une société régie par les principes de l'entraide et de la coopération. Son idéologie se fonde aussi sur des idées telles que : "De chacun selon ses capacités, à chacun selon ses besoins", une pensée qu'il partage pleinement avec l'anarchiste russe Pierre Kropotkine, dont il dévore le livre *La Conquête du pain* (1888). Brassens est anarchiste. *"En lisant Kropotkine, Bakounine et Proudhon, je me suis dit : « Tiens, ça c'est moi : ça c'est pour moi. » L'anarchie, je pense qu'à dix ans je l'avais en moi."*

Les cheveux longs dans la nuque, des espadrilles au pied, Brassens refait le monde avec ses copains et l'appartement de Gibraltar devient le quartier général de leurs réunions. Avec eux, Brassens monte le projet d'un nouveau parti politique, "le parti préhistorique" qui prône le retour aux temps anciens, avec pour maître mot que "le seul retour à la vie primitive doit pouvoir empêcher le monde de tomber dans la décadence". Prémices de la décroissance ? En tout cas, ils appliquent à la lettre leurs principes et leurs convictions.

Vivant sans électricité, se nourrissant de rapines, se coupant les cheveux à la flamme d'une bougie, Brassens vit dans un confort très relatif.
"Le besoin de confort, autrefois, c'était compensateur pour les riches, ça comblait le vide de certaines vies. Maintenant qu'il se répand partout, je crois qu'il rend tout le monde un peu mou. Le cul dans un fauteuil, tu n'as pas envie de faire de grandes choses, mais dès qu'une vie est passionnée, la question de confort n'a plus beaucoup d'importance. Je pense que Beethoven, pour composer, n'avait pas besoin de confort. Le confort abîme quand on pense : avoir tout cela, être bien à l'aise dans tout cela, cela me suffit. Non, ce qui devrait suffire, c'est une passion. Moi, quand j'écris mes chansons, c'est mon confort. Si je suis dans une chambre de luxe ou une pièce monacale, c'est à peu près la même chose. Qu'est-ce que c'est, le confort ? Le confort, c'est un brin d'herbe sur lequel je peux m'allonger."

Très vite, le parti préhistorique est abandonné pour créer un journal, *Le Cri des gueux*, auquel participe son copain d'enfance, Roger Thérond, futur rédacteur en chef de *Paris Match*. Pour le premier numéro, Émile Miramont, qui est monté à Paris et vit désormais à l'impasse, est chargé de rédiger un manifeste qui prône la "révolution primitiviste". On peut y lire que la pire calamité de l'histoire de l'humanité est la découverte du feu qui, en passant par la poudre à canon, conduit tout droit à la bombe atomique ! Il n'y aura pas de second numéro.

À cette époque, le mouvement anarchiste français se réunit rue du Croissant, dans le XVe arrondissement, à quelques rues de l'impasse. Brassens y est introduit par un camarade, Armand Robin, poète, écrivain, auteur du livre *Ma vie sans moi.* Celui-ci est anti-staliniste passionné qui, selon les souvenirs de Brassens, appelle chaque soir le commissariat de son quartier pour murmurer : "Monsieur, j'ai l'honneur de vous faire savoir que vous êtes un trou du cul !"
Il est avec le peintre Marcel Renot et le fleuriste Henri Bouyé l'un des proches de Brassens pendant cette période libertaire. Ses camarades avec qui il a de longues discussions au bistrot l'aident à s'éveiller politiquement et à affirmer ses idées.
Brassens commence comme correcteur de l'imprimerie du Croissant, où le journal *Le Monde Libertaire* est tiré, mais il finit par agacer ses collègues à force de réviser de trop près la syntaxe et la grammaire.
Petit à petit, il se met alors à rédiger lui-même des articles. Il écrit dans *Le Monde Libertaire* [1] de septembre 1946 à juin 1947. Signés sous différents pseudonymes – Géo Cédille ou Charles Brenss –, ils traitent souvent des mêmes sujets : les flics, les curés, la liberté, sujets que l'on retrouvera traités plus tard dans ses chansons. À la lecture de ces textes, on découvre un Georges Brassens énervé et combatif. Dans un article du *Libertaire* intitulé "Le hasard s'attaque aux gendarmes", l'auteur manque ouvertement de compassion à l'égard d'un policier accidenté : "Cela ne nous a pas échappé que, malgré sa mort, des milliers d'autres policiers continuent malheureusement de vivre et de chercher des histoires à la pauvre Terre *(...)*. Au fond, nous avons pitié de la veuve et de l'enfant qu'il a laissés derrière lui *(...)*. Mais qu'il aille au diable ! Pourquoi les gendarmes doivent-ils avoir des sifflets, et pourquoi y a-t-il des gendarmes ?"
Le 11 octobre 1946, "Géo Cédille" récapitule dans l'article "La mort fait la guerre à la police" les statistiques des victimes actuelles de la brigade policière : "On est rassurés : le jour viendra *(...)* où le soleil se lèvera sur un nouveau monde enfin débarrassé de tous les gendarmes. *(...)* Tout est possible, saperlote ! Ayons confiance en la mort. Elle ne nous décevra pas."
On trouve dans un carnet inédit tous les articles de Brassens qu'il a soigneusement répertoriés et collés dont notamment un sur François Villon, son idole, "fainéant, ivrogne, joueur, débauché, écornifleur, voleur, crocheteur de portes et de coffres, souteneur de filles et assassin..." et un autre pour dénoncer les assassinats d'anarchistes bulgares.
L'article est violent, prend position, dénonce sans fards ni poésie.
Pour être un véritable anarchiste, il faut militer, ce qui n'est vraiment pas au goût de Brassens.
Un jour, il passe chercher Pierre Onteniente à son travail, avec une pile de journaux qu'il doit vendre.
— Mais qu'est-ce que c'est ?
— C'est *Le Monde Libertaire*, le journal dans lequel j'écris. Les deux copains vont s'installer à la sortie du métro Chaussée-d'Antin pour haranguer la foule : "Demandez *Le Monde Libertaire* ! Achetez *Le Monde Libertaire* !" Au bout d'une heure, ils n'ont vendu qu'une dizaine d'exemplaires : "Laisse tomber, soupire Pierre. Donne-moi le reste, je vais voir ce que je peux faire..." Et le lendemain, il vend le surplus de journaux à ses collègues du Trésor public !

Ne voulant ni militer ni défiler, Brassens prend finalement ses distances avec le journal, mais il ne s'éloignera en revanche jamais de la pensée anarchiste : *"J'ai une certaine philosophie anarchiste, un certain comportement en face de certains problèmes, je ne tiens pas à ce que les autres agissent et se comportent comme moi. Cela implique évidemment quand on a cette notion de liberté de l'individu que l'on n'est pas tout à fait d'accord avec l'armée, pas tout à fait d'accord avec les lois, pas tout à fait d'accord avec le parlementarisme... Quand je dis pas tout à fait, j'exagère, c'est pas du tout. C'est surtout une attitude, une espèce de morale qui ne peut pas s'appliquer au pied de la lettre, puisqu'on vit dans un système, puisque l'on vit dans un régime qui a ses lois, ses mœurs, ses habitudes, c'est assez compliqué à expliquer. Le seul paradis que je préconise, c'est le paradis de l'individu qui a ses libertés même dans la société actuelle et même dans une société pire. Ce qui a fait dire à certains que j'étais assez conservateur parce que je ne tenais pas à voir changer la société puisque je m'en accommodais bien en affirmant cette société, en me créant une morale, mais cela aussi peut se discuter, parce que ce n'est pas facile non plus d'avoir une morale individualiste, individuelle. C'est difficile d'être tout seul finalement."*
Seul, Brassens ne l'est pas vraiment et ne l'a jamais été. Mais fidèle à ses idées, oui.

Le temps ne faisant vraiment rien à l'affaire, Brassens conserve toute sa vie les mêmes opinions et Maxime Le Forestier se souvient des dernières représentations de Brassens à Bobino :

Georges Brassens.
Photographie Fred Mella

"C'était dans les années 1970. Tous les soirs les applaudissements arrivaient avec la même force au même endroit, notamment au mot 'anarchie', comme un effet de Pavlov. *(...)* Tous les soirs, il buvait un verre d'eau après *Hécatombe (...)* et tous les soirs il disait : *"Ces trous du cul ! Ils ne savent pas du tout ce qu'est l'anarchie."*
Puis il continuait." [2]

Hécatombe/anarchie

Frénétiqu' l'un' d'elles attache
Le vieux maréchal des logis
Et lui fait crier : "Mort aux vaches,
Mort aux lois, vive l'anarchie !"
Une autre fourre avec rudesse
Le crâne d'un de ses lourdauds
Entre ses gigantesques fesses
Qu'elle serre comme un étau

"Aujourd'hui encore, je consulte mes vieux amis anarchistes. Quand je fais quelque chose, je me dis toujours : « Est-ce que cela va leur plaire ? »; quand j'ai une décision à prendre sur le plan social, je consulte les vieux anars. C'est une chose qui m'avait frappé et séduit chez eux, la peur de se tromper. Les anarchistes sont les êtres les plus scrupuleux que je connaisse."

Il y a tout au long de sa vie la volonté de ressembler au personnage qu'il tend à être. Brassens a consciemment choisi de ne pas avoir d'enfants, ne voulant imposer son quotidien à d'autres personnes que lui-même. Sa liberté passait aussi par ce renoncement qui lui permettait d'écrire la nuit, le jour, de ne faire peser sur personne le choix de cette vie singulière. Surtout, cela lui permettait de ne rendre de comptes à personne.
Si ce n'est à lui-même.
"Mais, je le répète, c'est plutôt une morale incrustée en moi. Si je pensais détenir le moyen de supprimer les inégalités, de rendre l'homme heureux dans un univers, qui ne l'oublions pas, n'est pas fait pour ça tant il est féroce, je militerais. Ma petite philosophie ne m'autorise pas cette ambition. Elle m'autorise à peine à me dire, au moment où je pourrais me laisser aller à mal agir, que même si l'on n'est pas vu, on se voit toujours soi-même. Là est le véritable juge : soi-même."

Il passera sa vie à distribuer ce qu'il gagne, soit pour offrir des cadeaux, soit pour venir en aide à ses amis.

Brassens manifeste
(dans son coin et à sa façon)

"Cela paraît une boutade : mais je cherche à gagner le moins d'argent possible... un peu parce que je crois que l'artiste n'a pas besoin de se sentir en trop confortable sécurité... Ensuite, parce que je crains l'argent. Ça change les gens. Comme la gloire, l'argent peut pourrir. Il ne faut pas perdre le sens commun des choses. Les réalités quotidiennes des personnes qui tous les matins se rendent à leur travail, n'ont que de petits salaires, ne doivent pas nous échapper. Sinon, un divorce se fait. Qui n'est profitable à personne." [3]

Il prête sans compter puisqu'en bon anarchiste, il pense que l'argent ne représente rien en soi.

Avec un petit verre, Brassens sort le chéquier et achète des maisons. Il paie la maison de Roger Riffard, celle de Jean-Pierre Chabrol, aide Boby Lapointe pour que le domaine viticole de son père ne soit pas vendu, achète l'appartement pour héberger son amie Josée Stroobants, un à sa gouvernante Sophie, achète la maison de Jeanne dans l'Impasse Florimont, un appartement à Sète... Pour lui, l'argent n'a aucune valeur et deviendrait presque encombrant.
Sa réputation de généreux précède le chanteur partout où il va. C'est ainsi qu'un jour, à la sortie d'un concert, un homme vient le trouver pour lui demander de l'argent : "Je sors de prison, si vous m'aidez peut-être pourrai-je redémarrer dans la vie." Brassens lui glisse alors quelques billets dans la main. Des années plus tard, un homme se présente de nouveau : "Je suis celui que vous avez aidé quand il sortait de prison. Je viens vous rendre l'argent que vous m'avez prêté." *"Gardez votre argent,* répond Brassens, *votre attitude et votre réussite me récompensent pleinement."* Lorsque ses amis insistent pour signer une reconnaissance de dette, Brassens leur fait remarquer : *"Crois-tu que c'est l'argent que je regretterai si tu venais à disparaître ?"*
Très vite, sa générosité et son rapport détaché à l'argent deviennent aussi célèbres que lui, si bien que les lettres de demandes inondent bientôt sa boîte aux lettres.

Devenu son secrétaire, Pierre Onteniente, dit "Gibraltar", est alors obligé de se transformer en cerbère pour lutter contre ceux qui ont tendance à confondre générosité et tiroir-caisse. C'est ce même Gibraltar qui conserve les chéquiers du chanteur et gère son compte en banque. Lorsqu'il reçoit son premier chèque, Brassens demande à son copain : *"Qu'est-ce que je fais de cela ?"* Il n'est en effet jamais allé dans une banque et, hormis son bref passage aux usines Renault, il n'a jamais gagné d'argent. Brassens, lui, est bien incapable de dire combien il gagne. Chaque semaine, Pierre lui distribue de l'argent. Le reste, c'est l'affaire de son secrétaire.

Avec le succès, peu de choses vont changer dans sa manière de vivre si ce n'est que les journalistes vont n'avoir de cesse de l'interroger sur ses motivations et ses positions politiques.

Un entretien télévisuel de 1969 montre Jean Ferrat et Georges Brassens en train de parler de leur conception politique ; l'un est communiste, l'autre tente de donner, avec le plus d'honnêteté possible, sa vision de l'anarchisme.
Depuis quelques années, les chansons de Ferrat teintées de communisme (*Potemkine*) sont interdites d'antenne et lui-même se voit refuser l'accès aux plateaux de télévision.

Brassens lit Le Monde Libertaire, *impasse Florimont, 1955.*
Photographie Pierre Cordier - ADAGP, Paris, 2011

Une pétition a même circulé pour lever l'opprobre sur le chanteur. Brassens l'a évidemment signée et soutient son ami. Est-ce pour cela qu'il accepte de participer à cette émission de télé, lui habituellement réfractaire à livrer ses opinions ?
C'est en tout cas l'une des seules occasions où Brassens et Jean Ferrat dialoguent à cœur ouvert sur leurs motivations d'hommes et d'artistes.

"Je n'ai jamais cru aux solutions collectives. Étant contre, sur le plan esthétique de l'efficacité, à donner une morale, à indiquer des voies, à donner mes impressions. J'explique une attitude individuelle (...). Je pense être plus efficace en faisant des petites chansons qui apportent 4-5 minutes de joie à ceux qui les aiment, je pense ne pas avoir trop démérité, je pourrais le faire si je croyais à l'efficacité, j'en ferais des chansons, je ne me crois pas le droit de dire aux gens "Ceci est bien, ceci est mal", car je ne le sais pas tellement moi-même et sur le plan esthétique je ne suis ni un philosophe ni un sociologue, je suis un poète mineur, je suis un faiseur de chansons, je traduis mes émotions. Je ne parle pas trop des fleurs, car je ne sais pas le faire, c'est un bout de bois, un fossoyeur. Je pense qu'on peut être plus efficace en étant indirect. Si tu dis « Jetez la crosse en l'air, camarade », les gens ne t'écouteront pas. On peut le faire par le biais (vous m'obligez à parler...) de la chanson."[4]

Quand Ferrat place la politique avant la chanson, Brassens se permet cette réflexion : *"Ce n'est pas sûr que l'art ne peut pas changer le monde... Je crois que l'art pur peut changer le monde, je crois que c'est l'art explicatif qui ne changera pas le monde. Je pense que tant que les hommes ne seront pas changés, rien ne changera dans le monde... Et j'ai bien peur que l'homme ne soit pas près de changer. Non pas que je le trouve très mauvais, même dans une société tout à fait parfaite les hommes inventeraient, trouveraient des moyens de foutre la pagaille..."*
En 1969, cette interview sera interdite d'antenne et restera donc sur les étagères de l'ORTF.
On ne peut pas, au lendemain de "Mai 68", parler librement de ses opinions si elles ne sont pas en accord avec celles du pouvoir. Pompidou veille.

"J'essaie de ne pas me laisser séduire par les slogans. Nous vivons à l'époque des slogans. Précisément, chacun nous promet un petit paradis. Le seul paradis que je préconise, moi, c'est le paradis de l'individu qui a sa liberté, même dans la société actuelle et même dans une société pire. L'armée, le métier, le mariage, ces trois institutions sociales ne m'auraient peut-être pas embourgeoisé, mais elles m'auraient obligé à m'intégrer dans la société, à me plier à ses lois. Ces lois, je ne les viole pas, je passe à côté."

Cet individualisme chevronné l'a toujours tenu à l'écart des rassemblements publics, des prises de position. On a eu tendance à le lui reprocher. Pourtant, il a toujours défendu certaines idées et certaines positions.

"Je me suis engagé dans la plupart des chansons mais les connards ne s'en sont pas aperçus, je vous dis cela à vous pour avoir le plaisir de le dire, c'est tout simple, mais je me suis engagé, j'ai pris des positions très nettes mais on m'a reproché de ne pas être allé assez loin. Mais où voulez-vous que j'aille ? Qu'est-ce que vous voulez que je dise ? Que le profit est une abomination ? Bien sûr que c'est une abomination et je le sais mais je ne peux pas faire une chanson avec cela, parce que cela ne marcherait pas, voyons !

Non pas que je tienne à ce que cela marche, j'ai eu assez de succès, je n'en ai plus tellement besoin mais je ne peux pas le dire, c'est quelque chose qui est contraire à mon art, si vous voulez, je suis quand même un musicien un peu des mots aussi ! Tous ces engagements que l'on m'a reprochés de ne pas avoir pris, ils sont dans mes chansons. On m'a dit : « Qu'est-ce qu'il fait, Brassens, pour le Larzac ? » Mais, je me suis déjà engagé pour le Larzac. J'ai pris position contre les chars d'assaut et pour les moutons le jour où j'ai écrit Pauvre Martin, *nom de Dieu !"*

Pauvre Martin

Pour gagner le pain de sa vie,
De l'aurore jusqu'au couchant,
De l'aurore jusqu'au couchant,
Il s'en allait bêcher la terre
En tous les lieux, par tous les temps !

Toute sa vie, Brassens militera contre la peine de mort, qui sera abolie en France le 9 octobre 1981, à peine quelques jours avant la disparition du chanteur. Dès ses premières chansons, comme *Le Gorille*, il traite ce sujet. Nous sommes en 1953.

Le Gorille

La suite serait délectable,
Malheureusement, je ne peux
Pas la dire, et c'est regrettable,
Ça nous aurait fait rire un peu;
Car le juge, au moment suprême,
Criait : "Maman !", pleurait beaucoup,
Comme l'homme auquel, le jour même,
Il avait fait trancher le cou.
Gare au gorille !

Dans *La Messe au pendu* de 1976, il fait dire à un curé "mort à toute peine de mort" et dans la chanson posthume de 1982, *Le Sceptique*, il exprime une nouvelle fois cette opposition. Sur ce sujet, ses dernières chansons ont souvent la même verve que celle des premières compositions.

Brassens participe en 1960 à un rassemblement organisé devant l'opéra de Paris pour soutenir le condamné à mort Caryl Chessman[5], qui sera malheureusement exécuté au États-Unis. En 1971, il participe à un grand gala destiné à soutenir la même cause.

Il partage cette affiche avec notamment Léo Ferré et Johnny Hallyday. Brassens apporte aussi son soutien au mouvement pacifiste de Louis Lecoin, lui prêtant plusieurs millions de francs pour financer son journal, ***Liberté***. Il est aussi l'un des 300 signataires d'une pétition adressée le 20 février 1963 au président de la République Charles de Gaulle et à son Premier ministre Pompidou, réclamant que les appelés refusant d'accomplir leur service militaire ne soient plus emprisonnés.

Le flic

Pour exprimer ouvertement son désaccord avec l'autorité, l'armée, la peine de mort et la chose judiciaire, Brassens cherche une anecdote et une histoire pour conter son refus sous la forme d'une chanson. Dans ce petit théâtre, des personnages symboliques vont revenir souvent comme les flics, qui vont vite devenir l'un de ses sujets préférés.
"Les gens se sont imaginé que j'avais une haine profonde du gendarme. Ce n'est pas le gendarme lui-même, c'est ce qu'il représente.

Café des Sportifs

C'est la loi qui me gêne ; en réalité c'est la loi. Si un jour on vivait sans loi, je serais très heureux (…), on peut être gendarme et être un brave type, comme on peut être un honnête homme et être une franche crapule (…). Il ne faut pas compartimenter comme cela. Je l'ai fait d'ailleurs moi-même. J'étais extrêmement jeune. Je l'ai fait et je le ferai encore parce que c'est quand même plus facile. J'ai quand même plus de sympathie, si vous voulez, pour les hippies qui se baladent sur les bords de Seine, encore que je n'approuve pas tout, que pour les gendarmes. Il y a des démarches qui m'intéressent plus que d'autres, voilà. Cela dit, le gendarme, en général, ne me convient pas."

Combien de gendarmes et de policiers se trouvent ainsi ridiculisés ! Il les trouve "par nature" si ballots dans *Brave Margot*, ils sont matraqués par une horde de femmes dans *Hécatombe,* à quoi Brassens répond : ***"Moi, je bichais car je les adore sous la forme de macchabées."*** Il en fait même mourir un dans sa chanson *La File indienne.*

Le dur vexé de fair' chou blanc
Dégaine un couteau rutilant,
Tortillant de la croupe et claquetant de la semelle,
Qu'il plante à la joie du public,
À travers la carcass' du flic,
Tortillant de la croupe et redoublant le pas.

Et tous, bandit, couple, loustic,
Trottin, cabot, tous, sauf le flic,
Tortillant de la croupe et claquetant de la semelle,
Suivir'nt à la queue leu leu
L'enterrement du flic parbleu,
Tortillant de la croupe et redoublant le pas.

Un jour cependant, la mère de Brassens est hospitalisée à Sète pour y recevoir une transfusion. C'est un flic qui se présente en premier. Elvira fera alors promettre à son fils de ne plus jamais dire de mal des gendarmes. Une promesse qu'il va tenir, allant même jusqu'à célébrer les policiers dans une de ses dernières chansons, *Don Juan* :
Gloire au flic qui barrait le passage aux autos
Pour laisser traverser les chats de Léautaud.
Dans *L'Épave*, les représentants de la loi seront même glorifiés :

Et j'étais là, tout nu, sur le bord du trottoire
Exhibant, malgré moi, mes humbles génitoires.
Une petit' vertu rentrant de travailler,
Elle qui, chaque soir, en voyait un' douzaine,
Courut dire aux agents : "J'ai vu que'qu' chos' d'obscène !"
Ça n' fait rien, il y a des tapins bien singuliers…
Le r'présentant d' la loi vint, d'un pas débonnaire.
Sitôt qu'il m'aperçut il s'écria : " Tonnerre !
On est en plein hiver et si vous vous geliez ! "
Et de peur que j' n'attrape une fluxion d' poitrine,
Le bougre, il me couvrit avec sa pèlerine.
Ça n' fait rien, il y a des flics bien singuliers…

Et depuis ce jour-là, moi, le fier, le bravache,
Moi, dont le cri de guerr' fut toujours "Mort aux vaches !"
Plus une seule fois je n'ai pu le brailler.
J'essaye bien encor, mais ma langue honteuse
Retombe lourdement dans ma bouche pâteuse.
Ça n' fait rien, nous vivons un temps bien singulier…

Cette chanson s'inspire d'une histoire vraie. Un jour lors d'une tournée à Biarritz, Brassens se rend au cinéma avec ses copains Jean Bertola et Gibraltar. En première partie est diffusé un reportage sur la chirurgie à travers les âges. ***"Je ne me sens pas bien, je veux sortir"***, dit Georges. Il sort de la salle soutenu par Gibraltar, quand brusquement, en haut des marches vers l'extérieur, le chanteur tombe évanoui. Un gendarme passe par là : "Mais, c'est Brassens, il va prendre froid…" et enlève son manteau pour recouvrir Brassens de sa pèlerine. Il lui en sera si reconnaissant qu'il en écrira une chanson pour lui rendre hommage.

"Je suis tellement anarchiste que je traverse entre les clous afin que la maréchaussée ne me fasse pas de réflexion."
Voici comment on peut résumer la pensée politique de Brassens : ne pas faire de bruit, mais le faire librement. Alors célèbre, sa maison de campagne à Crespières est souvent visitée par des cambrioleurs, pourtant Brassens n'aura jamais l'idée d'aller prévenir les flics. Il préfère en faire une chanson, *Stances à un cambrioleur*, où sur un ton léger il remercie ses visiteurs d'avoir si bien choisi. Cette maison n'est pas loin d'une base militaire et pendant la guerre d'Algérie, Georges Brassens donne rendez-vous plusieurs soirs de suite à un groupe d'appelés qui font le mur pour rejoindre Paris. Il joue le chauffeur non sans un certain "plaisir anarchiste d'aider des déserteurs". Parmi eux se trouve le scénariste Jean-Claude Carrière engagé alors pour l'émission *La Boîte au sel* de Robert Rocca et Jacques Grello.

L'autorité, il n'aime pas cela mais, pourtant, Brassens l'anarchiste a dans ses amis d'enfance le premier flic de France : Honoré Gévaudan, devenu célèbre grâce à Albert Spaggiari, qui lui a avoué être l'auteur du plus grand casse du siècle à Nice, est un de ses proches amis ! Ils vont régulièrement dîner ensemble et personne ne sait de quoi étaient faites leurs conversations.

La guerre / La patrie

Antimilitariste, pacifiste, Brassens l'est totalement, et il n'est aisé de pouvoir parler de ces thèmes juste après la Seconde Guerre mondiale. Certaines de ses chansons vont lui poser de sérieux problèmes : *Les Deux Oncles* et *La Guerre de 14-18*. Dans cette chanson, Brassens se moque ouvertement des hommes qui font briller leurs médailles. Il l'écrit en souvenir du lourd silence de son père sur "sa" guerre qui en disait long sur les souffrances vécues.

La Guerre de 14-18

Depuis que l'homme écrit l'Histoire,
Depuis qu'il bataille à cœur joie
Entre mille et une guerres notoires,
Si j'étais tenu de faire un choix,
À l'encontre du vieil Homère,
Je déclarerais tout de suite:
"Moi, mon colon, celle que je préfère,
C'est la guerre de 14-18 !"

"J'ai dit "À bas la guerre", si vous saviez le nombre de lettres d'injures que j'ai reçues. On a dit que je tournais en dérision les morts de la guerre de 14, les veuves, les orphelins. Il va sans dire que, pour penser une chose pareille, il faut être un peu con. Il faudrait presque mériter d'être mort à la guerre de 14 ! Mais, il est évident, cela saute aux oreilles, que j'ai pris position contre la guerre. Mais les gens ne l'ont pas compris. La plupart des gens ne comprennent rien. C'est cela qui est grave. On le sait, que la parole est une source de malentendu, mais quand même… Là, je trouve qu'ils y vont un peu fort de me reprocher de ne pas aller assez loin. Du temps de la guerre d'Indochine, je chantais. La mère d'un jeune qu'on avait enrôlé de force pour l'Indochine – parcequ'il n'y avait pas que des volontaires en Indochine, en Algérie aussi d'ailleurs – une bonne femme est venue me reprocher de ne pas faire une chanson contre la guerre d'Indochine. Je lui ai dit : "Écoutez, madame, je ne sais pas le faire cela". Et puis, cela serait vite fait "À bas la guerre d'Indochine". D'autre part, je vous signale, qu'à cette époque-là, la plupart des ouvriers, qui aujourd'hui ont une position très nette, à ce propos-là, étaient, sans le savoir, colonialistes et vous savez que c'était difficile de dire chez Renault que ce n'était pas la France, l'Indochine. Avant la déclaration du général de Gaulle et avant la guerre d'Algérie, il était très difficile de dire dans un milieu ouvrier "Attention, n'oubliez pas que nous sommes allés emmerder ces gens-là qui ne demandaient rien" et maintenant cela paraît tout naturel. Donc, si j'étais monté sur la scène pour dire "Mort à la guerre d'Algérie et mort à la guerre d'Indochine", c'eût été courageux de ma part mais on m'aurait empêché de chanter tout simplement."[5]

Deux ans plus tard, en 1964, Brassens enfonce le clou une nouvelle fois avec la chanson *Les Deux Oncles :*

C'était l'oncle Martin, c'était l'oncle Gaston,
L'un aimait les Tommi's, l'autre aimait les Teutons.
Chacun, pour ses amis, tous les deux ils sont morts.
Moi qui n'aimais personne, eh bien ! je vis encore.

À sa sortie, elle provoque un véritable scandale : comment oser parler ainsi de la guerre et de la patrie ? Les anciens combattants s'en mêlent, menacent Brassens. Il reçoit également de nombreuses lettres d'insultes et un journaliste, Paul Morelle, écrit dans le quotidien *Libération* une lettre ouverte "à un gars qui serait en train de mal tourner". Jamais une chanson n'a provoqué autant d'émoi en France. Dans *Le Monde* du 25 novembre 1964, Jean-Pierre Chabrol publie un article intitulé : "Faut-il tondre Brassens ?". Quelques mois plus tard, en janvier 1965, le magazine *Chansons* consacre un dossier complet sur le chanteur, mais à la suite de la polémique suscitée par *Les Deux Oncles* il est précédé d'une note du rédacteur en chef : "Ce numéro qui aurait dû paraître voici quelques mois ne paraît qu'aujourd'hui et n'a pas l'importance que nous désirions lui donner. Cela est dû au fait qu'entre-temps, il y a eu un « cas Brassens ». Un cas qui pose un problème de conscience, il faut en convenir. Aussi la plupart des personnalités sollicitées pour apporter un témoignage, un point de vue sur Brassens se sont récusées, d'autres ont même jugé inutile de répondre. Sans doute aurions-nous eu de très belles et de très élogieuses pages si ce numéro était paru avant que naissent *Les Deux Oncles*."

Un soir à Bobino, en plein récital, un spectateur se lève et hurle "Salaud !". Brassens blêmit mais ne supprimera pas cette chanson de son tour de chant. Il s'en explique plus tard sur le plateau d'une émission d'*Apostrophes* datant de 1975. Intitulée "*Qu'est-ce que l'esprit militaire*", elle réunit Charles Hernu [6] et le général Bigeard [7], face à un Georges Brassens invité pour jouer le rôle de l'antimilitaire. Quand Bernard Pivot cite quelques strophes de sa chanson renvoyant dos à dos les Allemands et les Français, Brassens répond de manière laconique : *"Je me suis aperçu que les ennemis deviennent très vite des amis. On parle de la Nouvelle Europe, on en a parlé à une autre époque. J'ai reçu beaucoup de lettres de gens qui ont désapprouvé cette chanson."*
Même dans son entourage proche, cette chanson ne fera jamais l'unanimité.
Brassens ne répondra jamais ouvertement à cette polémique mais profitera un jour d'une invitation à la radio pour lire ces lignes de Jean Rostand :
"Être pacifiste, c'est admettre que l'intérêt de la paix puisse ne pas coïncider avec celui de notre patrie ou de notre idéologie. C'est oublier cette ignoble vérité que le sang sèche vite. C'est garder toujours présent à l'esprit l'inépuisable contenu négatif du mot "paix". Tout ce qu'il comporte en lui de non-souffrance, de non-détresse, de non-misère, de non-désespoir, de non-désolation. C'est voir obstinément dans toute guerre la gigantesque erreur judiciaire qui fait la somme de peines capitales infligées à tant d'innocents... C'est refuser d'égrener le chapelet des slogans de commande et des calomnies de consigne. C'est ne pas clamer qu'on veut la paix quand on fait le jeu des fanatismes qui la rendent impossible. C'est dénoncer sans relâche l'atrocité, l'ignominie de la guerre, se garder d'imputer à l'un des belligérants les atrocités hors série... c'est condamner les jusqu'au-boutismes et les intransigeances. C'est s'affliger quand on voit un fusil dans les mains d'un enfant. C'est être obsédé par les fantômes de tous ceux qui sont morts pour rien. C'est préférer que les réconciliations devancent les charniers. C'est n'être jamais sûr d'avoir tout à fait raison quand on souscrit à la mort des autres." [8]

Son ami André Tillieu raconte que, à la veille d'un des célèbres défilés antimilitaristes, un élu communiste équipé d'une camionnette avec micros et amplis lui demande de l'aider à trouver des chansons pacifistes. Il lui conseille *Les Deux Oncles* et lui fait écouter l'enregistrement.
À la fin de l'écoute, l'homme lui dit : "Au premier abord, elle peut choquer, mais elle est d'un pacifisme sans faille. Je la prends".
C'est ainsi qu'une délégation officielle du parti communiste bruxellois a diffusé *Les Deux Oncles* tout au long du trajet de ce cortège pacifiste.

"Je n'aime pas la patrie, mais j'aime la France", explique Brassens devant les caméras d'*Apostrophe*. Il garde toujours près de lui cette phrase de Remy de Gourmont : "L'amour exclusif d'une patrie a pour immédiat corollaire l'horreur des patries étrangères. Non seulement, on craint de quitter la jupe de sa maman, d'aller voir comment vivent les autres hommes, de partager les travaux ; non seulement on reste chez soi, mais on finit par fermer sa porte." Cette même réflexion pousse Brassens à ôter la dernière strophe du poème d'Aragon *Il n'y a pas d'amour heureux* quand il le met en musique, car on y trouve les mots "amour de la patrie".

Ce qui fera enrager Louis Aragon.
Dans *La Ballade des gens qui sont nés quelque part* il épingle ces patriotes – "Maudits soient ces enfants de leur mère patrie" – les fustigeant : "La race des chauvins, des porteurs de cocarde".
Nous sommes en 1972 et Brassens n'a rien perdu de la colère qui l'animait dans ses articles du *Monde Libertaire* et dénonce une nouvelle fois la guerre avec sa chanson *Mourir pour des idées*.

GEORGES BRASSENS
42, RUE SANTOS-DUMONT
75015 PARIS
TÉL. 828-37-99

14.18 m'a valu pas mal de critiques acerbes. Si j'étais un grossier personnage je traiterais de connards ceux qui n'ont pas entendu que cette chanson suggérait "Vive la paix" mais comme en dépit des apparences je suis relativement bien élevé je me bornerai à dire qu'ils sont affligés d'un esprit mauvais, mal tourné ou qu'ils en sont dépourvus. Croire en entendant ces couplets que je veuille tourner en dérision les pauvres soldats morts à la guerre, leurs parents, leurs veuves, leurs orphelins c'est franchement imbécile ~~et~~ ou il faut le faire exprès il faut avoir appris comme aurait dit le regretté Jacques Grello

GEORGES BRASSENS

42, RUE SANTOS-DUMONT
75015 PARIS

TÉL. 828-37-99

que quelques tomes
des "Contemporains" vous
faisaient défaut. Je suis bien aise
de pouvoir combler ~~cette la~~ ce vide cune
Ne vous inquiétez pas j'en possède
déjà deux séries. Un vieux libraire
– comme on n'en fait plus guère – et
qui sait l'intérêt que je porte à
Jules Lemaître me les met de
côté dès qu'il en trouve et
j'en fais profiter les copains, les amateurs
de ce grand écrivain – lesquels
se raréfient aussi de jour en jour
hélas.

j'étais déjà du côté des moutons contre les chars d'assa[ut]
avant même que le problème du Larzac eût été posé
Beaucoup de gens aujourd'hui sont contestataires
par mode, pas par nature alors que moi je suis né
contestataire. Et ces contestataires d'occasion m'accusent
de ne l'être pas assez. C'est dans l'ordre des choses il en va
toujours ainsi depuis 6000 ans qu'il y a des hommes et qui
pensent qui croient penser. Je suis un faiseur de chan
son. je ne suis pas un journaliste, un pamphlétaire
un militant, un éditorialiste, d'autres le sont ou
croient l'être, avec plus ou moins de talent et de bonheur
ils disent toutes ces choses qu'on voudrait m'enten-
dre dire, il faut leur laisser ce soin et ne pas me
demander de faire de la propagande, je ne saurais
pas m'y prendre. Ce n'est pas la peur qui me
retient, je n'ai pas ce tour d'esprit voilà tout
Je ne suis pas un poète mais un parolier qui a
fait ses preuves. Croyez vous vraiment qu'en
mai 68 si je l'avais voulu je n'eusse pas été
capable d'écrire une petite chanson bien sentie
qui eût certainement fait le tour de France
quel risque encourais je à dresser une barricade de
couplets à lancer des cocktails molotof ~~sur les~~ phraseurs
sur les CRS, le ridicule mais le ridicule ne tue plus
ceux qui l'ont fait à ma place ne s'en portent pas
plus mal sauf que leurs petites bombes en forme de
goualantes ~~qu~~ qui sont désamorcées depuis longtemps
En réalité le mal - si mal - il y a vient de ce
qu'on ne m'a pas bien écouté. On n'y est pas
obligé; je ne force personne, mon public est assez

nombreux ; mais alors qu'on se taise, que évite de parler de ce que l'on ne connait pas
Votre ami même Maurice Clavel qui m'a demandé de vous rencontrer qui est un homme non seulement charmant et généreux et d'une intelligence remarquable à cent coudées au dessus de la mienne qui de plus est un mon ami, mon compatriote, ^fut^ mon condisciple au collège de Sète, ne m'avait pas bien écouté quand il me chercha des poux dans la tonsure à propos de ma chanson "tempête dans un bénitier" Qu'est il allé voir là dedans. Ce n'était qu'une farce, une petite farce, discutable peut être sous le rapport du bon goût mais rien de plus Je ne crois pas en Dieu, je tiens les religions pour un grave danger et peu m'importe que la messe soit dite en latin ou en français deux langues d'ailleurs que je ne maîtrise pas bien, j'ai voulu m'amuser un peu
~~[illegible]~~ Je vous explique tout cela parce que vous me l'avez demandé mais je pense qu'il ne faut jamais donner d'explication que ça fout tout par terre que ceux qui savent devinent et que - je cite mon ami albert Simonin " Il faut laisser proférer les bourdes les plus énormes, les insanités les plus échevelées, les contre vérités les plus flagrantes sans protester ni rectifier : On ne convainc jamais personne et surtout pas les branques

on m'a ~~toujours~~ souvent reproché de ne pas aller assez loin. On m'a
~~toujours~~ souvent reproché quelque chose. Vous savez il se trouve toujours
quelqu'un pour vous dire qu'on aurait dû mettre la bon effet
autre part qu'à l'endroit où on l'a ~~mise~~ envoyée. Notez que je suis
allé quand même bien plus loin qu'il n'y paraît à première vue
ou à première écoute. D'abord et je n'en tire aucune vanité
aucune gloire mais je fus l'un des premiers à proférer des
gros mots de très gros mots sur les plus grandes scènes
de music hall. Ça peut sembler facile en notre temps où
la moindre actrice jouant les petites bourgeoises ou même
les femmes du monde dit chaque jour ou presque à
la télévision — où mes violences de langage furent long
temps interdites — ça me fait chier de me faire enculer
en préparant le petit déjeuner — (termes que je n'ai du reste
jamais employés) mais à l'époque ça n'allait pas tout
seul. J'ai par exemple en mettant ~~ne~~ me l'oubliants pas
dans le même sac que ~~tout le monde~~ ceux que je trouvais ainsi plus ou moins
~~dit~~ laissé entendre que la plupart des gens étaient des cons. Ce fut
un tollé. Les jeunes l'ignorent qui n'étaient pas nés
en ce temps là mais les anciens s'en souviennent.
Oui je suis allé assez loin naguère et j'y vais encore mais
je ne le dis pas je le suggère. C'est dans mon tempérament
à mes auditeurs de deviner, de compléter. Quand on écou-
te mes chansons avec une oreille un peu fine on entend que
je ne suis pas du côté de la guillotine, de la loi, du côté de l'armée
du côté de l'exploitation de l'homme ou de la femme
qu'on force à se prostituer, du côté de la religion, du côté du profit, du
côté du béton et des grands ensembles, tout cela
je l'ai quand même écrit noir sur blanc mais les
connards et aussi quelques non connards malheureusement

qui aiment bien qu'on leur mâche les mots aurait souhaité m'entendre proférer. A bas la peine de mort à bas la loi à bas l'armée, à bas l'exploitation de l'homme. A bas la prostitution, à bas la religion à bas le profit à bas le bebon. C'était facile à faire beaucoup ne s'en privent pas et n'en retirent du reste aucun succès. Qu'est ce que je risquais à parler ainsi d'être bicard sur les ondes ; je l'étais déjà sauf à Bingre numéro 1, ~~non je ris~~ ne ~~quais qu'une seule chose manquer mon but~~ non la seule chose qui (comme d'autres) pouvait m'arriver c'était de manquer mon but (1)
Je ne mets pas mon drapeau dans la poche mais je n'en annonce pas la couleur ; seulement la nuance (mais la nuance aujourd'hui) Je ne chante pas l'internationale ~~ni~~ je la laisse entendre je la fredonne, mais les oreilles aujourd'hui n'~~aiment~~ ne perçoivent que les décibels. Chez les gens sont plus royalistes que le roi ou plus anarchistes que Ravachol

(1) et d'écrire des chansons insipides dont le public se fût bien vite lassé

Ajoutons en passant que ceux qui voudraient me faire crier à bas la peine de mort, la loi l'armé, l'exploitation à leur ~~avis~~ insu ~~et~~ ou à bon escient sont partisans de la peine, de mort, de l'armée, de l'exploitation, de la religion, mais d'une autre forme de peine de mort, d'une autre forme d'armée de loi de religion tout aussi redoutable et peut être plus encore que celles qu'ils me m'accusent de ne pas combattre avec assez de conviction.
On s'est posé ~~cette~~ cette question "qu'a fait Brassens pour le Larzac" Ridicule. Il suffit d'écouter l'ensemble de mes chansons pour comprendre que

(1)

Écrire des paroles (chercher
des idées, les écrire, les polir)
Écrire des musiques qui collent
avec ces paroles, les polir
les construire en rapport avec
ma voix et mes possibilités
limitées de guitariste
Chanter sans avoir étudié le
chant ; telle note trop haute
ou trop basse se peut chanter
chez soi un jour deux jours

(2)

Il faut aussi parce qu'on aime
ça et que ça entretient la
flamme lire et écouter

Raisons de ne pas
faire beaucoup de télé
– les habituelles absence de
public (du vrai public) qui
vient voir tel ou tel artiste
TSVP

Le public autrefois était
chanteur, un peu auteur
J'ai vu ma mère qui avait
déjà passé la quarantaine
aller acheter des petits
formats pour elle non
pour moi, s'enquérir au-
près de ses amies ~~[illegible]~~
un couplet, une phrase
d'une chanson qui lui

manquait. Chanter inla-
ssablement en s'occupant
de son ménage. C'est de là
que me vient cette assez
grande culture chansonniè-
re – dommage que les
paroles aient été souvent
n'importe quoi mais
quand on aime une chan-
son on y ajoute beaucoup

mais en public – où l'on
perd la moitié de ses moyens.
et 4 ou 5 mois durant –
ça relève du tour de force
Enfin le courrier, les proposi-
tions de toute sorte, galas
radios télés –
une famille des amis
et avec tout ça ~~une~~ des
reins pas très solide. En
fin un certain age

Je ne dis pas tout - mais certains morceaux d'aujourd'hui - je dois à la vérité - si la vérité existe que les textes lui importaient assez peu - (sauf les chansons de salle de garde) et certaines des miennes lui firent de la peine

D'autre part elle aimait les chansons de tous les temps. celles du temps de ses parents, celles de sa génération, celles de ma génération (Charles Trenet alors fort contesté par les adultes ne lui faisait pas peur - elle vivrait encore qu'elle apprécierait

Au cas où les journalistes viendraient s'adresser à Laurent Olerrot (mon double dans Barbe des Lilas) 15 rue FIRMIN GILLOT 15
842 02 29

TSVP

et puis l'interdiction de présenter tout l'éventail de ce que j'écris.

il pourrait éventuellement avec des copains à lui trier les passages suspects

Il insiste encore en 1976 sur son dernier disque, avec sa chanson *Les Patriotes.*

Pourtant, cet homme qui s'est battu tout au long de sa vie contre la peine de mort, qui chante l'amour et prône la paix, entretient avec les armes un rapport singulier. Pierre Louki se souvient que, à une première, il a reçu un grand paquet avec un nœud tout rose et des vœux signés Georges Brassens : "Joyeuse rentrée 1977 pour Pierre Louki". Il y découvre avec étonnement une carabine, deux chargeurs et deux boîtes de 200 cartouches.
Curieusement, il possède plusieurs carabines et des revolvers qu'il garde dans sa chambre.
À chaque départ à Crespières, il inscrit sur ses pense-bêtes "deux boîtes de cartouche, carabine à répétition". Il ne s'en sert que très rarement mais ne s'en sépare jamais. Avec Éric Battista et Gibraltar, Brassens s'exerce dans le champ à côté du moulin en faisant des tirs lamentables. "Ils tiraient sur des boîtes de conserve, sur des bouteilles, qui étaient toujours intactes, car ils étaient tous nuls. Les femmes se planquaient bien sûr ; et ils rentraient absolument tartarinesques, roulant des mécaniques" se souvient Danièle Heymann, l'épouse de Jean Bertola.
À côté de son lit reposent un fusil et une corde.
Est-ce pour s'enfuir au milieu de la nuit ?
Protéger Jeanne et Marcel en cas d'attaque ?
Il est vrai que, dans les années 1950, le Quatorzième n'est pas un quartier des plus tranquilles.
Adepte des petits mots, Brassens suspendait chaque soir l'inscription suivante sur la porte de sa chambre : "Je mets la défense passive".

Georges Brassens et le Père Duval sur le plateau de l'émission Le magazine de la chanson, *22/02/1960.*
Photographe Dominique Gonot

La religion

Une autre figure que Brassens va continuellement attaquer dans ses chansons est celle du curé, épinglant par là même plus généralement la religion. *Le Mécréant, La Légende de la nonne, La Marguerite, La Messe au pendu, La Religieuse, Tempête dans un bénitier, Misogynie à part* ou encore *Trompettes de la renommée*, tout au long de sa carrière, Brassens s'amuse, dans ses chansons, avec la figure des religieux.

Même s'il a reçu une éducation catholique, Brassens n'a pas la foi. Le chanteur a pourtant un vrai respect pour les religieux, car peut-être, qui sait, aurait-il secrètement envie de croire ?
Quand Monseigneur Orchampt, évêque de Montpellier, assiste au tour de chant de Brassens, celui-ci change l'ordre des chansons pour ne pas froisser l'évêque.

La Religieuse

Il paraît que, dessous sa cornette fatale
Qu'elle arbore à la messe avec tant de rigueur,
Cette petite sœur cache, c'est un scandale !
Une queu' de cheval et des accroche-cœurs.
Et les enfants de chœur s'agitent dans les stalles...

Il paraît que, dessous son gros habit de bure,
Elle porte coquettement des bas de soie,
Festons, frivolités, fanfreluches, guipures,
Enfin tout ce qu'il faut pour que le diable y soit.
Et les enfants de chœur ont des pensées impures...
Il paraît que le soir, en voici bien d'une autre !

Grand-Père

Avant même que le vicaire
Ait pu lâcher un cri,
J' lui bottai l' cul au nom du Père,
Du fils et du Saint-Esprit.

Trompettes de la renommée

Le ciel en soit loué,
Je vis en bonne entente
Avec le père Duval, la calotte chantante,
Lui, le catéchumène, et moi, l'énergumène,
Il me laisse dire "merd'", je lui laisse dire "amen"
En accord avec lui, dois-je écrire dans la presse,
Qu'un soir je l'ai surpris aux genoux d' ma maîtresse,
Chantant la mélopée d'une voix qui susurre,
Tandis qu'ell' lui cherchait des poux dans la tonsure ?

Brassens chante toujours ces paroles en esquissant un sourire, comme pour s'excuser. Écrire de telles chansons ne l'empêche pas de côtoyer le père Duval sur un plateau de télévision. Surnommé "le Brassens en soutane", le père Duval a remporté un grand succès à la fin des années 1950 en France, vendant près d'un million de disques. À la même époque, sœur Sourire triomphe, elle qui avant de rentrer au couvent chantait *Le Gorille* en secret. On dit même que Brassens alla jusqu'à lui offrir sa guitare. Le chanteur compte aussi deux curés parmi ses plus proches amis : le père Sève qu'il héberge régulièrement chez lui. Il partagera avec lui un long entretien, qui deviendra le livre *Toute une vie pour la chanson*. Il y a aussi son ami d'enfance l'abbé Barrès, qu'il ne perdra jamais de vue. Grâce à lui, l'un des derniers entretiens radiophoniques de Brassens sera réalisé par un de ses amis, l'abbé Doumarion, où Brassens répond avec une grande liberté aux questions sur la vie, la mort et l'amitié.

"Peut-être parce que nous pensons que ceux qui ont la foi sont plus heureux que nous. Je me doute bien que croire ne doit pas toujours faciliter la vie mais quelqu'un qui croit à la vie éternelle, quelqu'un qui peut vivre déjà, même difficilement, dans un sentiment de présence de Dieu, il doit être heureux. Je dis « il doit », je ne peux pas savoir. Mais n'être plus seul. Il n'y a jamais eu quelqu'un au-dessus de moi qui veillait sur moi. C'est une histoire d'amour de croire. Ceux qui aiment sont plus heureux que les autres. À ce moment-là, certains détails mesquins de la vie n'ont plus beaucoup d'importance.
Par exemple, être blessé intérieurement.

... s'exclame-t-il...

Notre vie intérieure a des barrières fragiles, les autres y pénètrent facilement et nous blessent. Si tu as la foi, peut-être ces blessures ne sont pas très graves parce que tu vis dans l'amour. (...) Ma mère m'avait inculqué une présence, c'est certain. Même encore maintenant, quand je suis seul, il y a des gestes que je ne ferais pas parce que dans l'enfance on m'avait donné ce sentiment que nous ne sommes jamais seuls. Cela exige une certaine dignité de gestes et de pensées, car cette présence, si elle était vraie, irait jusque-là. On serait nu extérieurement et intérieurement devant un tel regard. Remarque que moi, instinctivement, j'en faisais un regard d'amour. Vous, les catholiques, avec votre enfer, vos culpabilisations continuelles, l'importance exagérée que vous donnez aux choses sexuelles, vous sentez peser sur vous un regard de juge. Pas toi, peut-être, mais vous avez donné cette peur aux gens. Ça, je ne peux pas vous le pardonner."[9]

Tempête dans un bénitier

Ils ne savent pas ce qu'ils perdent
Tous ces fichus calotins

La foi du charbonnier
Hmmm... une pauvre petite vieille sans défense dont le portefeuille dépasse du sac...
hmmm...
Voilà de quoi me payer un beau marteau pour casser des vitrines.
SFAR, j'ai une mauvaise nouvelle pour toi.
oui?
Contre toute attente, Dieu existe.
Zut!
Et... il a quelle religion?
Dieu existe et c'est Georges Brassens.
Ouf! Bin çà, tout de suite, vous me rassurez!
Non, parceque si vraiment on n'arrive pas à se débarrasser de Dieu, autant en choisir un qui me soit pas un trou du cul.
En ce qui concerne le bon Dieu, je suis favorable au droit de vote. Chaque prophète aurait une sorte de programme électoral et on voterait selon sa conscience dans le secret de l'isoloir.
Bien entendu, chaque Dieu ferait un peu le bonimenteur et essaierait de se présenter sous les meilleurs auspices, mais le consommateur avisé de bondieuseries ferait son choix avec sagacité.
Bon, si je résume bien, avec vous, on n'a pas le droit de baiser, avec vous, on n'a pas le droit au cochon et avec vous, il faut traiter les femmes comme de la merde?
Je proteste! Nous aussi on traite mal les femmes!
Nous aussi!
Bien entendu, vous, vous avez la lapidation, la guerre sainte, c'est très tentant.
Hé! Attendez! Nous on a commencé à brûler des hérétiques bien avant eux.
PFF! Nous faisions ça du temps d'Amalec!

Et au sujet de l'esclavage?
Ah ça, nous le pratiquons unanimement.
Bien.
Et pour les congés?
Vendredi!
Samedi!
dimanche!
Je prends les trois.
Se branler?
C'est comme si tu assassinais trois milliards de spermatozoïdes! C'est mille fois la Shoah.
ah.
Alors, vous me direz que l'homme peut avoir plusieurs épouses, ça me plaît beaucoup. Et si par hasard la femme veut plusieurs maris, c'est permis?
Hors de question!
Et vous les capotes, c'est toujours interdit? même si des millions de pauvres cons attrapent le SIDA juste parce qu'ils vous écoutent.
Le sperme est sacré!
Pratiquez donc le bukkake.
Bien... chacun de vous a sa petite sauvagerie mesquine que je respecte à sa juste valeur. Mais comme grand babouin pour diriger ma cage de singe, j'aime mieux voter Georges Brassens.
Vote pour nous! Nous aimons tellement la mort, la douleur, la culpabilité! Nous sommes un réceptacle de haine et de singerie! Offre-nous le monde.
Je vote BRASSENS!
Le XXIe siècle ne sera pas religieux ou il explosera.
Puisqu'on vous dit que nous ne sommes pas intéressés.

Sans le latin, sans le latin
La messe nous emmerde
Le vin du sacré calice
Se change en eau de boudin
Sans le latin, sans le latin
Et ses vertus faiblissent
À Lourdes, Sète ou bien Parme
Comme à Quimper Corentin
Le presbytère sans le latin
A perdu de son charme
Ô très sainte Marie mère de
Dieu, dites à ces putains
De moines qu'ils nous emmerdent
Sans le latin

La "tempête" à laquelle Brassens fait référence, est le deuxième concile du Vatican (1962-1965), réuni à l'initiative du pape Jean XXIII, qui bouleverse pas mal d'habitudes au sein de l'Église catholique, dont celle de ne plus dire la messe en latin.
Un certain nombre de fidèles conservateurs ont protesté contre cette décision pontificale. Brassens ne met jamais les pieds à la messe et ne risque donc guère de "s'y emmerder", mais en prenant le parti de ceux qu'on a vite qualifiés d'"intégristes", le chanteur tient tout de même à affirmer son goût pour une certaine tradition et un certain vocabulaire. Brassens est d'un côté très en avance sur son époque mais d'un autre côté ne goûte guère aux avancées de l'Église ; il est pour la soutane, pour le latin (qu'il se met à apprendre à cinquante ans) et le vocabulaire singulier qui se prête à la religion catholique.

"Vous parlez des pauvres, mais vous ne semblez pas penser à cette pauvreté : les gens pauvres en pouvoir de réflexion et d'expression. Ils disaient tout ce qu'ils pouvaient en mettant un cierge. Ils avaient une idée du prêtre rien qu'en voyant la soutane, ils sentaient un mystère en entendant le latin. Vous, l'avant-garde, vous ne voulez plus de tout ce cinéma : on doit croire et c'est tout. Mais, le cinéma, ou si tu veux le côté un peu théâtral des choses, c'est important. Vous l'avez supprimé brutalement, vous avez rendu la vie inconfortable pour beaucoup de vos catholiques. Je ne dis pas qu'ils aient raison de refuser d'évoluer mais il me semble que vous ne leur avez pas facilité les choses. Tiens, dans un domaine plus proche de ce que je fais, si ma mère avait entendu vos nouveaux cantiques ! Aujourd'hui, si je parle de Lucifer, de la Sainte Vierge, de la damnation éternelle au petit-fils de Püpchen, il va me regarder avec un drôle d'air. Puis il ira trouver sa grand-mère en déclarant : "Le vieux débloque ! il prononce des mots sans suite. Il faut le faire soigner…" La vraie nature de l'homme c'est la férocité, le fanatisme, la folie. Sa destinée est de tuer son frère et d'être cocu. D'une minute à l'autre, les habitants de la terre sont prêts à s'anéantir mutuellement dans un cataclysme atomique. Et, si cela ne suffit pas, à poursuivre la bagarre jusque dans l'espace céleste. Ce bruit confus que nous entendons sur le Trieux, n'est-il pas l'écho de la bombe qu'on vient de lâcher sur Sète ? Les rares Bretons et Sétois qui survivront aux nuées suffocantes et irradiées retourneront dans les grottes pour y achever une vie misérable. Ils se mangeront entre eux. Ainsi finiront les derniers humains avant le règne des insectes. Des mouches ! Celles que ma sœur redoute tant !"
De la religion à la mort, il n'y a finalement qu'un pas, que Brassens franchit sans ambages tout au long de ses chansons. Lui, le brocardeur de curés, l'anticlérical convaincu, se défend pourtant d'être obsédé par la mort :
"Vous savez, il suffit de prendre n'importe quel poète, il suffit de prendre Baudelaire ou Hugo pour s'apercevoir qu'à peu près toutes les 3 ou 4 pages, toutes les 3 ou 4 pièces, le thème de la mort est présent. Chez tous les poètes, chez Verlaine, chez tous les poètes, on parle beaucoup de la mort.

Je ne suis pas poète, entendons-nous bien, mais je veux dire que les gens que j'ai lus parlaient beaucoup de la mort. Alors, je me suis dit que c'est un thème comme un autre, la mort. Le vocabulaire, la terminologie de la mort et puis tout cet espèce d'attirail, me plaît bien. Il paraît que, au Moyen Âge, il y a des gens qui criaient la mort, il y avait un crieur public qui allait dans la rue et qui gueulait 'Untel est mort, untel est mort' comme le grand Pan, comme Dupont est mort… On payait même des pauvres qu'on habillait pour suivre ce type qui criait cela. La terminologie de la mort, et tout l'attirail qui va autour, me facilite bien les choses, le mot « corbillard » me plaît, le croque-mort me plaît, les tombes, les tombeaux…"

Le fait d'avoir autant fréquenté les cimetières dans sa jeunesse lui aurait-il laissé quelques traces ?

"Tous les jeudis après-midi, pendant des années, ma mère m'a conduit sur la tombe de ses parents. C'était le but de notre promenade. Je crois qu'à part le fils du concierge du cimetière, j'ai été l'enfant de Sète qui a le plus fréquenté des morts. Je suis un enfant de la dalle. (…) La tombe de mes grands-parents était adossée au mur d'enceinte. L'italienne enlevait les brindilles de pin, nettoyait la pierre, arrosait les plantes vertes avec un petit seau que je courais lui remplir. Elle avait le culte des morts. Si je l'ai poursuivi, c'est par fidélité à sa mémoire. Parce que je suis un bon fils." [10]

avec Jeanne

Brassens aborde ce thème rarement employé dans la chanson française. Douze de ses chansons traitent exclusivement de la mort et une trentaine l'évoquent de près ou de loin, par le biais de la maladie – *Le Bulletin de santé* –, du vieillissement – *Trompe la mort, L'Andropause* –, ou du souvenir – *Le Temps passé, Les Copains d'abord.* En racontant aussi la vie d'un ou plusieurs personnages, il évoque également souvent leur fin – *Corne d'aurochs, Pauvre Martin, Le Pêcheur, La Femme d'Hector, Les Copains d'abord.* Il imagine soit des morts violentes – *L'Assassinat* –, ou naturelles – *Bonhomme* –, des morts par amour – *Je rejoindrai ma belle* –, des amours d'outre-tombe – *Le Fantôme* – ou en pleine veillée funèbre – *La Fessée.* Il y a aussi les morts suivies de résurrections subites – *Marinette* –, les morts en série – *Mourir pour des idées* –, le bonheur dans l'au-délà – *L'Auvergnat, L'Oncle Archibald, Le Vieux Léon* – et même des morts renouvelables... du moins pour lui-même – *Au Bois de mon cœur.* La liste est longue et les exemples multiples.[11]

Brassens est le plus fidèle des amis face à la mort et assiste sans faute à chaque enterrement d'un de ses proches. À celui de René-Louis Lafforgue, on raconte que le chanteur a suivi la procession dans le plus grand recueillement, jusqu'à ce qu'il s'aperçoive qu'il se trompait d'enterrement !
Il note toutes les morts, sur tous ses cahiers, des bouts de papier qui traînent et même au dos d'une horloge.

Pourquoi une telle obsession que l'on retrouve aussi dans ses chansons, chez celui qui se plaît à dire qu'il aurait bien aimé vivre rue Froidevaux, dans le XIVe, pour pouvoir traverser le cimetière du Montparnasse chaque matin ? Malgré ce qu'il veut bien dire, la présence de la mort est toujours à ses côtés. Ainsi, il conserve chez lui une petite relique contenant le reste du cercueil de sa mère et s'amuse, le soir à prendre la position du mort avant de s'endormir.

Son ami Pierre Maguelon raconte aussi l'une des blagues favorites de Brassens pendant les tournées : ses copains allaient le chercher pour dîner, tapaient à sa porte sans obtenir de réponse ; entrebâillant celle-ci, ils découvraient Brassens, les mains jointes, allongé, inerte, sur le lit, avec quatre bougies allumées. Il rédige des notes sur ce thème, écrit son épitaphe et la met en scène : *"Püpchen, je sais que tu n'aimerais pas rester seule éternellement. Et loin de moi. Aussi je promets de te prendre dans ma tombe, à Sète. Mais à deux conditions : que tu ne fumes pas et que tu ne regardes pas la télévision trop tard, le soir. Mes amis, en même temps que mon engagement, prenez note de ces clauses résolutoires."* [12]

À partir des années 1960, la mort prend de plus en plus de place dans sa vie. Il écrit *Au bal des quat'z'arts* en 1964, une année après la mort de sa mère et celle de Marcel.

Adieu ! les faux tibias, les crânes de carton
Plus de marche funèbre au son des mirlitons
Au grand bal des quat'z'arts nous n'irons plus danser
Les vrais enterrements viennent de commencer
Nous n'irons plus danser au grand bal des quat'z'arts
Viens, pépère, on va se ranger des corbillards.

En 1965, son père meurt, ce qui lui fait dire à son ami Jean Serge : *"Vois comme c'est dangereux, les médecins. Le vieux éclusait ses trois litres par jour. Brusquement, on lui a commandé d'arrêter. Quatre mois après, on l'enterrait. Sinon, il serait peut-être mort heureux, deux ans plus tard. Psychologiquement, ils ne comprennent rien."* Trois ans plus tard, c'est au tour de Jeanne de disparaître. Brassens note avec soin et précision les conditions de la mort de son père et de Jeanne. Nous n'avons pas retrouvé les notes de 1963 mais on peut imaginer qu'il en a fait de même pour la mort d'Elvira.

"Jeanne est morte hier soir vers 23 heures 15 à Saint-Joseph. Sœur Odile m'avait appelé vers 19 heures. Le Fore, Fallet, Madame Simone Bécquemont étaient là. Jeanne s'agitait beaucoup, m'a dit plusieurs fois « Embrasse-moi ». Quand l'anesthésiste lui a demandé si elle avait soif, elle a répondu « Oui ». Voulez-vous du tilleul ? « Non. » Qu'est-ce qui vous ferait plaisir ? « Du champagne. » J'ai ouvert la bouteille et elle en a bu deux, trois coups à la cuillère. On l'a déplacée continuellement à sa demande. Elle avait mal à la cuisse gauche. Je lui avais dit « J'ai lavé le chien ». Sommes partis vers minuit 30 chez Giacometti où nous attendait Püpchen." [13]

C'est peut-être ainsi que tout au long de sa vie, Brassens a appris à apprivoiser la mort : en l'écrivant, en la chantant et en vivant auprès d'elle de manière continue.

La Sexualité

En choisissant ce thème tout au long de ses chansons, Brassens cède au goût de provoquer, de "choquer le bourgeois" si peu habitué à entendre chanter de tels sujets. Mais bien au-delà de la simple provocation, on peut dire que Brassens est le premier à chanter la sexualité avec autant de cœur et d'élan. Combien de jeunes hommes et de jeunes femmes ont fait leur éducation sexuelle grâce aux chansons de Brassens qu'ils écoutaient alors en cachette...

Avec impudeur ces commères
Lorgnaient même un endroit précis
Que, rigoureusement ma mère
M'a défendu d' nommer ici
Gare au gorille !

Dans *Corne d'aurochs*, son copain potasse des traités de maintien sexuel.
Le Pornographe,

Ma femme est, soit dit en passant
D'un naturel concupiscent
Qui l'incite à se coucher nu'
Sous le premier venu...
Mais
M'est-il permis, soyons sincèr'
D'en parler au café-concert,
Sans dire qu'elle a, suraigu,
Le feu au cul ?

Trompettes de la renommée

Manquant à la pudeur la plus élémentaire
Dois-je, pour les besoins d' la caus' publicitaire
Divulguer avec qui et dans quell' position
Je plonge dans le stupre et la fornication ?

Bulletin de santé

Si j'ai trahi les gros, les joufflus, les obèses
C'est que je baise, que je baise, que je baise
Comme un bouc, un bélier, une bête, une brut'
Je suis hanté : le rut, le rut, le rut, le rut !

Il dit aussi *Quatre vingt quinze fois sur cent, la femme s'emmerde en baisant,* sujet qu'il a trouvé dans les entretiens de Robert Mallet avec Paul Léautaud : "On a fait une statistique sur la façon dont les femmes apprécient l'amour. Il y en a 95 % d'après les statistiques médicales, pour qui c'est une corvée sans nom."
Il va même jusqu'à célébrer le sexe féminin dans sa chanson *Le Blason.*

Ayant avecques lui toujours fait bon ménage
J'eusse aimé célébrer sans être inconvenant
Tendre corps féminin ton plus bel apanage
Que tous ceux qui l'ont vu disent hallucinant.

Une autre sur les fesses avec *Venus callipyge*

Nul ne peut aujourd'hui trépasser sans voir Naples,
À l'assaut des chefs-d'œuvre ils veulent tous courir !
Mes ambitions à moi sont bien plus raisonnables :
Voir votre académie, madame, et puis mourir.
Que jamais l'art abstrait, qui sévit maintenant,

avec son papa sur une barque.
bouteille quasiment vide.

N'enlève à vos attraits ce volume étonnant.
Au temps où les faux culs sont la majorité,
Gloire à celui qui dit toute la vérité !

Georges Brassens n'a pas attendu la libération sexuelle pour parler librement d'amour consenti, d'amour clandestin et singulier. Dès ses premières chansons, il parle de MST dans *Le Mauvais Sujet repenti* :

Un soir, à la suite de
Manœuvres douteuses
Ell' tomba victim' d'une
Maladie honteuse...
Lors, en tout bien, toute amitié
En fille probe,
Elle me passa la moitié
De ses microbes...

Et l'héroïne va terminer sur le trottoir :

Sitôt privé de ma tutell',
Ma pauvre amie,
Courut essuyer du bordel
Les infamies...
Paraît qu'elle s' vend même à des flics
Quell' décadence !
Y a plus d' moralité publiqu'
Dans notre France...

Cette chanson fait référence à une histoire personnelle de Georges avec la petite Jo. Celle-ci lui refila la chaude pisse et selon la légende termina sur le trottoir. Mais, c'est encore une fois des flics qu'il se moque et pas des prostituées pour qui il a écrit une chanson : *La Complainte des filles de joie*, idée qui lui est venue un soir après avoir entendu un homme de lettres afficher un profond mépris pour elles. Il recevra en retour une lettre du collectif des prostituées de Paris qu'il a gardée comme un trophée. En 1976, les prostituées sont en lutte contre leur exploitation par des souteneurs et elles invitent Brassens à les rejoindre dans la lutte.

"Cher Georges Brassens,
Nous les putains vous disons merci pour vos si belles chansons qui nous aident à vivre... Malheureusement, nous n'avons eu votre adresse que très tard.
Voici une invitation. Nous vous embrassons toutes.
Vos copines du collectif, de tout cœur avec vous".

Toujours du côté des prostituées, qu'il met en scène dans nombre de ses chansons, il leur rend hommage dans C*oncurrence déloyale* :

Ajouter aujourd'hui
La manie de l'acte gratuit
Se développe,
Que des créatur's se font cul-
buter à l'œil et sans calcul.
Ah ! les salopes !

Ell's ôt'nt le bonhomm' de dessus
La brave horizontal' déçue,
Ell's prenn'nt sa place.
De la bouche au pauvre tapin
Ell's retirent le morceau de pain,
C'est dégueulasse.

L'acte gratuit dont il parle tout au long de la chanson, Brassens l'a pratiqué avec joie avant de rencontrer Püpchen !

Celle dont on ne connaîtra que le surnom "le succube" lui a été presque fatale d'ailleurs. En bon pionnier de la libération sexuelle, Brassens a rompu avec elle, ne voulant pas d'attache et encore moins de vœux pieux. Mais c'était sans compter avec le caractère de forte tête de ladite dame et même si, en bonne militante anarchiste, elle défendait des idées libertaires, il lui était difficile de les pratiquer dans la vie. Elle le menace, veut le tuer et, jalouse de Jeanne, elle se rend un jour à l'impasse, un pistolet à la main, prête à supprimer "gros bidon", surnom de Jeanne. Mais elle trouve cette dernière en larmes devant la dépouille d'un chat mort la veille. Touchée par le tableau, "le succube" oublie immédiatement l'objet de sa venue et lui propose son aide pour l'enterrement. Revenu tard à l'impasse, Brassens les découvre devant un café se consolant mutuellement.

Il réussit à échapper à son courroux en lui présentant « Cornes d'Aurochs » qui termina dans son lit et "le succube" finit par oublier le chanteur. Quelque temps plus tard, Brassens rencontre Püpchen et la fidélité, alors, sera une des preuves de son amour pour elle.

Il fut bien souvent accusé de misogynie mais c'est mal connaître le personnage. Il s'en amuse dans l'une de ses chansons, *Misogynie à part,* mais c'est parfois oublier bien vite qu'il maniait l'humour avec virtuosité.

Les reproches sont venus surtout pour les paroles d'une chanson : *On ne demande pas aux filles d'avoir inventé la poudre...*
Mais, comme il aime à le répéter dans ses interviews, ***"les chanteurs n'étant pas recrutés dans les rangs des comiques",*** Brassens s'amuse !

Les vedettes de l'époque, Juliette Gréco et Barbara, ont été les premières à chanter Brassens. Elles, les chantres du féminisme et de la liberté, ne peuvent être accusées de ne pas avoir soutenu la cause des femmes et aidé à leur émancipation. Toutes deux ont porté un amour profond pour l'artiste et l'homme. On raconte que Barbara déposait chaque soir une rose dans la loge de Brassens, ce qui embarrassait le chanteur, lui qui n'aimait pas les fleurs en bouquet, les préférant en liberté.

Dans de nombreuses interviews, Brassens parle de ce fameux cahier de notes qui demeurait jusque-là introuvable. Découvert au fond d'une valise de l'Impasse Florimont en mai 2010, ce carnet est exceptionnel à plusieurs titres.

Il est à la fois un journal intime dans lequel Brassens consigne les faits marquants de sa vie, qui sont pour la plupart du temps, la disparition d'êtres chers. Dès la première page, Brassens note avec précision les dernières heures de son père. Quelques pages plus loin, c'est la mort de Jeanne qui est consignée avec émotion.

Ce carnet de bord permet de comprendre la place essentielle de Jeanne Planche dans la vie de Brassens. Son départ de l'Impasse Florimont en 1967 causé par le nouveau mariage de Jeanne, et dont il narre ici les faits, marque un tournant dans sa vie. Il part contraint et forcé de cet endroit où il réside depuis plus de 20 ans.

Dans ce carnet, il pose son regard aiguisé sur l'époque, notamment sur mai 1968, comme il ne l'a jamais fait ailleurs. Il lui sert aussi de brouillons pour de futures interviews où il note précisément ses réflexions sur la vie, ses engagements et son comportement.

Enfin, pour les amoureux de Brassens, c'est aussi un formidable carnet de travail sur lequel on découvre les premiers pas de futures chansons, comme *Le Moyenageux, Sauf le respect que je vous dois, La Ballade des gens qui sont nés quelque part, Histoire d'un faussaire* notamment. On y retrouve son travail d'écriture. D'une réflexion, une histoire, d'un mot ou d'une expression peuvent naître une chanson qui s'élaborent au fil des pages.

Les pages qui suivent ainsi que les manuscrits des pages 122 à 127 sont retranscrites en annexe, page 306.

Jo

Retour de Sete . 1er avril 1965 jeudi

a l'enterrement de la pauvre Virginie
le soleil était rude et nous avons bruni.
tapant fort

Mort du vieil ours dimanche matin 4 he moins 1/4
28 mars

Parti pour Sete mercredi 23. vu papa jeudi 24
vers 9 heures. m'a reconnu. ne semblait pas se
douter de son état. croyait à une hernie

a plaisanté avec Baltista qui lui donnait du
vin aditionné d'eau (aqub es d'aigua)

a dejeuné jeudi midi Soupe. Petits pois. poulet
Banane verre de vin

a diné très peu petit suisse Soupe vermicelle
a été piqué trois fois

Est entré dans le coma (que j'ai pris pour du
sommeil vers 20 heures

Il y avait Baltista . Georges granier.

ai passé la nuit du jeudi au vendredi et du
vendredi au samedi

La nuit de sa mort il y avait Simone et Suzette

Je l'ai ramené mort en ambulance vers 6 heures
dimanche

Marcel mort le vendredi 7 mai 65. a 16 heures . m'avait demandé

le jeudi disait bonjour ça va

Putain, merde Jan de pube putain des dieu

Disait aux infirmieres il faut freiner

M'a dit Passe moi la porte . et deux fois
donne moi la main

Pendant notre séjour à Sete avant
son admission à l'hopital
il m'avait appelé le général Bougnette à cause
d'une tache que je m'étais faite à la manche et
dont ma soeur avait fait un malheur

nous étions allés aux gorges de l'herault. puis
chez Suzette puis chez Louise.

On avait du mal a le faire entrer en voiture
quand on s'etait arreté près du bord aux
gorges il m'avait dit ne va pas trop près

Sète compte deux cimetières

ou l'on enterre

quand un vivant meurt ou l'enterre

66 les pauquaces qui sont de bons signes

quand les macchabées

à la nuit tombée

gobent les moules de bouzigues

à la nuit tombée

Si d'aventure un macchabée

gober les huîtres de Bouzigues

les pauceaux

n'ont pas le coeur

à l'en empêcher sans signes

Si d'aventure un macchabée

se paye une franche lippée

de moules, d'huîtres de Bouzigues

au clair de lune les pauceaux

Bien partout

C'est là que mon petit bateau mouillera

jettera l'ancre bientôt bien bientôt

l'ancre après le dernier voyage

Bon gré mal n'ont pas le coeur

C'est là que mon petit bateau

jettera l'ancre bien bientôt

sera son tout dernier mouillage

C'est là que je reposerai

outre au bateau

je n'aime pas le coquillage

66 c'est là que bientôt bientôt

sa dernière ancre de mouillage

la pie éternelle liruqui

éternelle nuit

un seul ami

j'espère être plaire la bas

encore que je ne suis pas

bien porté sur le coqui-

quand on coupe un arbre les hommes [illegible]
Les hommes se plaignent quand on abat un arbre
mais ils aiment avoir des tables en bois
qu'on abatte les bêtes mais ils aiment le jambon
bébés
Les filles qui ne servent de leurs fesses que pour
s'asseoir n'ont aucune imagination
les poser sur un siège
[illegible]

Préface pour Banlieue Sud Est

Nous ne savions que faire de nos vingt ans
mais sait on jamais se servir de son âge
nous avions des culottes courtes et certains d'entre nous
pour cacher leurs genoux
avaient revêtu des culottes de zouaves
et certains enfants de ce carnaval
ont leur nom sur un monument cénotaphe
les filles dédaignaient les garçons aux culottes courtes
ce fut un mémorable carnaval
les confettis sifflaient comme des balles
et la bataille
sans fleurs
les chars étaient d'assaut rafale
ce fut un fameux carnaval
ce fut un fameux festival
voici domino qui s'affale

Il me souvient d'un festival Il me souvient d'un festival
Les filles de cette saison n'aimaient pas les petits garçons
les culottes courtes de leur n'avaient plus l'heur
alors quelques uns d'entre nous de leur faire de l'effet
pour dissimuler leurs genoux
ont mis des culottes de zouave Les filles
et sont partis jouer les braves
Les enfants
Ce fut un fameux carnaval Les arbres
fameux festival Les oiseaux

Les arbres de cette saison Les oiseaux de cette saison
produisaient des fruits avaient pour barbe francolaise

Les monuments aux morts sont pleins de noms
d'enfants

Noël 65 quand on dit merde nous c'est un envoi de
fleurs

Mais on n'a jamais détrôné le roi des cons
On demande aux flics le chemin de la Bastille
qu'on Il est probable qu'on
n'a jamais détrôné le roi des cons n'a pu n'a jamais
au 14 juillet les filles sont gentilles détrôner le
en vérité je vous dis qu'on roi des
n'a pas coupé la tête au roi des rois cons
et les bonnets phrygiens pour dessus les moulins valsaient
on
tant qu'on
qu'on ne coupera la tête au roi des cons

S'il vous plaît monsieur l'agent quand c'est y qu'on
le chemin de la Bastille coupe la tête
suivez moi donc braves gens au roi des cons
allons ensemble en famille

8 janvier 1966

Lavons les meubles et les mots

En general ce sont les cons qui participent
quand on dit merde nous c'est un envoi de fleurs
Les chars du carnaval etaient des chars d'assaut

Les monuments aux morts sont pleins de noms d'enfants
Et Franco a detruit nos chateaux en Espagne
on se retrouve plus qu'a des enterrements

Le pluriel ne vaut rien à l'homme et sitot qu'on
Est plus de quatre c'est une bande de cons

Quand sa cornette a portée de mes levres passe
Devotement je lui chante des messes basses
Mais elle est l'epouse du Christ
Le veinard sur sa croix peut s'endormir en toute
quietude sa vertu ne laisse pas de doute
pas le moindre sa chair n'est pas faible et c'est triste

Ma chère mon mari baise mieux que le votre
Et la guerre a detruit nos chateaux en Espagne
Maman les curés sont-ils nus sous leur soutane

Quand je ne pourrai plus cacher que je suis mort

Je ne dis pas apres moi le deluge
Mais je dis que l'espece continue dans moi

A demi mot demi gros mot zut est un demi gros mot
Le 14 juillet elles s'appellent toutes Marianne
Oui le temps nous emmerde en allant son chemin
le temps qui passe est un voleur de grand chemin
Dieu fasse qu'il n'y ait jamais de lendemain
Le beau temps des chansons qui n'emmerdaient personne

J'ai le feu au cul c'est vrai mais le feu sacré

A condition que vous ayez les yeux bandés
Je suis prete a toutes les voluptés
La mignonne que j'etais en train d'exciter
a la debauche (je l'avais presque crois pas que je
j'etais sur le point de la culbuter tique
Ne croyez pas que je sois une mochete mais je rougis pudi
Mais j'ai peur de rougir je suis pudique

Merci je n'aime pas ~~baiser~~ danser dans le brouillard
A mon age on ne joue plus a colin maillard
Je n'ai jamais appris l'ecriture de braille

Chere madame vous m'emmerdez à la fin
attendez donc la nuit pour que je me debraille
ou prenez un galant qui sort des quinze vingt
J'allai forcer la serrure de sa ceinture de chasteté
terminer la 1ere strophe par je suis pudique
commencer la deuxieme par pudique pudibonde helas et le suis
toute seule quand je me vois dans ma glace je rougis
un rien me fait rougir

Ce n'est pas seulement les chats qu'il faut couper

Par les hommes les dieux ont été inventés
oeuvre d'art
Et quelques uns sont passés à la postérité

A propos de Père Noël mort Dieu mort amis morts (ou c'est tout comme ou passés à l'ennemi)

Je n'ai plus assez de passé pour vivre

quand j'ai su que père noël n'existait pas
cru père éternel n'existait pas

Pour vivre heureux je n'ai plus assez de passé

---

quand j'ai su que père noël n'existait pas
j'ai pleuré on m'a dit bah
mais on m'a dit tu es un homme en compensation
Compensation qui n'en était pas une ici bas
mais qui me calma
quand j'ai cru que père éternel n'existait pas
les yeux tournés vers Rome
Compensation il faut croire en l'homme
quand père et mère sont mort tu vas pas à bon âge
Jouer les orphelin
Puis des amis sont passés à l'ennemi puis les amours
sont mortes aussi. Puis les voisins puis le quartier
a changé déménagé
Je me suis regardé dans une glace et ce n'était pas
moi
Et puis je me suis regardé dans une glace
une autre gueule se reflétait à ma place
tout a été éclipsé
Pour vivre heureux je n'ai plus assez de passé

(ma réalité
Pour vivre heureux je (n'ai plus assez de passé
tout ce qui faisait (mon ~~moi~~ ma histoire) s'est éclipsé
me vérités mes illusions mes habitudes
mes préjugés mes partis pris mes certitudes
Ça commença par le père noël (le 1er qui partit à parti
Jub le père noël.
Puis le père éternel
(celui là je vous le recommande
(Descendez qu'on vous demande
Puis l'idée de patrie
Puis les amis qui sont passés à l'ennemi
ah il lui en arrive des choses à un homme
Et vous vous étonnez qu'on ait des cheveux blancs
Des rides des douleurs et le pas chancelant,

~~La corde du pendu de Budapest m'étrangle~~
La corde du pendu de Budapest porte malheur
Ne pendons plus personne
Essayer de ne pas laisser entendre que c'est Rajk
Dire ils ont pendu un homme à Paris à London à Rome
à Budapest je ne sais plus. Il s'était reconnu coupable
100 % et on l'a reconnu innocent
Le mieux c'est de ne plus jamais pendre personne

Monsieur j'écris pour les concierges cultivées

Je vis dans un taudis un taudis de plaisance
un taudis du quartier de plaisance veux je dire
j'ai les moyens de me payer mieux. Pourquoi je ne
le fais pas? Les aucuns pensent que c'est par un snobisme
à rebrousse poil genre je roule en 2 chevaux mais
j'ai si je le désire le droit de rouler en Roll Royce. Les
autres par intérêt pour que le bon public populaire
dise : il reste avec nous (le public populaire soit
dit en passant est le premier à trouver que c'est minable
et n'est pas éloigné de me soupçonner d'avarice
Eh bien non je reste là parce que je me plais dans
la merde et que je m'emmerderais aussi bien ailleurs

Janvier Février 22 Février 1966 Jeanne perd le
nord pour un voisin

Le portrait tout craché de Philémon et Baucis
la vis sans fin des hécatombes

S'il me fout dehors j'aurai plus de place que lui
(M. Moncou à Capbern 1957

Il est en scène il chante. Il s'arrête il appelle quelqu'un
dans la coulisse. Hep il faut que je m'absente
veux tu me remplacer et l'autre continue la chanson

Les yeux bleus c'est du snobisme

Je n'accepte de mourir sous aucun prétexte

Y a toujours un pendu qui se balance
et c'est jamais François Villon

Dévoreuse d'hostie

En les traitant de cons d'ailleurs c'est un
hommage que je leur rends
Ils se fâchent c'est bien dommage
~~Je pourrai~~
C'est la preuve qu'il ne m'est pas indifférent

Même l'ombre qu'il fout sur le mur c'est la
mienne Février 1966

Mars 1966

Dieu j'en veux pas mais l'évangile j'en veux bien
J'ai plus besoin de l'évangile que de Dieu
Disent saint Jean, saint Marc saint Luc et saint
de l'Olympien Mathieu

Ainsi soit il mais il n'en est jamais ainsi

La saint Barthélemy continue sous un autre nom
quoiqu'il en soit
Et le sermon sur la montagne de Megève

Le grand fétiche me fait des niches
que votre cuisse était bien légère à mon cou
et que votre feuille de vigne avait bon goût

Commencer par
un desastre une catastrophe
finir par des ruines
bien pas des ruines Romaines, des decombres
un desastre une catastrophe
Il ne lui (en apparence il ne lui est rien arrivé
Il a vu le jour il a vécu. apparemment
pas ce qu'on appelle de graves evenements,
Le pere noel le pere eternel les amis sont passés à l'ennemi

Rien n'était pourtant la terre quand il vint

Mars 29 1966. Jeanne amoureuse.

Rien ne m'est arrivé de grave et je suis mort
Je fais semblant d'appartenir encore au royaume
des vivants mais pour justifier mon corps
Je n'ai pas l'air mais je suis un fantome
Surtout n'ayez pas peur que le repetes pas vrai je suis un
Parti sur le chemin de la vie beau marins tombé
Le pere noel une main le pere eternel une ombre

Je leur ai echappé pour des coprins
Les filles sont venues. Je les ai aimée j'ai refermé les
bras sur elle quand j'ai rouvert les bras je l'ai plus
reconnue

Il reste des mots il reste des robes

Il avait des couilles d'Hercule de belles couilles majuscules
Et negligence ridicule
En pissant dans un edicule c'etait au crepuscule
Il oublia ses testicules

Vieux Cornets 1947 Chanson

Pour bien se faire voir du printemps elle mettait
une rose à son corsage

Elle avait peut etre un peu passé 80 ans
peut etre davantage
mais elle mettait une rose à son corsage

un cric pour soulever ses seins
Il en referait au pere ver le bon apôtre
quand on lui reprochait d'etre feodal et obligé il en
referait à Verlaine et au d'autres
Sorbonne à Villon Bafouer à Rabelais
abandon de femme et d'enfant à La Fontaine
Impuissant à Boileau
Syphilitique à Baudelaire Et les mots l'ont trahi
Bougrement aussi.
Ceux qui ne savent pas se servir de l'embouchure

Choeur des hommes
Il avait des couilles d'Hercule (la 2ème fois choeur des femmes)
(la 3 fois choeur des enfants)
coda tous ensemble

Il avait des couilles d'Hercule
De belles couilles majuscules

Mais négligence ridicule
Un certain jour au crépuscule

En pissant dans un édicule
Il oublia ses testicules

C'est depuis ce temps qu'on l'encule
C'est bien fait pour son matricule

Jadis avant qu'on ne l'encule
ce n'était pas un homoncule

avril 1965

Moi je dis merde à tous les dresseurs de potence
Les cordes des pendus portent pas toutes chance
L'horizon est bouché par un pendu qui danse
La corde du pendu de Budapest m'étrangle
~~Mon horizon est bouché par une potence~~
~~Son~~ Un gibet noir fait de l'ombre sur mes vacances
En rêve je le vois qui me tire la langue

Chanson

Les semaines n'auront plus jamais de dimanche

Surtout qu'on l'avait pendu par inadvertance

1 Merde Ils nous font tous chier les dresseurs de potence

Ils ont des préjugés les dresseurs de potence
Les cordes des pendus portent pas toutes chances

Quand on lui reprochait d'être la frem le bon apôtre
Il en référait au ~~père~~ vieux Rabelais et à bien d'autres
au pauvre Verlaine
à François Villon
père Boileau
Grand Baudelaire

Dimanche 8 mai 1966
Sans Jeanne publici
suis parti pour
Crespières

L'histoire ne dit pas que la grappe
était pourrie complètement
et que la mère une créature
qu'avait tenté vainement
de la refiler à l'une de ses amants
ou se résigner à la mettre aux ordures
ah sublime St Camille la famille de mes voisins
La mère Feuillée une belle grappe de raisin

Parlez moi d'amour je vous fous mon poing sur la gueule
mai 1966

Comme elle était civilisée Blanchette elle mangeait la chair humaine à la fourchette petits bruits très pieux juin 66

oh alors si vous mettez vos fesses dans la balance

Entre les mille bruits qui courent Jeanne Lenbree de Saimpol
Sur mon compte au fond de ma cour mi juin
On dit que j'aime les filles faisant la pige
à venus callypyge à venus hottentote
66 Je ne dis pas non sacré nom
Mais quand je rencontre une fille et je les regarderai
Dont la bébé me revient
je les regarde plus longtemps et de plus près

---

ohé les copains ne me dérangez pas je travaille

Sauf en cas de vie ou de mort (et encor ça dépend de la vie et de la mort de qui. Foutez moi la paix s'il vous plaît. Danger de grosse colère P.S. danger de
ayez pour agréable de me foutre la paix

Madame qui nous avez bous dépuceler
je vous ai rencontrée
quand je compare l'image collée soigneusement
au fond des souvenirs à celle que vous avez pu devenir
je me dis quel gâchis je me dis quel dommage
si si le bon Dieu qui fait ça
66 si on lui doit tout on lui doit ça itou c'est triste c'est malheureux
Il est tout ce que vous voulez pas un artiste plus loin
il s'est joliment payé votre bébé

---

lacune manque carence
J'ai repris le mot merde on peut pas vivre sans
pute bordel con
pouvoir
rayé le mou vol
petits bruits

1966 mercredi 20 juillet

Comme nous étions des hommes
De peur d'être pris pour des enfants (en jouant) nous
nous sommes donnés un idéal pour être pris au sérieux,
voleurs gendarmes
Regardez les ils jouent aux voleurs gendarmes
ça ne manque pas de charmes pas de hommes

Je suis une épicurien j'accommode à ma façon
les petits bouts de chanson ne pouvant servir à rien

Maman les ânes sont ils nus sous leur soutane
qu'est ce que ça peut bien te faire bébé d'âne

Chienclevée la p'tit
Comme elle était civilisée Blanchette
Elle mangeait la chair humaine à la fourchette
Jamais le vendredi car elle était chrétienne
Des qu'un olibrius est coiffé d'un cornon
Ils oublient qu'ils sont concitoyens de Cambronne
si l'on Les Français
Quand on tue le chef de l'Etat qu'ils qu'on rigole
C'est pas qu'on soit méchant c'est qu'il n'a pas d'idole
Dès qu'un apparaît coiffé d'une couronne

Le dernier mot que je dirai ce sera merde

Et quand dans le ruisseau le soir on me trouvera
Mort croyant tout de bon que j'ai cessé de vivre
Les gens tout naturels m'arrachent les souliers

Combien m'ont dépassé dans leur convoi funèbre
— — — devancé — — la course aux ténèbres
De pauvres bougres qui lorsqu'ils parlaient de moi
Disaient

Personne n'y voyait malice
Cependant le pauvre Ulysse
Il était quand même cocu
Car sous sa toile Pénélope
Cachait quelle fière salope
Un page qui lui bouffait le cul

Ce n'est pas tout d'être mon père
Il faut (aussi) me plaire
D'être mon fils ce n'est pas tout
Il faut me plaire itou

Les cabarets de la place
par le meilleur pilier

drôles de particuliers
drôles de sommeliers

J'ai volé un type je suis allé au bistrot
On m'a ri quand je n'ai plus eu de sous

Est-ce par négligence ou bien par lassitude
Par défaut d'exercice ou par manque de foi
En chemin j'ai perdu toutes les certitudes
toutes les convictions que j'avais autrefois
Il ne m'en m'en reste plus qu'une en définitive
Elle est courte elle est nette et je vous en fais part
Elle est triste elle est sombre et elle est négative
Y a que les imbéciles qui soient nés quelque part

Au déclin de ses jours quand on fait l'inventaire
~~Le compte des fâcheux~~ de tous les empêcheurs rencontrés en chemin
On est forcé de conclure et cela vous atterre
qu'ils forment la majorité du genre humain
Mais parmi ces fâcheux qui vous gâchent la vie
Contre lesquels hélas il n'est point de rempart
Personne toutefois n'arrive à la cheville
Des pauvres imbéciles qui sont nés quelque part

Strophe finale

Mon Dieu vous avez fait commencer les maux
les calamités tout ça ne serait rien pas d'importance
Si vous n'aviez créé ces fâcheux ces jobards
qui sont presque une preuve de votre inexistence

sur le bord du trottoir
Est couru chercher un agent de police

Il me reconduisit sous les ponts
depuis je ne puis plus
Et depuis je n'ose plus ... aux vaches

Elle était d'une propreté méticuleuse et quand
elle nous masturbait elle prenait des gants

~~Elle était délicate et l'on devait se cu
rer les ongles avant de lui pincer le cul~~ petit bouts

Refrain Elle nous en
à ses genoux pour embrasser invente
laver les dents,
tranzat,
laver les dents d'abord

~~Le curé lui fallait
L'eau bénite soit distillée~~ Bénite c'était pas assez
~~Stérile sous cellophane~~

Retour de Sète mercredi 17 août 68

La jeune fille baise avec les amis de son père
La jeune femme avec les amis de son mari
La femme mûre avec les amis de son fils

Ce n'est pas tout d'être mon fils (mon père) il faut me plaire

Qui des fillettes de quinze ans se font sauter pour de l'argent (et vous en connais
Et l'on m'emmerderait parce que je dis que baise

Qui des yeux très bien feraient des partouzes
Et l'on m'emmerderait

Qui des pédés

Retour de tournée (du 4 novembre au 19 décem 1966
Noël 66 25 décembre (ai appris que Jeanne opérée hernie

Minute quand je dis que je tolère que n'importe qui me vante
à les droits (les mêmes) que le respecte qui dit ça ne signifie
pas que je le veux pour ami que je lui donne tous les
droits sur moi mon temps mes fleurs mes chats
mes respects lui sont acquis d'avance mon amitié
faut la mériter c'est un jeu comme l'amour l'amitié
le hasard le temps qu'il fait l'humeur qu'on a

~~Belle~~ Jamais le vendredi ne fit la cannibale
chrétienne petits bouts

Mardi 7 mars 1967 le mari de Jeanne à l'asile

Chanson ~~Il n'est plus temps~~ fillette
Les [illegible] épines des roses piquent plus qu'avant (si les
roses sont plus belles et si j'y suis sensible
maintenant les chagrins ne me font plus plaisir
De me mourir (languir) d'amour je n'ai plus le loisir

1er strophe en flânant j'ai rencontré une églantine
2 Elle était fraîche et belle et onc ques n'avais vu plus belle
son enfant que je me rappelle amarante
3 Elle m'a dit cueille moi et crois bien que je le regrette
4 c'est trop tard

Mercredi 27 avril 1967 Jeanne malade

Jeanne et moi possedions en copropriété
un chien sinon de race au moins de

nous nous entendions bien et avions reciproque
le droit de caresser la part de l'autre ou lira aussi t
elle le coté gauche
Dans le sens de la longueur
et moi le coté droit -
nous tenait à coeur

mais Jeanne un jour eut seduite par
un jobard

Il me fallut partir je voulais lui laisser le chien
mais elle me dit prends le mais il me manquera

alors nous decidames
mais soyez assurés pas de gaité d'ame

De le couper en deux dans le sens de la longueur
et de garder chacun sa part

mais quoique les deux Deux parts finement bri- equitables
Le chien poussa des hurlements epouvantables

et je jurais que jamais plus et je jure sur carcasse de
je ne couperais un chien

Mercredi 21 juin 1967 Le meridien après
l'operation. J'ai revu Jeanne et le jour sorti de l'asile

d'après Remy de Gourmont (livre de Deneze sur R. de
Gourmont page 135 à propos de la mode

Developper cette idée que les femmes quand la mode est
devenue moins tyrannique imaginent des nouveautés
personnelles qui soulignent ~~leur grace~~ leur beauté
propres

En uniforme toute personnalité disparait on ne
voit plus que l'uniforme. On est il le temps où les
filles prenaient un bout de chiffon et ne ressemblaient
à personne. Ces yeux sont à toi pourquoi leur
enleve tu tout ce qui les distingue des autres

Ils nous ennuieraient

Ces yeux sont bien à toi ma pauvrette et les
de leur ajouter à que les autres distingue
Ton leur leur enleve ce qu'ils les distingue

Maman les curés sont-ils nus sous leur soutane
Je me marbre sur cul Petit Con !

Il y a belle lurette que je n'ai plus de coeur mais parfois,
à l'instar de ces amputés que leur membre perdu fait
encore souffrir il m'arrive d'avoir un pincement
dans le sein gauche

mon voisin le manchot faut que je le raisonne
car il

Les manchots
~~Je ne pourrait jamais~~ De ne pouvoir jamais rien voler a personne
Les manchots sont aigris, manchot peut être mais redoutable
Ils ne peuvent jamais rien voler a personne
Et la grande pitié des pauvres culs de jatte, cinq sols
C'est qu'on ne leur fasse jamais de croche patte

Les aveugles déplorent de plus voir le drapeau

Au fond ce que subissent les aveugles déplorent
c'est de ne jamais voir le drapeau tricolore

Les sourds sont malheureux
De n'entendre jamais la Marseillaise.

aveugle
sourd
muet
manchot
cul de jatte

Les manchots
De ne pouvoir jamais lever la main sur personne

Les muets voudraient dire merde

Un humoriste
qui veut (rêve) mourir pour la patrie c'est triste

16 sept 1964 En revenant de chez Jeanne chercher les oscars la commode l'armoire le matériel photo
Kafka m'a fait la fête. Ou vu Jacquot Kikou sa fille Sarah

---

16 octobre. Une dame qui m'avait accordé ses faveurs et n'en avait aucune preuve (elle n'était pas crue quand elle le laissait entendre. Je lui ai fait un certificat
mademoiselle Y ou X
Je certifie avoir baisé Madame X je jure qu'elle (sur l'honneur) qu'elle m'a donné du bonheur du temps que je n'étais personne.
Elle ne l'avait jamais dit ne s'en était jamais vanté car j'étais pas très reluisant. Elle m'aurait accusé de l'avoir violentée etc etc
Finir en disant c'est faux parmi toutes celles qui m'ont fait le plaisir de me recevoir dans leur lit aucune ne s'en ~~est~~ vanté et tout ça c'est joli et je les en remercie

---

26 octobre
~~Gloire au flic qui faisait arrêter les autos~~
~~pour laisser pisser le chien de Paul Léautaud~~

Inscriptions à mettre sur la porte

L'honorable locataire de cette (maison) de cet appartement (de ce taudis à retardement) est en train d'essayer d'obtenir les faveurs d'une personne du beau sexe. Soyez aimable de ne pas insister
merci

Le mec qui creche ici est en train de se farcir une greluche de la haute. Sortez votre chemin

Tirez vous sur la pointe des pieds

Le chaud lapin qui creche ici est en train de faire du ventre dedans à une greluche de la haute. Lui cassez pas son coup SVP. merci

---

Jeudi 10 novembre
à propos de bottes que portent les filles à la mode ces temps ci.. Ce n'est pas que les bottes t'aillent mal au contraire mais tous les pieds des filles de Paris et d'ailleurs sont dans des bottes. Les bottes ne te font pas distinguer des autres elles te depersonnalisent. Tu serais seule à en porter je ne dis pas (tu attirerais mon attention) je me dirais voilà une fille qui n'a pas peur de porter ce qui lui plait.

Toi tu veux faire partie d'une bande tu veux aussi te distinguer mais pas de tout le monde

Tu veux te distinguer mais pas de tout le monde

J'ai vu Jeanne ce matin 10 novembre 1967 lui ai apporté un lapin. Kafka m'a fêté. Jacquot aussi
Elle prétend avoir demandé le divorce à la préfecture
Elle m'a demandé le tornado électrique et l'antenne de TV ai donné 20 000 frs.

Faisais les yeux doux à la marchande de ~~fleurs~~ sourit pour qu'elle me vendit ~~à bas prix un bouquet~~ à bon prix destiné à la dame de (mes mauvaises pensées)

Noël Jour de l'an 1967
le mari de Jeanne à Ste Anne 20 000 vers le 27 Decem 1968

Vietnam — tant qu'on ne dira pas merde à
Paix au Viet — tout le monde
Nam dame

En jouissant elle criait Paix au Viet nam
notez qu'elle n'a jamais dit Paix en Indochine
ni en Corée

---

utilisé ~~nous avons pris~~ pour une affaire capitale
une petite fantaisie sentimentale

---

quand on jette une pierre dans mon jardin je déplore mon manque total de connaissances ~~en ma-tière minéralogique~~ qui me permettrait de la classer dans son espèce minéralogique au lieu de me poser ces questions qui donc m'a jeté cette pierre et pourquoi

Il est d'une fort mauvaise constitution mentale

Les bonbons (tant que c'est l'ami Fritz notre ami le plus sûr)

Gide : je ne crois pas à l'existence de Dieu. Je crois beaucoup à celle du Diable. Je suis même sûr qu'il existe. Seulement à voir les actions des hommes dans tous les domaines il paraît bien que c'est plutôt le Diable qui existe

---

Ou Dieu n'existe pas ou alors c'est Satan
on nous baise depuis un petit bout de temps
Car enfin si le roi du ciel et de la terre
Si le père éternel était satan ce ne serait pas pire
(alors parce que mon père putatif adam a parlé
d'un peu près à ma mère Eve c'est le bordel
jusqu'à la fin des temps
On naît on mange on baise on souffre on crève
Et quand ils avaient mille Dieux était-ce pire
(et quand ils croyaient au soleil)
Ils se disputaient le beafteck et les filles l'espace vital les honneurs

---

Ils font plus de dégâts que les bombardements,
vingt Dieux le pres bybère a perdu de son charme
et l'éclat du jardin ne fait plus mal aux yeux
on a sa petite tristesse d'olympio
Dieu merci le béton les Romains l'ignoraient
Leurs ruines sont si belles qu'on en mangerait
bandits à retardement le béton est un con

Pas de précision S V P Ne me dites pas qu'en haut d'une côte une DS 19 qui doublait une deux chevaux citroen est entrée en collision avec un camion Berliet Laissez parler mon imagination laissez moi jouer un rôle dans l'histoire. Ne me donnez pas tous les détails. Donnez vous à me dire qu'une voiture rapide en doublant une voiture lente en haut d'une côte est entrée en collision avec un gros camion. Je ferai le reste

---

Ça m'emmerde que le bon Dieu n'existe pas

Mardi 6 ou 7 février 1968 Jeanne mordue par le petiton est à l'hôpital. Pierre a pris le facquot et les serins. Moi j'ai le chien. Mme Papillon s'occupe des chats

Il Quand on le traitait de la frem le bon apôtre
Il se référait à Rabelais et à bien d'autres

Quand on le traitait de batard le bon apôtre
Il se référait à Jésus et à ~~bien~~ d'autres
Christ quelques

Quand on le traitait de cocu le bon apôtre
Il se référait à et à bien d'autres

Quand on le traitait de marlou le bon apôtre
Il se référait à Villon et à ~~bien~~ d'autres
Français et quelques autres

Quand on le traitait de pédé le bon apôtre
Il se référait à Verlaine et à bien d'autres

Quand on le traitait d'vérolé le bon apôtre
Il se référait à Baudelaire et à bien d'autres

Fin

impuissant
Boileau

aux Dans les lieux où Paris où soufflait le vent de l'esprit et les mots le trouvaient vachement à [illegible]

Chers voisins (même fâchés)
Si jamais la maison brûle et que vous
en ayez le temps soyez assez gentils de vous
assurer que je ne dors pas comme un
loir, des boules quies dans les oreilles
grosse récompense Merci

Après avoir écouté un disque bande de cons remettez
le à sa place afin que je puisse le retrouver facilement.

Avant de partir bande de cons veuillez vous assurer
que la chatte n'est pas enfermée dans la maison

J'économise mes larmes j'en aurai besoin pour
vous enterrer tous

Voici tous ceux à l'enterrement desquels j'assisterai

La bastille est un feu comme une femme
Il ne faut jamais s'endormir dessus
Chaque jour il faut la prendre et reprendre
Sous peine d'être un ci-devant cocu Ninon   Helibs Boufs

Je suis seul sur la terre et ne suis pas le seul
Je ne suis pas le seul à être solitaire

On l'enterra du mieux qu'on put
Je vous enterrerai du mieux que je pourrai
le jour où vous mourrez

S'il l'on ne tuait que des salopards quand on épure
à la rigueur je dirais bon
mais on tue mais on humilie n'importe qui au
petit bonheur et le précepte (j'en n'accepte) qui veut
qu'on ne fasse pas d'omelette sans casser des œufs

Ils se ressemblent comme deux gouttes de sperme 1er mai 1968

---

et je n'accepte
pas le précepte

Comme ?
gouttes de
sperme

---

mai juin 1968
Leur petit côté m'as-tu vu sur les barricades
la dernière barricade où l'on cause la grosse bébé socialiste

Il y avait (on a vu) des brouillards on a vu des fuyards
des j'ai peur de perdre mes lionds et les stokeurs de lard

Des paillards des pillards des charognards
et naturell'ment des connards. une faune qu'on ne
voit que dans ces moments là. (la guillotine enfin
qui se profile qu'on astique) allons piller les banques
attaquer les banques quand il y a quelques risques

Et bien sûr les connards toujours majoritaires
on a craché sur la figure à son patron - ce qui est
discutable au point de vue du bon goût et puis les
hommes politiques ont dit essuyez ça comme toujours

vingt-Dieu la guillotine a failli réapparaître reparoir
les tricoteuses étaient déjà prêtes. on allait de tout
nouveau régler les comptes Des cocus des trois sexes sexes
allaient se revancher

mouchard cocu revanchard gobard brancard étendard
soudard

Je meurs aussi pour des idées mais de mort lente

---

au petit bonheur la vengeance

Les infusoires les infiniment petits, les bouts d'homme le rectume
Loyeant dans le rectum des crapauds sont sortis

Les infusoires les bouts d'hommes
Les infiniment petits
qui habitaient dans le rectum cafeardeux
Des grenouilles sont sortis

Cet arbre ressemblait à un homme penché
quand je fais mon devoir c'est sans le faire exprès

---

quoi de plus affligeant qu'un humaniste
qui (vote fait son devoir électoral qui meurt d'amour qui
meurt pieusement pour la patrie qui prend qui que ce soit
au sérieux après nous avoir fait sourire avec (cupidon
le drapeau le sabre le goupillon les flèches de cupidon

Je ne suis pas doué pour les affaires publiques
aucun des divers systhèmes connus n'emporte mon
adhesion totale soit dit sans méconnaitre leurs rares
~~mais~~ respectives vertus et les qualités de certains hommes
qui s'en font les champions (~~sur~~ ①
Si je croyais à quelque solution collective miraculeuse
je me jetterais à corps perdu dans la melée..
66 je hais la violence individualiste

① l'economie commande tout et l'economie pour moi
c'est de l'hebreu et meme pire

tant que ce mouvement spontané est resté en
marge de la politique qu'il s'est limité à la contesta
tion de tous les systhemes connus et à la revendica.
tion j'étais de coeur avec lui mais depuis, ..

ni De gaulle ni staline ni mao mais personne
le peuple tout seul et le peuple c'est tout le monde
tous les hommes pas seulement les ouvriers pas
seulement les Français

Les etudiants les ouvriers n'ont pas besoin de
moi. Ils se defendent très très bien. Leurs revendica
tions me semblent legitimes la seule chose que
je n'approuve pas c'est la violence surtout qu'ils n'ont
pas besoin d'elle pour atteindre leur Objectif

Comment pouvez vous supposer que je ne sois pas
d'accord avec les etudiants et avec les salariés
mais faire de la démagogie et le crier sur les toits,
non

---

le fait que j'écrive des chansons qui m'ont valu
une certaine notoriété n'implique pas que je doive
publiquement donner ma position

une manifestation à la gandhi ou à la façon de
certains noirs d'amerique me semble plus valable
plus efficace que la construction de barricades qui
provoquent automatiquement une reaction des
forces dites de l'ordre (je ne condamne pas ceux
qui prônent la violence du temps que je militais dans
les jeunesses libertaires j'étais sur ce point en desaccord
avec nombre de mes camarades) je ne les approuve pas
totalement voila tout en sus la violence me parait
dangereuse pour le succes des revendications et
une grande partie de l'opinion ~~se~~ les tiedes se cabre
contre les manifestants

partisan de la non violence je ne me vois pas en train
de bombarder les prebendues forces de l'ordre
laisser les etudiants regler leurs problemes eux memes que je ne
jamais l'air d'un m'as tu vu sur les barricades) connais pas bien
quant à chanter des chansonnettes durant ces evenements
importants non

tant que la politique ne s'en est pas mêlée tant que
ce mouvement garda son caractère spontané en marge
de toutes les chapelles conventionnelles il eut mon adhésion

m'en mêler : de quoi aurais je eu l'air. quels risques
le pouvoir était prêt à tout concéder. Je ne pouvais qu'y
gagner : les problèmes estudiantins m'échappent un
peu.. que leur aurais je dit.. Moi sur les barricades avec
mes deux reins déglingués vous n'y songez pas. un poids
mort.. Et puis je n'aime pas me faire remarquer ce
qui peut paraître étrange de la part d'un cabot

Mais cette bile était une malice
comme de fil blanc et le pauvre ulysse
Bien que la femme
Les femmes ne manquent pas de malice
En des apparences Ulysse
Comme tout un chacun était cocu
Car dessous sa toile la Pénélope
Cachait un petit page la salope
qui lui pinçait secrètement le cul

Symbole de la
vertu conjugale

sa toile cousue
était de fil blanc
Faire un sonnet
si je dis le
cette toile
était cousue de fil blanc
tout comme vous
et moi était cocu
Pénélope
car sous la toile cette toile un petit
car cachés sous
page
des maris non bronzés
Le symbole
Des maris non bronzés le brave Ulysse
sous toile un page
fidélité conjugale
1 Pénélope n'eut pas d'égale
Mais tout ça c'est du vent de la littérature
Le modèle des maris non bronzés
Cinquième écriture
Sauver la face et préserver sa fesse
et préserver sa fesse convoitée
Elle défaisait
Durant la nuit
que durant le jour elle avait tissé
Cachait sous sa toile petits pages la salope
Cruel époux
quand les soupirant cette ouvrage
avec rage
Et qui se relayaient
pour lui pincer
le cul
voyait
Jamais le bout
Durant 20 ans
Et vingt ans sans homme
c'est une somme
Car elle était maligne
il faut qu'on le confesse
Et pour sauver la face et
préserver sa fesse
réserver
Et la nuit à la lueur des étoiles
défaisait la toile
que durant le jour elle avait
tissé

Mercredi 3 juillet 1968 Quiquou morte

Jeanne est venue me le dire au méridien je dormais. Je suis allé chercher la quique à l'impasse et l'ai mise dans le coffre DS. Demain je l'enterre à Crespières. Elle était chez Jeanne depuis 1957 ou 58 ? Devant la salle 1964 Londres

Le pauvre Ulysse malice
Il était quand même cocu
Car sous sa toile Pénélope
Cachait un petit page la salope
~~une page~~
qui lui bouffait tendrement le cul

Ces dames ne manquent pas
En dépit des apparences Ulysse
de ce qu'on raconte
tout comme vous et moi était
sous son armure tout cocu
comme tout un chacun

Se jeter quelque part la fesse la première
Elle ne savait plus où donner de la fesse

S'ils avaient été CRS aux barricades
qu'auraient-ils fait (ceux qui crient à mort quelles que soient les circonstances les raisons d'être)

Faire de l'alpinisme en haut du Golgotha

Jeanne vend 18 . 10 . 68 transportée à St Joseph

Opérée Samedi (19) après-midi. morte Jeudi 24.10 68

Jeanne est morte hier soir vers 23 heures 15 à Saint Joseph. Sœur Odile m'avait appelé vers 19 heures. Le père, Pallet, Mme Simone Brignant étaient là. Jeanne s'agitait beaucoup. M'a dit plusieurs fois : « Embrasse-moi. » quand l'anesthésiste lui a demandé si elle avait soif elle a répondu Oui : Voulez vous du tilleul – Non. Qu'est ce qui vous ferait plaisir – Du champagne a-t-elle répondu avec enthousiasme. J'ai ouvert la bouteille et elle en a bu deux trois coups à la cuillère. On l'a déplacée continuellement à sa demande. Elle avait mal à la cuisse gauche. Je lui avais dit j'ai lavé le chien. Sommes partis vers minuit 30 chez Giacometti où nous attendait Tripchen

Le four est reste. La soeur a lunettes a vendu les bijoux de Jeanne au fou. Il a gardé l'alliance
Il m'a donné le reste

Ce matin 25 octobre Il pleut.

courbes tous les
Les pies borgnes et les
Chiens galeux chats pelés
Etaient à elle
Personne mieux qu'elle n'a jamais aimé
Les pigeons mal en point les corbeaux deplumés
Et les chats noirs ne portaient pas malheur pour elle

Delpont est venu. Michel et Leno

Jamais jamais personne
tant aimé
aimé tant de pies borgnes
De corbeaux deplumés

Ah sacrée Jeanne Dubain de moine

Aimé tant de pies borgnes
De corbeaux déplumés
Et de chats de gouttière
Et de chiens tout pelés

Et de chats de gouttière
Et de chiens tout pelés
Et de pigeons sous ailes

Jeanne enterrée
Samedi 26 10 68
à Bagneux

sans oublier
Et les ours mal léchés

Canards de barbarie
Perroquets mal élevés

Ils te le rendaient bien
Le seul échec
que tu aies rencontré
c'est avec un caniche

La maison de plaisance
de l'arche de Noé

ressemblait à s'y méprendre
à l'arche de Noé

avec
échec
l'as aimé
mais tu l'aimais quand même
Et tu as bien fait

A la morgue Jeanne bien reposée. J'ai mis une rose
Soeur Odile est venue à la messe

mercredi 30 a 8 heures je suis allé porter 50000 frs a la soeur Marie Odile. Nous avons parlé de Jeanne

Vieux brouillons des années avant 1958 imposse

~~Elle m'a dit~~ j'ai rendez vous avec tout le monde et personne

a l'enterrement

Boudier et sa femme
Cavernier +
Janet et ~~sa femme~~
L'allemande
Ginou
Leone sa mere +
Madeleine Dercher
Norbert
Mme Lescat + et sa bru
Giacommetti + et Lina
Mme Thebault
Leono et Michel et Micheline
Sallet son frere agathe
Claude
Vers
Toletti
Dubola
Loulou
Chabrol et Noëlle
Petit Bobo
Dejacques
Larue
Mme Papillon +
Mme Decmond
Delpont
Rault + et sa femme +

La soeur m'a dit a la morgue apres la messe "je ne l'ai pas connue longtemps! je suis heureuse de voir qu'elle est bien entourée

Jeudi 29 octobre 1964
a 2 heures du matin
rentrant de Bobino

Les pigeons de ~~Paris~~ de Plaisance n'auront plus leur compte de grains
Jeanne est morte a sa porte mais les colombophiles vont afficher un air serein
Les chats perdus n'auront plus gratter
Jeanne est morte a sa porte
Les chiens ~~noble~~ pelés galeux vont trouver visage de bois
aboyer
Les canards boiteux
plus leur bouilli visage de bois
a sa porte
66 les ours mal léchés
ceux qui aboient
66 tous les vieux copains
Des gens qui n'aiment pas
ceux qui aboient

Les chats, il n'y a plus d'arche de Noé a sa porte
arche de bouillie
Mais les rats les souris
refuge

Les croque morts qui nous avaient toujours foutu
la paix viennent de rattraper le temps perdu

ont mis les bouchées doubles
mon capital de mort augmente
je connaîtrai plus de morts que de vivants

Et nos troupes de lignes
nous ne donnions l'assaut qu'à des feuilles de vigne

La fleur bleue dans les tranchées

Et le 11 novembre sans remords
nous avions rendez vous au monument aux morts

Les joli cerfs volants que faisaient les drapeaux
Les boulets de canon en boules de billard

La course au sac sur les champs de bataille

moi quand j'aime c'est pour toujours hélas
si j'avais été romantique
mon cœur pencherait durait saigné
car des
non tu ne m'as rien épargné
tu n'en rabais pas un

mourir fut son unique
bonne
encore la fit-il sans intention

Il n'a jamais souffert le pauvre et je le plains

La seule bonne action qu'il fit fut de mourir

La mort n'emporte pas grand chose la mort n'emporte
que les restes la mort n'emporte presque rien

quand le père noël est mort qu'on la poussé du toit
je suis mort avec lui mais je ne m'en suis pas aperçu
quand dieu
quand le 1ère amour est mort
quand ma voyance en l'homme est morte

Reliquats des vieux brouillons 1969 janvier

alors dans ma main pour payer sa dette
la mignonne enfant a posé sa bébé

quand même il passerait pas rome
le chemin qui mène à mort d'homme
est toujours un mauvais chemin

Cette rose bombée échappée de la gerbe de fleurs
qu'un général (héros brave à trois poils) portait au monument aux morts
je te l'avais offerte en te parlant d'amour
et les morts ont crié au voleur au voleur

Si ~~Dieu~~ mon père vie si j'atteins 107
107 ans ces temps ci c'est une belle somme
quil me reste une dent
et si le cœur t'en dit elle sera pour la pomme

GEORGES BRASSENS
42, RUE SANTOS-DUMONT
75015 PARIS
TÉL. 828-37-99

ô doux con vers qui con vergent.
affolées toutes les verges
c'est pas pour
des mimi pas des mi
sère

c'est pas cela
non pour te faire
faire ami
quelque

exquis con
vers qui con
vergent
affolées
toutes les
verges

a tes trousses
n'aie pas la

fais tomber
faire
sauve ami
quelque mi
sères

reste la belle
n'aie pas la
trousse

trousse

excitées
vont à tes
trousses
reste la
n'aie pas la
frousse

bon
. dépou
vante

-- mais
pas bien mi
chante

tenez pas
nique

de
fais tomber
faire
cher ami
quelque mi
sères

quand elles aiment en
ce
et parlent
ce qu'elles
veulent

une seule

de
même
que l'on en

SVP
sois pas bé
gueule
con morbleu
ce qu'elle
veulent
n'est pas sain
n'est pas sé
un bien se
vère
mais combien
laisse toi
faire

pas bien sé
vère
combien
laisse toi
faire

De
même

que l'on en
même

n'est pas sé
vère
mais combien
laisse toi
faire

Pour être original il suffit d'être soi
~~Disait Paul~~ Léautaud bien mais à moins d'être imbécile
Dit
ou l'égoïste se foutant des autres ce n'est pas si facile

Si j'étais moi quand on me marche sur le pied
quoi au lieu de dire au maladroit ce n'est rien
je le tuerais si j'étais moi
etc etc
pas tout à fait original et pas tout à fait soi
je tirerais toute la couverture à moi (quand j'ai froid

La volupté bien ordonnée commence | par soi-même
a dit le petit masturbateur

Vous n'avez pas de morts pauvre ami pas du tout
venez que je partage les miens avec vous
il n'a personne au cimetière

Donnons leur temps à toutes choses (du temps
ne courons pas après demain

pause

comptons les pétales des roses
après l'heure ce n'est plus l'heure
Et s'il me ~~mort laissent~~ laissent à la porte je n'en mourrai pas
dehors j'ai plus de place qu'eux tant si peu
en quelque sorte

---

avril 1964
on meurt toujours à temps le lendemain tout est
changé méconnaissable (allusion à s'il revenait

Le baiser que tu m'a donné
je ne le prêterai à personne

Non madame je ne suis pas réactionnaire
conservateur
je serais plutôt révolutionnaire le cul entre deux selles
mais le bang
déjà quand un voleur passe avec des menottes
même si c'est normal je ne le brave pas
alors quand c'est un enchaîné politique
on pend trop on fusille trop on emprisonne trop
le pendu de Budapest me reste sur le cœur
que le monde périsse de la peste
plutôt que le pendu de Budapest

Ce n'est pas tellement la mort que je déplore
tôt ou tard ils seraient morts
c'est la façon dont ils meurent (je suis peut-être con
mais je plains la veuve et l'orphelin

encore s'ils etaient coupables criminels bien que je ne
suis pas d'accord a la rigueur mon coeur je les plaindrais
mais je dirais ils ne ne l'ont pas volé
si l'on s'amuse façon de parler a denombrer ceux qui
sont morts pour par erreur (reglements de comptes [illegible]
de commerce ou de filles ou seront effaré (meme [illegible]
[illegible]

vous me direz que l'on ne fait pas d'omelettes
sans casser les oeufs mais des omelettes comme ça
j'en veux pas plus d'omelette a mes repas

non madame je ne suis pas reactionnaire
je ne tiens pas a conserver le monde tel qu'il est
je serais plus tot revolutionnaire
mais s'il vous plait

A mort les partisans de la peine de mort

il ne faut plus frapper jamais personne
comme du bo du bon du bonnet
a longueur d'année de journée

cette meme antienne a longueur d'année

a Paris a Nice et a Carcassonne
il faut entonner

Cons comme le sont la plus-part des hommes
ça finira bien par les consumer assomme
comme le refrain de la ballade

j'ai écrit une chanson qui ne plaira pas
car au lieu de dire frappe comme assomme
1e la meme que je suis rigolade
je dois etre malade escalade
c'est qui m'en tue dans ce siecle forcené marmelade
ce siecle je viens d'ecrire une ballade estafilade

sans aller jusqu'a l'accolade
je sais c'est un ideal
un peu borné

d'ailleurs bêtes butés bornés
comme sont les hommes
impressionnes

comme du bo du bon du bonnet

2ime on va m'en vouloir
on va dire
et ça n'a jamais rien donné
que je suis un père noé
de père aucune des salade

---

moi je n'aime pas ma patrie j'aime la France

Le silence faisant

Je ne parlerai pas de ses fausse quenottes
vrique? J'en ai aussi ni ~~et~~ ses fausses robes
ni que j'en fais aussi ni de ses faux bijoux
qu'elle faisaient en chantant car ferou j'en fais
Faux cils et faux cheveux et faux et faux cul

Faux
fausse joie — départ pour le paradis

Faux anges soupirant d'une voix de fausset
Et — cette fausse idylle
larmes de crocodile

Et sur ses faux bijoux

Je ne parlerai pas de ses fausse quenottes
ni ~~de~~ des f

Je ne parlerai pas de ses fausses quenottes
des fausses robes
qu'elle fit en chantant

comme il se doit
Faux chaume ~~rec~~ par dessus le toit
Fausses fenêtres faux plafond
Et fausse cheminée au fond
faux feux

et lierre sur
Faux tableaux
de maîtres
aux murs

et mon bouquet
avait de moins vives couleurs
que les siens faits de fausses fleurs
faux bijou
Faux grains de beauté sur les joues
et faux

et pardi
Faux départ pour le paradis
Et faux anges qui germinaient?
avec une voix de fausset

La ferme était fausse et le toit
De faux chaume comme il se doit
Et des larmes de crocodile
fausse idylle

Seule chose vraie là dedans
mon amour ~~pour elle pourtant~~
invisible — pourtant invisible
Et ma peine invisible aussi
car avec tous ses ustensiles
ses faux cheveux et ses faux cils
Et ses faux seins et son faux cul
Elle ne m'en fit pas moins cocu

simulacre
de pâmoison
factice
un cupidon
faux comme
un jeton
postiche
pastiche
parodie
trompe l'oeil
qui parut
trop contraire
à la vérité
ma réelle
pour elle

Sirène La sirène que j'ai pêché qui fut un peu vraie
ce n'était qu'un poisson d'avril
dans tout ça

Octobre 1970

avant de me dire immortel attendez donc que je sois mort

---

quand une femme n'est pas emmerdante
c'est comme si elle avait un beau cul

C'était un facteur d'une espèce rarissime
Je n'appâtait jamais les lettres anonymes

---

moi j'ai la nostalgie ... des fruits
allumeurs de reverbères escarpolettes voitures à chevaux
des ramoneurs et des
culs des filles sur des selles de bicyclette
cité des objets et des métiers tombés en desuetude

. ah que la vie (la terre) serait belle
ah
si ceux qui ont des idées
mouraient pour elles

être en bas
âge mental
1971

Celui qui ...
se sauvait où sont les neiges d'antan

~~on renverse les empires~~

~~de même la reine d'angleterre~~

Probabilité

~~mais il est peu probable qu'on
détrône un jour le roi des cons~~

~~o il est possible qu'on renverse Franco
sur un air de fandango~~

~~il est possible que en russie~~

~~soit possible
renverser
séditieux~~

~~il est possible
qu'on le shah d'iran~~

~~il se peut~~

~~que sur un air de fandango
on renverse Franco~~

~~repus récuse
Baudouin
Tito
mao
jordanie~~

~~que la couronne d'angleterre
dans l'avenir roule par terre~~

~~que
sans trop de risque on peut tenter
quelle est une probabilité~~

~~et tous les
trônes subsistant,
ses sujets sont
un que vraiment
rebelles en
dénombrement~~

~~1 il est des probabilités~~

~~2 il est probable assurément~~

~~3 que ça s'est vu dans le passé
la république soit renversée~~

La Saint-Barthelemy recommence en Irlande
calendes

mourez ~~[illegible]~~ cocu
Princes les . . . mourez mes bons apotres
Si le coeur vous en dit ne vous en privez pas
La vie est a peu près laissez vivre les autres
vivre est leur seul (luxe ici bas)
c'est l'idée de . . . contre le bolchevisme
qui fit mourir le père Schmit honni de tous
quelques années plus tard on faillit par civisme
Demander a son fils d'en faire autant

Les coups d'epée dans l'eau font couler le sang

Princes de tout poil mourez donc mes bons apotres
Si le coeur vous en dit ne vous en privez pas
mais laissez vivre les autres
La vie est a peu près leur seul luxe ici bas

Lundi 27 Decembre 1971 Sup chien grippé
là haut
maurice chevalier est au plus mal

La preuve que les gens ont une bonne
opinion d'eux meme (je m'aime)
c'est que quand on les traite de vieux cons

Les coups d'epée dans l'eau font couler bien
du sang

La crainte de l'enfer n'a jamais empeché
les chretiens de pecher or pour eux c'est
une certitude alors que le criminel est
au contraire a peu près sur d'echapper à
la justice des hommes

---

et si l'enfer existe Dieu n'existe pas
et Dieu n'existe pas s'il existe l'enfer

---

mourir pour des idées j'ai trop d'imagination

---

c'etait un ~~[illegible]~~ cul un cul de poids
qu'on n'aimerait pas rencontrer au coin d'un bois
quand elle tirait le faisaient voir par la fenetre
de leur chambre

Lezardrieux Juin 1972 (8 juin)

Marie Marthe ou Cécile
au petit bonheur je me souviens
je suis pas difficile
je prends le temps passé comme il vient

dans le désordre je me
à la grâce du dieu de l'amour

J'étais pas dur en affaires de cœur

Mourir pour des idées il y en a qui ne font que ça toute leur vie

à mort à mort à mort à mort à mort
les partisans de la pein' capitale
à mort à mort à mort à mort à mort
les partisans de la peine de mort

Y a des silences qui se perdent
c'est de la merde

Lezardrieux 24 août 1972

quand j'eus fini cette chanson
tous les copains m'ont sans façon

Y a des silences qui se perdent
ce que tu dis c'est de la merde
si c'en est pas en vérité
c'est évidemment bien imité en ruminant

Dembrant chez moi l'esprit chagrin
ou leur sinistre refrain
Soudain ce refrain merveilleux
Dans un tête-à-tête brekas
Tout le parti que l'on pourrait tirer de cela

ce refrain peut être utile
j'ai

ça nous manquait

pour les discours électoraux

Mesdames quand un vieux galant
vous

Dorénavant les auditeurs
pourront toujours chanter à l'orateur

quand un mari
quand une épouse
Et l'on verra une grande...
des maréchaux sortir le leur bâton
le jour où l'on m'enterrera
qui prononçait la funèbre oraison

Je suis contre les juges les gendarmes les flics
Je suis contre le racisme le fascisme

faut leur macher les mots. les mots machés n'ont
plus de portée faut tout leur rabacher

chez moi faut entendre entre les notes. les mots couverts
comme les femmes habillées sont plus bandants
tout dire ça veut plus rien dire
~~les cons sont toujours tout leur dire~~

le con si vous lui dites que ou au singulier

il n'aime pas qu'on lui suggère
mais si vous lui dites je suis antiraciste insiste

alors il est content il crie bravo

quand on lui dit

c'est pas content bronze que vous n'allez pas aux Loire
comme il n'y a pas d'imagination
quand on lui dit

il est content même si c'est pas vrai

ne mettre le mot con que dans le refrain funèbre

XXX Suite de Légion d'honneur

mais on ne peut plus aller dans les vignes au milieu à travers les vignes
les vignes du seigneur comme le soldat
avec l'~~esprit~~ au revers le fatal insigne (ses pas / ses ~~pieds~~ pas / faire / tous pas)
La Légion d'honneur ça pardonne pas

---

mais on ne peut ~~plus~~ les gens sa petite jupette ~~les bras à ses bas~~ des actrices
mettre ruban rouge à la salopette contre-bas

La Légion d'honneur ça pardonne pas

mais on ne peut plus ~~sur ses lèvres~~ ~~les lèvres~~
~~des mots rotuniers~~ ~~des mots bas~~ ~~bas~~ les mots par trop bas
~~des gros décorés tomber~~ ~~les trois orfèvres~~
d'un grand officier chanter l'grand vicaire ou les 3 orfèvres

---

mais on ne peut ~~plus~~ guère avec la rosette
~~des fill~~ ~~peloter~~ les belles taper les appas (son ruban rouge il ne fréquente plus les bouges)
peloter en
mett' la main au cul par le ça Lisette
la Légion faut choisir
~~la Légion~~ ou le bras d'honneur

---

mais on ne plus guère avoir sur ses lèvres
de grand ~~officier~~ commandeur des mots par trop bas
chanter l'grand vicaire ou les trois orfèvres

Les militaires obéissent sans
chercher à comprendre
moi je désobéis sans chercher à comprendre — Sig 1977

Vous n'empêcherez pas mes rêves érotiques

Le souvenir que je gardais de vous madame m'encombrait

Les snobinards .. Les snobinicomards, GB à développer.
une petite compagnie de snob s'avise de suivre une nouvelle mode de s'exprimer, de se vêtir de se divertir .. Puis elle s'aperçoit que le gros de la troupe (opposé à un petit groupe) la suit alors elle change et le gros de la troupe finit par la copier alors la petite troupe change à nouveau

---

Je crois en Dieu mais comme je suis un menteur je dis que non même si je croyais qu'il existe je ne voudrais pas me soumettre à lui, ses rites

---

que si par impossible on lui disait Héros Pierrot-
sur sa poitrine
Vendez nous votre médaille on te rendra ton bras
il ne marcherait pas
dans la combine

La fillette qui s'est jetée dans la Seine avec sa poupée
Son fiancé l'ayant trompée
avec une dévergondée
La fillette alla se jeter
dans la Seine avec sa poupée
avec que sa corde à sauter elle s'est pendue

Depuis que ma première bulle de savon s'est
crevée je ne m'en suis jamais remis,

qui dira le chagrin profond
De la 1re bulle de savon
qui se crève
En ce qui me concerne amis
je ne m'en suis jamais remis
que peut causer à un enfant
en se crevant
la 1re bulle de savon
1 En écrivant cette chanson
Atteint par la ~~imprison~~
de mon vieil âge par un vieil âge

Jamais remis non plus

ne venait plus sur le toit
avec sa hotte

Puis le père noël
le 1er amour
tant pis si l'on se moque me brocarde
taxe de m'complaire à des enfantillages
je suis brocardé
taxé de me complaire à des

tant pis je suis brocardé
taxé me complaire à des
enfantillages

Cerf-voulant

L'épouse n'aime pas que l'on aime les femmes
La femme n'aime — les femmes

---

on tout encore enfant
Depuis que j'ai vu se crever (depuis le jour où s'est crevée ma première bulle de savon. Rien n' Depuis le jour où tout enfant. Pas même arrivée au plafond
Explosa éclata creva ma première bulle de savon. Rien n'a plus été comme

Il ne me restait plus pauvre cocu
Qui a
Elle me fit bien partant vers son nouveau bonheur
me fit un pied de nez suivi d'un bras d'honneur

Hélas en mon absence une vague
la cruelle en partant vers ce nouveau bonheur
Rien n'est plus
me fit un pied de nez suivi d'un bras d'h
que l'empreinte d'un cul sur la plage au mois d'août

à la fin
un petit brun dedans le sable fin
sur son séant
Voir les bateaux voguer sur l'océan
ma mie ma bien aimée s'asseyait sur le sable
Ma bien aimée son cul durant tout le mois d'août
S'enfonçait dans le sable et ça m'était bien doux
quiconque le jeu son cul avait tant bataillé tellement qu'à la fin
un joli petit trou dedans (ennui) le sable fin

Coup de théâtre un jour

plus éphémère
que l'empreinte d'un cul sur du sable le mien

Le sceau que sur la grève avait laissé son cul

Et je retournai voir nostalgique cocu
Le sceau que sur la grève avait laissé son cul

La vague indifférente avait tout effacé (balayé
une vague hélas avait passé
avait fait table rase avait tout effacé

Les traces de mille cul mais celle du sien

Votre chanson est engagée. Bien dégagé
Ô vos chansonnettes engagées
Le public a dit dégagé

Dim 20 août 78 mort de
Jean Le Quellec

Sept 78
Quand songeant à vous je m'amuse tout seul
Je décharge plus ma chérie
quand
J'décharge plus j'dégueule

---

quand on veut se la faire on est un phallocrate
et quand on veut pas s'la faire c'qu'elle nous indiffère un émule de Socrate
c'est pas la joie quand on se la refuse
Et moi comme ça m'emmerde et que ça me perturbe
ne sachant sur quel pied danser je me masturbe
le bon Dieu créa la femme il faut l'admettre
Quand Dieu créa la femme il faut l'admettre
la 8e merveille du monde c'est elle
il fit un coup de maître

c'est pas la joie
j'ai pas le choix
Octobre 78

BREL EST MORT Lundi 9.10 78

on balance ~~des~~ des ~~conn~~ âneries | le public à doses massives
au public à dose massive | on le bombarde d'âneries
le jusqu'à ce que connerie | et jusqu'à ce que connerie
s'ensuive | s'ensuive

---

la lune s'attristait (mallarmé la) car depuis quelque temps
refusaient le lui taper dedans
nul ne s'avisait plus de lui taper dedans

---

je considère l'existence de Miramont comme illusoire, j'exagère
comme douteuse

Jean Cau a raison je ne suis pas poète. je l'ai dit et répété
ça fait deux ou trois fois. qu'il me fait l'honneur de parler
de moi ça me flatte. d'autant plus qu'en ce qui me
concerne je considère son existence comme illusoire

Le roi des cons est mort vive Jean Cau qui es aco jean cau
avec vos conneries Vénus est morte (ne meurt) et Gibbons qui l'aime
~~Et qu'il reste~~ l'éternel l'éternel féminin ~~ap~~ présentement n'est plus ~~peut~~

---

cet yves miramont c'est ma haire c'est mon ~~cil~~ cilice
Entendre sans arrêt
parler de lui c'est un vrai supplice
haire de haar all et toison
cheveux (poil de chèvre) de cilicie
nov 1978

---

que veulent elles qu'on se masturbe (onan ensemençait le gazon)
veuve au poignet. s'amuser tout seul. je l'ai pratiqué à mes heures
on n'a de compte à rendre à personne. on n'a pas à dire merci
on ne risque pas la vérole ni d'engendrer un imbécile qui vous
casserait les couilles dont (1) il n'aurait jamais dû sortir
on pense à qui l'on veut à la femme du voisin à la femme du
président de la république. ça fait pas de bruit. la main
ne crie pas. on peut imaginer qu'on baise gisèle Halimi
l'ennui avec les femmes que l'on a baisées
c'est qu'il faut le recommencer. cent fois sur le métier remettre
son ouvrage. notez en passant que toutes ne sont pas bath
au ~~pieu~~ pieu qu'une belle gueule, de beaux seins, de belles
miches n'impliquent pas qu'on ait des sens

---

quand notre a trépassé ses copains étaient dispersés. le grand autre copain
quand il a cassé sa pipe on était dispersés barbou jean quand il a cassé

Comme ses amis étaient absent. on a recommencé l'enterrement
(1) la mise en terre, le corbillard, la mise en bière, l'acte de décès
la maladie. il a revécu (1)

Elles vous collent après l'amour un zéro de bringlette.
et même un beau zéro pointé mais parfois c'est elles qui
l'ont mérité

---

(1) on l'a déterré on l'a ramené chez lui dans le corbillard
en faisant peur au conducteur, on a rouvert la bière on
a jeté le linceul. on a déchiré l'acte de décès on a sorti
notre copain du lit on a bu un coup avec lui. ça fait
19 ou neuf ans notre copain est toujours le vivant
on a sorti notre copain
du lugubre habit sapin
puis au feu on balance
la l'acte de décès

(1) et qui vous casseraient les couilles d'où dont

Contrairement à ce qu'on pourrait croire la méditation de la mort n'est pas ma méditation préférée (comme la plupart des mortels l'idée de mourir m'attriste mais pas plus. En outre je devine qu'à un certain age on s'en va quitte plus facilement un monde où plus rien ne nous rattache.

Commencer par les cranes beureux qu'on allait faucher à l'ossuaire du cimetière pour se faire peur et faire peur aux filles

Les poètes que j'ai lus en parlaient beaucoup

Les mots sont bien faits. Croque-mort est plus joli qu'agriculteur ou banquier. Corbillard Catafalque. Au dela. Cordons du poële Dernier supplice. Dernier soupir Funerailles

Je connais quelques mots ~~je connais quelques~~ notes (je sais l'a b c de la musique et de la guitare. ~~[illegible]~~ j'ai lu quelques poètes j'ai passé ma vie dès l'enfance à écouter des chansons. Je suis doté d'un peu de sensibilité de pas mal d'imagination, de beaucoup de mémoire et d'un petit filet de voix. ~~[illegible]~~ La volonté ne me fait pas défaut et j'ai eu de la chance quelques amis qui crurent en moi parmi lesquels ~~[illegible]~~ mes amis d'enfance puis Jeanne Marcel Duprchen puis feu Jacques Grello et enfin Patachou Canetti et Ray Ventura

---

quand j'étais gros je certains copains me disaient que j'avais des loyaux, d'autres disaient des abajoues. ça risquait de provoquer des bagarres ces disputes de mots (logomachie) divergences alors pour avoir la paix j'ai maigri

---

~~[illegible]~~ ma belle inconnue les temps sont venus de nous demander si l'on a tous deux mal ou bien fait de n'pas nous rencontrer
si nous eûmes tous deux tort ou raison de pas se rencontrer

---

il n'a pas eu la bitte heureuse en la faisant

---

masochiste il souffrait du manque de souffrance

---

quand je dis qu'en écoutant la ~~musique~~ marches militaires (1) je me mon voisin l'ancêtre se tapait le cul par terre au risque de se le casser (1) m'
Si l'on ne devine pas que ça veut dire vive la paix ça veut dire vive la paix
quand j'déclare que je ne fais debout à personne
en écoutant pas le clairon qui sonne — C'est qu'on est con
Si l'on comprend c'est qu'on est épais — on est imbécil renforcé
quand je dis que la guerre que je préfère
c'est celle de 14-18 et que j'voudrais la faire — si l'on ne devine pas ma position
guerres saintes guerre sournoises ~~noises~~ [VOIR PAGE suivante] — les guerillas les guerres sombres les guerres sournoises

---

moi
quand j'aime je n'aime pas le dire c'est pourquoi je n'ai pas parlé de mes parents (sauf une fois dans une mauvaise chanson

---

Le passé pauvres mecs est plus présent que vous
pauvres fous
Le passé pauvres fous est plus présent que vous

…se fasse fasse le ciel que dieu n'existe pas
qu'elle ne soit point blanche la nuit du trépas

J'eusse couimé les onze mille vierges
mais dieu dans sa rigueur
ne m'a doté que d'un seul coeur
Hélas et d'une seule verge
Parfois quand le coeur bat
La verge marche pas
coeur et verge (sexe) n'ont pas de programme
Sexe et coeur n'ont pas de programme
commun pas de lien charme
Si j'ose dire cornélien

Jeudi
23
nov 78

Je ne l'aimais pas elle me faisait
Je l'aimais mais elle ne me faisait pas bander
Je ne l'o
Celle que j'aimais ne me faisait pas bander
J'aimais celle qui ne me faisait pas bander
Celle que je n'aimais pas m'excitait à ma place qui aussi
J'ai combiné d'aimer l'une bon apôtre vous fait mes bas apôtre
et de baiser l'autre
Je n'étais pas à la fête (sexe et coeur à la même fête
mais aucune des deux n'est jamais satisfaite

Sous les roses il n'y a pas que des épines (mais des pines

Je dois partager équitablement mon attention aux par entre
les paroles que je chante et les accords que j'exécute et de à fait-
il arrive fréquemment que je me trompe ou dans le texte ou dans
la musique. en outre non seulement il faut penser à ce que je
raconte et à ce que je joue mais à la manière de le faire
et tout cela en face d'un public qui regarde et qui écoute
c'est peut être un peu moins facile qu'il n'y paraît. tous
les musiciens professionnels vous diront la difficulté qu'il
doivent surmonter quand par hasard il doi occasionnellement
chanter en même temps qu'ils jouent de leur instrument
(surtout les trompettes les saxos les trombones les clarinettes

Si l'on pouvait compter / les Français les Françaises
capables de chanter / par coeur la marseillaise

De vos baisers / je suis blasé d'avance (à l'ou pas) dec 78
ma belle n'y / voyez mal ni offense (voyez nenni d'offense voir 2 rimes plus loin

je chante entendant jouer
quand j'dis qu'en écoutant les marches militaires
disquant de m'le casser je m'tape le cul par terre
Si l'on comprend pas qu'ça veut dire vive la paix
c'est qu'on est un connard épais

Avis les radis
14 syllabes
si l'on ne comprend pas vive la paix on est un con
on ne peut plus épais

quand j'dis qu'en n'écoutant pas le clairon qui sonne
je ne fais de bob à personne
Si l'on comprend
quand je proclame que la guerre que je préfère
c'est celle de quatorze (c'est 14.18) et que j'voudrais la faire ceux qui ne comprennent pas vive la paix sont tous des cons
on peut plus épais

quand j'dis qu'les ampubés le revers de leur médaille
c'est d'plus pouvoir se mêler de la bataille
retourner au champ fête de bataille
14 4 76

a un seul exception cell's que j'ai culbutées,
me l'avaient demandé
l'avaient d'une manière ou d'un autre l'avaient sollicité

Féministes vous me désopilez la rate
En me cataloguant avec les phallocrates
À l'instar des mateur moi pour la bagatelle
Ça
parte d'elles

plus ou moins
bien bon

La chanson 14. 18 Cette chanson m'a suscité pas mal de critiques
Si j'étais un grossier personnage je traiterais de connards
ceux qui n'ont pas entendu que cette chanson signifiait
vive la paix mais comme je en dépit des apparences je suis,
assez bien élevé je me bornerai à dire qu'ils ont l'esprit relativement
mauvais mal tourné ou qu'ils en sont dépourvu.. Croire en enten-
dant ces couplets que je veuille tourner en dérision les soldats
morts à la guerre, leurs parents leurs veuves et leurs orphelins
c'est imbécile et il faut le faire exprès

14. 18 m'a valu pas mal de critiques acerbes. Dieu sait pourquoi
Si j'étais un grossier personnage je traiterais de connards ceux qui
n'ont pas entendu que cette chanson suggérait " vive la paix, mais
comme en dépit des apparences je suis assez bien élevé je me borne-
rai à dire qu'ils ont l'esprit relativement mal tourné, mauvais ou
qu'ils en sont dépourvus. Croire en entendant ces couplets que
je veuille tourner en dérision les malheureux soldats morts à
la guerre, leurs parents, leurs veuves leurs orphelins c'est franche
ment imbécile et il faut le faire exprès, il faut avoir appris à
l'être ainsi que disait mon ami regretté Jacques Grello Dec +8

quand les éboueurs sont en grève et que je ne mets pas ma
poubelle devant la porte pour ne pas encombrer le trottoir avec
mes ordures j'estime être un bon citoyen
quand on annonce une raréfaction du sucre et que je ne remplis n'entasse
pas mon buffet de paquets de cette précieuse denrée j'estime
être un bon citoyen
quand le feu rouge passe au vert que je suis en voiture et que je
ne démarre pas de crainte d'écraser un vieillard, un enfant
ou un infirme qui traverse la chaussée en jeune j'estime être
un bon citoyen (ce qui me vaut d'être traité de vieux connard
par les bon citoyen qui se trouvent derrière moi
quand je mets un casque pour écouter de la musique et quand
la nuit je pisse sur la pointe des pieds afin de ne pas déran-
ger mes voisins qui dorment peut-être j'estime être un bon
citoyen   mitoyen moyen

en gardant chez moi ma poubelle
quand les éboueurs se rebellent que je ne pose pas ma poubelle
tous les autres la porte en quelque sorte bon citoyen

Je sais le sens d'un mot quand je m'en sers après
Dans un brouillard il s'estompe et disparait

J'avais deux oncles deux braves types charmants
L'un aimait les anglais l'autre les allemands
A cause de leurs amis tous les deux sont morts
Et moi qui n'aimait personne je vis encor

que nous ne sommes

Soins d'interrogation des flics plus [illegible] ombes

Petit
Em.

Si les femmes sont plus préoccupées du ciel que les hommes
de Dieu que les hommes c'est que depuis le temps qu'on les
culbute elles ont pris l'habitude regarder le ciel

Il ne savait pas la marseillaise par coeur
La marseillaise il ne la savait pas par coeur
Et les hommes purs lui en tenaient rigueur

Rien n'égale les gens de bonne volonté
Pour nous gâcher la vie et pour nous emmerder

La vierge rouge a dit en se levant
Le paradis sur terre est pas tout près de naître
Elle a mis les chaussettes russes à la fenêtre
Et le père des peuples a mangé ses enfants

Petit-Bout

Août 1964 moulin la prostate du paternel a
fait des siennes

Et la petite soeur des pauvres
Sous sa robe angélique avait des bas de soie
L'infirmière a prêté sa menotte au manchot
Ce n'est pas une grande faute
Dans le couvent de saint François
C'est pour se distraire entre soi

patenôtre
apôtre

Petit Cours de chanson

Si j'ai pincé la ~~bonne~~ soeur dans la région fessière
~~C'était~~ pas pour satisfaire une passion grossière
~~C'était~~ pas non plus de la méchanceté foncière
~~C'était~~ tout simplement pour enlever de la poussière
C'est

Jouent au ballon avec leur bébé crispé

Les hirondelles ne faisaient
Plus le printemps tu les remplaçais

Elle m'a dit je viens pour la concupiscence
on embauche pour la débauche

Et les hirondelles ne faisaient
Plus le printemps tu les remplaçais
J'ai confondu les roses avec les immortelles
~~Peu calé en botanique~~

Les idées font trois petits tours et puis s'en vont
Et la Seine les emporte sous les ponts

Et dans notre bouquet
Et l'on a confondu la rose et l'immortelle

Decembre 64 c'est pas demain que je supprimerai le mot con de mon répertoire

Excuse moi chère amie si le papier à lettre vous paraît un peu sale mais je fume la pipe et les diverses opérations que nécessite cet art me salissent les doigts

---

Prière aux couples amis réguliers ou non et qu'un impérieux besoin de coïter viendrait brusquement tourmenter de choisir jusqu'à nouvel ordre une autre chambre que celle du vieil ours regretté pour s'adonner aux plaisirs des sens

21. 4. 65 (1)

---

avant de fermer cette porte assurez vous bande de cons que la chatte n'est pas rebenue dans la maison petit con (1)

Le curé coupe les hosties en 4 ou 6 Il n'attache pas la sainte eucharistie avec des saucisses
allez vous faire foutre la sainte hostie ailleurs

Le dessus du panier des cons
un vrai morceau de roi des cons Con dièze

Défense de fumer pendant la messe

---

afin de satisfaire nos amis et connaissances qui avaient manqué l'enterrement on leur envoya ce faire part vous êtes prié d'assister à la reconstitution des obsèques de Mme X

Nous avons fait rose commune

Il a fait du corbillard stop (les morts ne s'arrêtaient pas

Elle avait le coeur sur la main
La belle mais c'était le mien

Petite soeur des pauvres cons
Le roi des cons est il français ?

Il y a belle lurette que je n'ai plus de coeur mais pareil à ces amputés que leur membre perdu fait souffrir encore il m'arrive d'avoir des pincements de coeur

---

J'économise mes larmes j'en aurai besoin pour vous enterrer tous

---

Elle n'y allait pas de fesse morte
Dans un livre où je me raconterais parler des écriteaux (chats disques chambre ours greluche en train de baiser)

A Sete le cimetière des pauvres ou romarin, est presque aussi marin que l'autre les morts baignent dans l'eau de l'étang pas celle de la mer mais, en compensation la nuit ils mangent des moules et des huîtres de Bouzigues et comme les voleurs sont des morts, les patrons des parc ferment les yeux

Paul Valery qui était poète et qui aimait voir les bateaux voguer y acquit face à la mer une espèce de propriété qu'on appela le cimetière marin et on l'dit eut quand même la bonne idée d'enterrer quelques mots pour faire plus véridique

Jadis le soleil y regnait mais avec cette manie normale de se faire bronzer les estivantes l'ont raréfié

Estimant que le temps passé à vous écrire vaut 450 frs je vous prie de me faire parvenir cette somme par retour

---

Le bonheur c'est l'amour perd son temps avec les imbeciles

Il est dix centimètres plus con que les autres

garçon SVP (please une tombe

Rien ne prouve que le bon Dieu soit un chic type
Les morts peut être sont plus malheureux
Et les requins aquariums
et les arbres et les brins d'herbe que nous

Et qui vous dit que Dieu n'est pas un sale type
un monstre qui deteste les fumeurs de pipe
Empêcheur de faire des ronds avec des pipes
Rien ne prouve que le bon Dieu soit un chic type

---

quand tu ne seras plus celle de mes pensées
tu te seras lassée
Les 1ers temps nous serons ravis
de cette ombre d'amour qui nous gachait la vie
notre petite histoire ancienne a commencé
un jour tu te diras ça fait déjà 80 ans déjà
a t'il toujours ce même amour des chats,
des gros mots

---

qu'aucune idée sur terre est digne d'un trépas
tu n'as pas les mêmes idées que moi il faut que je te tue
Je n'aurais pas du vivre je suis incapable de tuer

En l'an de grâce 1400 aux cimetières des innocents
Avec les gentes Parisiennes maître Villon faisait des siennes
Fameux trousseur de cotillons mon bon maître F. Villon
Les fillettes de ce temps-là couraient dès qu'elles en avaient l'âge
couraient dès qu'elles en avaient l'âge faire rôtir leur pucelage
Le seul reproche doré maintenant que je puis faire à mes parents
C'est de pas m'avoir mis sur terre en ce joli temps légendaire

Deux fruits seulement et son corsage est plein à craquer

Viens combler ma lacune

Je m'inscris en faux contre les seins de cette dame

Je vous emmerde et les morts sont à tout le monde

Elle était tellement distraite qu'elle ne s'était
la brave petite clarinette
pas aperçu que son mari était cocu

Chagrin d'amour revenait de naguère

Comme le curé de sa paroisse avait une tête d'assassin
Elle allait entendre la messe à l'église du pays voisin

Parler grossièrement ici cela me navre
mais il n'y a pas plus emmerdant qu'un cadavre

Elle faisait la Vénus hottentote loin derrière

J'écris pour augmenter la durée (faire durer le plaisir)
prolonger) de quelques émotions (inspirée de Valéry
"je faisais ce que je pouvais pour augmenter un peu les durées
de quelques pensées (M. Teste)

La fête des morts c'est tous les jours

66 pour aller à la Bastille (les manifestants)
Demandent leur chemin au flic
on demande aux flics le chemin de la Bastille
J'écris je chante pour échapper pour m'échapper
aux automobiles aux réfrigérateurs
aux bruits, je chante pour couvrir la radio les
bruits des voisins
Chaque fois que je chante une chanson je fais
la belle

1 Les arbres que je peints je ne les connais pas
je n'ai jamais connu les filles que je chante
Les arbres que je peints n'ont jamais existé
Je les ai inventés pour remplacer les arbres
que les temps (les vents les hommes et les automobiles)
ont déplanté
Les filles que je peints
femmes trompées
Les sentiments que je peints

C'est pour échapper à la prison
Kaléidoscope
66 quand je chante une chans.
je fais la belle

4 Les arbres que je peints je ne les connais pas
Je les ai inventés pour mon plaisir
pour remplacer
Les arbres que les ont mis à bas

~~Il battait Jeanne (s'est plainte au commissaire)~~

~~Il battait sa petite amie (s'est plainte aussi)~~

~~Il faisait du scandale la nuit quand il était ivre~~

~~Il cassait tout chez Jeanne~~

~~Il a enfoncé mes volets et ma porte et a tout fouillé chez moi~~

~~Il n'a jamais travaillé que trois semaines en deux ans et demi~~

~~Il a vécu de Jeanne donc de moi de ce que j'apportais~~

Le plus humble qui se jette à l'eau

bb l'imbécile heureux qui pour une fille
~~cueillit~~ cueille un myosotis au péril de sa vie

ne passent même pas à la postérité.

bb le pêcheur qui se plombe les clous 4
un hameçon dans la plombe
les pieds, la paume de la main

Loin de moi l'intention de minimiser
— 1
— qui fut le sien
Car ce n'est nullement pas une sinécure
nargue de se laisser toucher à la figure
par les philistins
et les béotiens
par des sots des pourceaux

ne pas nommer le Christ

} la couronne d'épine
} le vinaigre

---

quand je m'ennuie je remonte le fil de ma petite histoire
j'ai repensé le passé
les souvenirs des parents des amis comment je n'ai
pas trop retouché à tout ça
mais c'est dans les histoires d'amour qu'il a fallu
tout restaurer

que mon passé ne me convenait plus

le présent pas drôle l'avenir (des emmerdements)

Moi je prends le temps passé comme il vient

Le temps je le prends comme il vient

En vertu des pouvoirs que mon âge me donne
J'ai l'honneur galopins de vous dire en passant
n'assassinez personne
Car les assassinés sont bien embarrassants
Ça saigne ça pèse ça sent
Parler grossièrement ici cela me navre
Mais rien n'est plus emmerdant qu'un cadavre

Qu'un croquant de loin vous voie fouir
Il en déduit que vous cachez quelque trésor
Dès que vous partez il s'affaire
Et il vous déterre le mort

Du puits de science ils ont sorti la vérité
C envoyé les flics
Ils l'ont promenée nue sur la place publique
Et bien des ânes sont venus la tripoter

Je vous le dis en vérité j'emmerde la postérité

Liberté égalité la fraternité c'est bon pour les vivants

Elle n'y allait pas de fesse morte

Les scribes qui écrivent du pied
Ô la patte, les gratte papier
Supplice des pisse copie · les plumitifs rébarbatifs

Ingrat le métier Des gratte papier Ces scribes pompiers qui écrivent du pied

On ne peut contenter tout le monde et sa femme
La mort la fille à tout le monde
Chagrin d'amour s'en revient de naguère

Sur le plan sentimental je ne suis pas solvable

Et le ferme ciel m'est tombé sur la tête
La culbute au bout du fossé

Les jeunes gens qui ont le genre demoiselle
Les ambigus qui ont le cul entre deux selles

~~La mort bonne au bord du tombeau~~
Je les paye en monnaie de fesse

Et quand un ~~autre~~ homme traite un ombre de salaud
Sans ~~sous~~ s'en douter peut être il fait de la morale
Et les marteaux de la machine à emboutir
On frappe sur Mozart et sur Consuelo

Sous les heurs coquins qui meurent aujourd'hui 16 juillet

Mais je me souviens que ses lèvres
avaient un goût de revenez-y

Que la campagne serait belle le dimanche
S'il n'y avait pas de pendus aux branches

Jo

Le Libertaire utopiste

"Je ne suis pas capable de définir l'anarchie, pour moi, c'est le respect des autres, une certaine attitude morale… une espèce de fraternité, une espèce de volonté de noblesse."

Il y a, chez Brassens, un sens de l'utopie qui ne ressemble à rien ni à personne. S'attachant aux êtres, à Jeanne et son compagnon, il s'est installé chez eux pendant la guerre et il y restera jusqu'en 1966. Là, il vit à l'étroit dans sa chambre, un endroit dépourvu de tout confort. La petite pièce devient alors pour lui une sorte de palais idéal. Loin de tout conformisme social, Georges Brassens travaille chaque jour ses chansons dans cette cellule de moine et retrouve ses amis le soir. Peu adepte de la vie mondaine, il s'est construit un refuge simple qui lui ressemble, pour vivre et travailler.
Dans ses chansons Brassens crée son propre univers et s'invente une vie qu'il aurait aimé vivre. Des *Copains d'abord* à *Dans l'eau de la claire fontaine* en passant par *Maman, Papa*, ou *Bécassine*… il plante un décor presque naïf qui adoucit le réel et le rend plus supportable.

En 1958, Brassens achète Le Moulin de la Bonde une propriété située à 40 kilomètres de Paris, à Crespières. La vie s'organise comme dans un village où le chanteur réussit à créer sa petite bulle, un monde à part où les contraintes, si elles existent, sont acceptées car choisies. Chaque week-end, les copains débarquent et Brassens dicte les règles et le rythme des journées. Tout le monde se retrouve alors une pelle à la main pour creuser des trous, l'une des lubies du chanteur. Pour commencer, il décide de décrépir le moulin pour faire apparaître les pierres de taille qui se cachent derrière.
Il commande des dizaines d'échelles à rallonge, des crampons, des outils, et les amis sont réquisitionnés pour effectuer le travail. Le moulin restera crépi.

Plus tard, Brassens décide de détourner le cours d'une rivière qui traverse le terrain et passe trop près de la maison : le bruit de l'eau qui coule empêche le chanteur de dormir.
Les copains se retrouvent alors munis de grandes bottes, de pioches et de pics, pour draguer la vase. Après des mois de labeur, le résultat est plutôt décevant : un terrain inondé, des pommiers entourés d'eau. Mais Brassens, impassible, trouve que *"c'est quand même mieux comme ça."* [14]

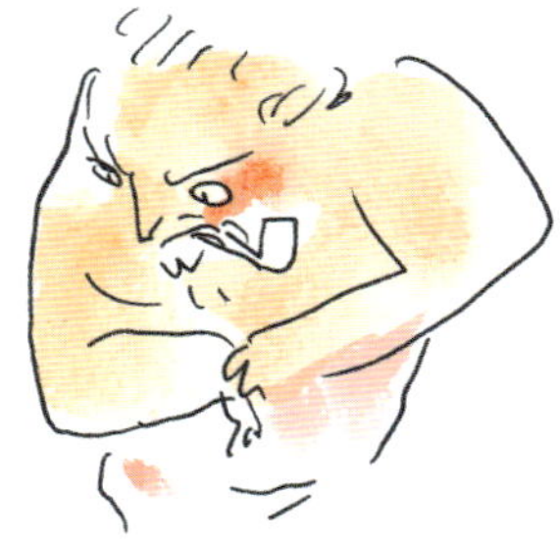

Les copains construisent des ponts et même un studio d'enregistrement. Ils découpent des morceaux de tôle qu'ils clouent sur les volets de la façade pour lutter contre les piverts !
Amoureuse des vieux objets et des antiquités, Püpchen, elle, décore l'intérieur. Elle passe son temps à chiner dans les salons d'antiquités, accompagnée de Gibraltar, qui joue les chauffeurs et porte les paquets. Brassens, qui ne tient finalement qu'à ses livres et sa guitare, se retrouve alors dans un univers qui ne lui ressemble guère. Pour lui, Püpchen a même installé une véritable table d'écrivain avec plumier et gros fauteuil… sur laquelle le chanteur n'écrira jamais une ligne.
Il y a, dans ses chansons, l'idée utopique d'une société en harmonie avec la nature, d'une société faite d'hommes virils et de figures féminines, de ruisseaux et de fleurs. Pendant quelques années, cette maison est le décor rêvé d'une vie idéalisée chantée par Brassens, une vie en communauté, harmonieuse et proche de la nature, où l'amitié a toute sa place. René Fallet, André Vers, Éric Battista, Loulou Bestiou, Guy Béart et sa fille Emmanuelle, François Chatel, Jean Bertola, Pierre Onteniente, Petit Bobo, Lino Ventura, Félix Leclerc, Charles Aznavour, Fred Mella, sans compter Marcel Amont, qui vient les rejoindre aux commandes de son avion… et tous les copains de Sète et de Paris viennent rendre visite à Brassens, pour le week-end ou des vacances.

Ils déjeunent souvent à l'auberge des Routiers à côté de la maison où Brassens est capable d'engloutir des kilos de nourriture ! Louis Nucéra se souvient que le chanteur pouvait manger "un poulet à lui tout seul ou une douzaine de sandwichs" jusqu'à ce qu'il atteigne plus de 100 kilos et qu'on l'oblige à maigrir.

et si on faisait des trous !

Il s'impose alors un régime strict qu'il va si bien suivre qu'il se délestera de près de 30 kilos. Spaghettis, macaronis au fromage, lasagnes, cannellonis... Brassens dévore les pâtes sans compter.
Sa mère, Elvira, était une très bonne cuisinière et il en a toujours gardé une certaine nostalgie. Püpchen tente de temps en temps de préparer quelques raviolis pour lui faire plaisir. Son homme la remercie : *"Püpchen, c'était excellent. Tu es la fée du logis. Mais je dois à la vérité de dire que ça ne vaut pas tout à fait ce que faisait l'Italienne."*

À Paris, tous les copains se retrouvent pour des soirées exclusivement masculines chez un cuisinier sétois, Pierre Vedel, qui prépare des plats de là-bas. Fin cuisinier, l'acteur Lino Ventura vient lui prêter main-forte, avec sa machine pour faire des pâtes fraîches et sa propre farine !

Pourtant, Brassens est tout sauf un gourmet. Ce qu'il préfère, ce sont les boîtes de conserve. Du cassoulet de Castelnaudary, des lentilles du Puy aux saucisses de Toulouse, de la soupe, du couscous à la maghrébine, de la choucroute à la bière d'Alsace... Il goûte à tout et propose toujours à ses invités de repartir avec quelques boîtes. Pierre Vedel tentera de faire son éducation gastronomique en lui apportant du foie gras, des champignons ou des poissons. Les mets finiront oubliés dans le réfrigirateur ou alors offerts aux amis de passage.
À table, avec cette politesse maline qui lui permet de faire exactement ce qu'il veut, Brassens impose son repas. Souvent, il ne partage pas le même menu, mais engloutit du saucisson, des saucisses et de la charcuterie. Un jour, invité par Marcel Amont, Brassens se voit offrir du lapin pour le dîner. Il déteste ce plat, mais comme le repas est cuisiné par la mère du chanteur, Brassens est bien obligé de manger. Par excès de politesse, il en reprend même plusieurs fois. Quelque temps plus tard, Maurice Chevalier, qui avait partagé ce dîner, l'invite à son tour. Pensant lui faire plaisir, il prépare lui aussi du lapin ! Avec élégance, Brassens est obligé de révéler la vérité : *"Maurice, je vais vous faire un aveu qui me coûte : je déteste le lapin. Mon plaisir n'était que de façade. Il était dicté, par la bienséance, le savoir-vivre et mon affection pour la mère de Marcel. Je n'ai ni la force d'âme ni la résignation d'un Socrate. Et je ne peux mettre encore mon existence en péril sous prétexte de politesse qu'on se doit en bonne société. Que mon excès de franchise ne gâte pas notre repas. N'auriez-vous pas, en réserve, quelque boîte de sardines à l'huile ?"*

Tout au long de sa vie, cet homme prône comme valeur suprême l'amitié. *"En général, je suis assez fidèle en amitié. Quand j'ai adopté quelqu'un, c'est une fois pour toutes. Mes amis, même si je les perds de vue, je les aime toujours."*
Chaque fois qu'il se déplace, quelques copains sont avec lui ; quand il sent que l'un d'eux a des ennuis, il s'arrange pour l'aider et le distraire.
Un soir boulevard Voltaire, dans la minuscule chambre où il habite, René Fallet voit arriver Brassens, un lit sur le dos qu'il vient installer chez son copain.
Un matin, lors d'une tournée, Boby Lapointe retrouve sa voiture avec quatre roues toutes neuves. Brassens avait discrètement fait changer les vieux pneus durant la nuit afin que Boby ne s'aperçoive de rien.
Les exemples sont multiples ; avec grâce et l'air de rien, le chanteur est toujours présent. Chacun se retrouve affublé d'un prénom, une manière d'être adoubé par le chanteur.
À Sète, Émile Miramont est "le tube" et deviendra plus tard "Corne d'Aurochs", le cousin de Georges,

Georges Granier, reçoit le surnom de "cocotte", parce qu'il parle beaucoup, Louis Bestiou celui de "Loulou". Quant à Victor Laville, il devient "La Feuille" et Alphonse Bonnafé "le boxeur" ou "Beau Gosse". À Paris, Jeanne est tellement mince quand il la rencontre qu'il la surnomme "Grosbidon", l'ami André Larue est le "Plésiosaure indécis", René Fallet "Villeneuve La rancune" et Joha Heiman, avant d'être "Püpchen", la "petite poupée", est passée par "Blonde Chenille", "Nymphe de la mer Baltique", "petite cousine au nom biblique" et même "Cactus". De ses amours intérimaires ne sont restés que des surnoms : "le Succube", "La Panthère" et "Minouche". Patachou devient la "Tyranette" ou encore "Pat la négresse", Pierre Nicolas "Cheval de rivière", "Grippe Chaussette" et "Pierrot la famine". Jacques Canetti devient "Socrate", Jean-Pierre Chabrol "la femme à barbe". Louis Nucéra, Pierre Louki et Joël Favreau seront toustrois des "Galopins". Mario Poletti sera "le glouton optique", à cause de sa passion pour la photographie. Pierre Maguelon devient "Petit Bobo", Jean Bertola est "Robespierre" ou "l'incorruptible" et André Tillieu, son copain belge, devient "le Belge", tout simplement. Pierre Cordier est "le grand dépendeur d'andouille" et Éric Battista, champion de saut en longueur, devient "le sportif imbécile". Ces surnoms sont si bien choisis qu'ils remplacent presque immédiatement les vrais prénoms de ses amis et c'est Pierre Onteniente qui aura sans doute droit au plus célèbre d'entre eux, devenant à jamais "Gibraltar". Quant à Brassens, il héritera de celui de "Sétois la zizanie", se régalant de monter ses copains les uns contre les autres, ***"J'ai dit un certain mal de toi avec la délectation d'un ami fidèle."*** Pourtant, c'est grâce à eux, encore et toujours, que Brassens va devenir célèbre.

Lettre à Pierre Vedel, restaurateur. 1976.

Mon cher ami,

Voici la recette des cannelloni tels que les faisait la mère Brassens (sans tomata). Avec mes amitiés.

Georges Brassens.

CANNELLONI

PORT DE LA MOUSTACHE AUTORISÉ
Olympia Mai 52
l'amandier
grand père
celui qui a mal tourné
tramontane
les lilas
Marche nuptiale
jolie fleur
arbre
archibald
auvergnat
le vin
Marinette
testament
Vaillant
au bois d'mon coeur
j'ai laissé à Lézardrieux Sept 77
1 magnéto Philips (avec bandes
1 guitare (la 2)
2 grand H Parleurs
2 petits
1 dict analogique
2 dict de rimes
1 assimil
1 méthode à mimile

JAZZ
ALMANACH DES P.T.T.
1965
Bouby
C. BOURGUIGNON
PHOTOGRAPHIE
MAZAMET (Tarn)
nouilles à l'eau
Pommes de terre
Sardines grillées
Colin bouilli
Epaule mouton grillée
Jambon
Rôti de porc froid
Salade artichauts
Carottes

Brassens à la Baule

En ce qui nous concerne, je veux dire les enfants, nous avançons très régulièrement sur ~~l'exposé~~ l'exposition au sujet de Georges Brassens.
La partie la plus difficile consiste en de longues réunions de coordination à la Cité de la Musique durant lesquelles beaucoup d'adultes disent des choses très longuement.

Ensuite, le plus amusant, c'est d'aller voir chacun travailler. Les décorateurs font à peu près le même genre de choses que nous lorsqu'on construit une cabane. Ils ont du bois, des rideaux, des projecteurs. Ils ont décidé que toute l'exposition ressemblerait à une forêt et que chaque présentoir aurait la forme ronde du tronc d'un chêne. Les visiteurs passeront leur temps à voyager depuis l'écorce jusqu'au cœur des arbres et inversement. Il y aura aussi des ombres de branches et de feuilles et des projections lumineuses des dessins de papa.

A ce moment de la préparation, on était persuadés que la rencontre entre Georges Brassens et papa ne se ferait jamais. Plus personne ne s'étonnait de la présence d'enfants à la Cité de la Musique. Tant que les dessins arrivaient régulièrement chez le photograveur, les gens ne posaient aucune question.

Et puis, comme nous l'avons appris plus tard, un événement inattendu s'est produit : des Américains ont demandé à papa d'écrire un dessin animé avec des princesses, des orques et des chevaliers. Comme d'habitude, héritier méritant de trente-trois siècles de commerçants textile, Papa a rassuré ses commanditaires...

Alors, comme il y avait ce film à écrire, notre papa a pris un train. Sans maman, sans nous, sans ses copains.
Il a loué une chambre pendant dix jours au bord d'une mer qui n'est pas la Méditerranée et qui le fait notoirement cagner.
Bon, alors, c'est une princesse.
avec un prince aussi.
Putain de vent!
Il s'est fait installer une grande table face à la fenêtre puis il a attendu le travail. Mais le travail ne venait point.
alors papa a bu.
...alors la princesse...
putain de putain de vent de putain
alors, papa a fumé.
Bon... alors il y aurait une princesse...
...et puis du vent...
d'aucuns susurrent même que papa se se ait moult fois tapé la sègue mais nous ne comprenons pas le sens profond de cette expression.
Putain de vent!
quoi qu'il en soit, c'est au moment où notre père tentait de faire l'écrivain de cinéma et n'y parvenait pas que Brassens vint le visiter. Ceci nous enseigne que si l'on souhaite que notre papa travaille sur une chose, il faut impérativement lui en commander une autre.
Vous permettez? Je me nomme Brassens, je suis fauché et j'ai froid.
Et je ne sais pas encore si je veux être poète, romancier, chanteur ou chroniqueur libertaire.
Je peux pas vous serrer la main tout de suite.

Je suis en train de causer à votre fantôme, c'est ça?
Pas exactement.
C'est parce qu'on m'a donné cette exposition sur vous et moi je vous aime trop alors j'arrive pas à y travailler. Et puis je sais que vous détestez les choses trop ordonnées alors quand je lis des chronologies de votre vie...
Je ne sais pas de quoi vous me parlez.
Je ne sais pas ce que je fiche ici. Je ne suis pas ici probablement. Je suis impasse Florimont mais comme aujourd'hui je n'ai pas mangé voilà ce qui m'arrive : j'hallucine. Au bord de quelle mer sommes-nous?
Je n'ose pas vous le dire. Venez, on va vider mon minibar.
C'était hors saison et les rares couples illégitimes qui eussent dû occuper l'hôtel cette nuit-là avaient décommandé à cause d'une grève parisienne qui les privait de gas-oil.
Hôtel du Grand Vent
Georges Brassens et moi-même avons partagé une barre de Toblerone puis il m'a fait lire ses textes. Ça n'étaient pas encore des chansons. C'était un Georges Brassens d'après-guerre. Crevant la faim. Un peu plus jeune que moi.
C'est un long poème... enfin... un roman... enfin... un opéra... au sens grec vous comprenez. Ça s'appelle "Les Amoureux qui écrivent sur l'eau".

Il y a un chœur, n'est-ce pas, mais pour que ça soit moins triste que chez Sophocle ou chez Euripide, j'ai choisi d'en faire quatre filles très bandantes des quatre horizons. Vous voulez bien me les dessiner? ça m'aiderait à motiver les patrons de théâtre qui ne sont que vils mercantis.
Nues?
À peu près.
Alors... d'abord il y a la nymphe de la mer Baltique... vous n'oubliez pas de lui faire de gros michons s'il vous plaît.
Je m'applique...
Ensuite, il y a la Vénus hottentote qui vient d'Afrique et Yamuba-pied-menu, nymphe des îles japonaises, vous n'oubliérez pas...
Les michons
merci.
Et pour finir, il y a Égérie Tomahawk. Alors vous voyez, je l'imaginais un peu comme une indienne très massive que la nature aurait généreusement pourvue...
d'une poitrine opulente?
oui mais aussi d'un gros cul s'il vous plaît.

Comme personnages, il y a également des gouttes d'eau anthropomorphes. Une alouette ainsi qu'un coq et beaucoup de jeunes amoureux. Il me faut aussi une alouette, un coq et deux chats : Maître Mitis et Gripeminaud. Plein d'autres viendront, parmi lesquels Dieu qui se fera copieusement insulter si vous n'y voyez pas d'inconvénients.
Il me les a dites deux fois, l'alouette et le coq. Il doit être un peu pompette.
Bien au contraire...
Les baisers appris avec toi Je les sais sur le bout de l'ongle, Les baisers appris avec toi Je les sais sur le bout du doigt
Ô ! cette gouttelette bleue sur le nez d'une bien-aimée assise dans un nénuphar.
Dans le bar de cet Hôtel qui n'est pas au bord de la mer Méditerranée se trouvent des conversations affreuses suscitées par des congrès de chirurgie esthétique ou des séminaires d'appareils auditifs.
Je m'en tamponne car je suis avec Georges Brassens qui est plus jeune que moi et qui a besoin de courage car il ne sait pas encore qu'il va être chanteur et il vient de finir ses "amoureux qui écrivent sur l'eau" et il ne sait même pas s'il s'agit d'une histoire ou d'une chanson ou d'un poème.

Plus on boit plus il lit bien car c'est un timide. Et à l'entendre inventer son histoire de nains et de genoux cagneux et de lessive gasconne je me dis que je vais m'en sortir, de mon histoire de princesses. Il suffit de capturer un peu de la vision que donne du monde le jeune Brassens.
...C'est la foule qui la fit folle En prêtant son oreille aux propos malévoles...
C'est faux, jamais le bruit d'une chute de fruit N'a ressemblé au bruit d'une chute de pluie.
♫ Rien ne sert de faire pipi Dans le tonneau des Danaïdes Dans le tonneau des Danaïdes Rien ne sert de faire pipi ♫
que lui offrez-vous donc, mes frères?
moi je lui offre la seule aquarelle que j'aie jamais barbouillée de ma vie.
Moi je lui apporte un bel hymne composé à son intention par un spectre de mes amis - De son vivant poète famélique - qui lui doit une indigestion...
...d'Asperges!

Vous savez, vous êtes mon chanteur préféré. Et d'ailleurs, ma chanson préférée de vous, c'est les "Oiseaux de passage".
Merci bien ! Elle n'est pas de moi. C'est un poème de Jean Richepin.
et la lune c'est de Paul Fort
"♫ Et tous sont ainsi faits ! Vivre la même vie Toujours pour ces gens-là cela n'est point hideux Ce canard n'a qu'un bec, et n'eut jamais envie Ou de n'en plus avoir ou bien d'en avoir deux ♫"
Aaa ! Monsieur Brassens vous êtes un génie !
Mais foutez-moi la paix je vous dis que celle-là c'est pas moi qui l'ai faite.
Ah ! Sinon il y a "Les Passantes" "Les Passantes" c'est la mieux de toutes.
Elle est d'Antoine Pol

Vous voyez, mes petits enfants, quand vous manquerez d'ardeur dans la vie et qu'il vous faudra des raisons d'être, vous relirez j'en suis certain les lettres de Georges Brassens à son ami Toussenot. Moi j'ai eu bien du chagrin depuis que des fâcheux ont tenté de m'expliquer qu'il existait des méthodes démocratiques et logiques pour l'écriture. Des salopards qui ne verraient dans l'amour vrai rien d'autre qu'une relation causale ont essayé de m'enfermer avec des bourreaux modernes : Robert McKee, John Truby, les moniteurs de sport des cerveaux qui ne savent rien de Delphes et des herbes qu'y ruminent les folles pythies du vieux monde. Georges Brassens est venu m'aider à tous les pendre et ils étaient si nombreux que ce labeur nous a rapprochés. L'éloge de la folie se porte mal. Il ne faut pas garder ses poings dans les poches mes petits. Et quand vous voudrez une décharge de courage pour l'écriture, après avoir pendu les fâcheux ci-dessus conchiés, relisez les lettres de Brassens à Toussenot. Vous croirez que c'est à vous qu'il s'adresse et vous serez inébranlables.

Entre 1946 et 1950, Georges Brassens entretient une correspondance régulière avec son ami Roger Toussenot, dont l'intégralité a déjà été publiée, en particulier dans le formidable livre de Jean-Paul Liégeois aux éditions du Cherche-midi.
Je me suis autorisé à me construire une cabane et un bouquet et un bouclier avec les extraits qui suivent.

Mon cher ami
D'abord quelques mots d'excuse. Un malade chez moi, obligation de remplir des fonctions pour lesquelles je ne suis visiblement pas fait... puis la venue à Paris de mon vieil ami Corne d'Auroch, fondateur du Parti Préhistorique... enfin des difficultés financières telles que les marchands de timbres-poste eux-mêmes se sont demandé ce que j'étais devenu.

Comme par la plume on est plus expansif que par la parole (et encore cela dépend), je puis t'avouer que notre amitié naquit toute seule, sans vaine préparation psychologique, il y a sans doute très longtemps. Je veux dire que notre affection existait quelque part avant nous. "Tout nous précède..." nous as-tu dit très justement l'autre jour...

... Il ne m'est pas possible d'avoir l'air sérieux. Si je tentais de démontrer quoi que ce soit, j'échouerais lamentablement. J'aime me mouvoir dans le merveilleux, l'enfantin apparent, créer des images qui cachent des valeurs de contrebande. Quand j'énonce une vérité, c'est par hasard, par accident, malgré moi...

... Prévert m'aide, à cause de l'humour, du burlesque... C'est le côté cinéma qui m'enchante surtout là-dedans et m'incite à continuer...

Il fait beau. Nous venons de nous lever. J'avais pris la décision de ne pas fumer de toute la journée sous prétexte de ménager mon estomac : je suis en train de griller ma deuxième pipe. Hosanna ! Je ne suis pas encore capable d'opiniâtreté dans une décision.

...Les gens qu'on rencontre avec un pot de peinture
Bleue sur la tête
À la place même du chapeau
Ne sont rien moins que des mauvais plaisants
Qui, ayant aperçu un brave homme de maçon
Occupé à peindre une porte
En tirant une langue rose d'écolier
De commencement de cahier,
Se sont impertinemment campés devant lui,
Avec un œil très ironique
Le maçon qui, neuf mois sur dix est mon grand-père,
Un type peu commode envers les dénigreurs,
A pris la mouche progressivement :

"Qu'est-ce que vous y trouvez de mal ?"
"Rien, a répondu le farceur, seulement ce n'est
pas fait par un peintre !"
Trois ou quatre fois ce système !
Puis le maçon ne se contenant plus,
A saisi à deux mains le pot de peinture bleue
Et en a coiffé le quidam :
"Et ça, tête de con, est-ce fait par un peintre ?

Mon bien cher ami,
Le Succube nourrit l'intention de m'expédier chez Pluton. Ne souris pas... maintes fois, depuis le jour abominable où, pour ne point la froisser, je fis semblant de m'intéresser aux charmes qu'elle m'offrait spontanément, cette hallucinante et pitoyable imbécile manifesta son envie de me faire passer la barque fatale... elle peut me manquer, me blesser... mais j'ai l'idée que cette fois c'est plus sérieux... il faut m'abattre, me réduire à néant. Elle s'appelle Maria, est mariée, mère d'une fillette, mais ne reculera devant rien si ses états d'âme actuels ne subissent pas un bouleversement total. Je ne crains pas plus la balle d'acier que la bouteille de vitriol. Mais la peine de Jeanne à l'annonce de ma conduite dissolue !...
...Au cas où sa main accomplirait ses vues... tu voudras bien aller trouver Jona (Mme Ruskoné, 4, rue Pauly, 14e) en te souvenant, bien entendu, que cette chère créature possède un acte marital, pour lui dire que je l'ai aimée, que je l'aimerai jusqu'à ma dernière heure peut-être prochaine.

... Je rêve d'écrire un livre qui serait dépourvu de signification apparente. Pas quelque chose comme du Jarry, non, car Jarry, au contraire, signifie énormément. Tu vois ce que je veux dire? Un livre de mots, un livre de phrases essentiellement gratuites. quelque chose de sonore et d'inutile et qui s'exprimerait que par les fameux intervalles qui te sont chers. Ce serait une œuvre essentiellement littéraire que tout le monde qualifierait de "concrète", alors que tu serais le seul à la trouver "abstraite"! Car tu as parfaitement raison quand tu énonces que "l'abstrait est la seule réalité." Et ici nous entrons chez Platon... Qu'est-ce que tu me racontes dans ta dernière lettre? La chanson, un art mineur? ou quelque chose dans ce goût-là...? Il y a des chansons mineures, voilà tout. C'est un préjugé. Nom de Dieu. Cela revient à dire que tous les flics sont des cons, ce qui est vrai au reste.
Écris-moi vite, cher détestable critique.
Toute mon affection.
Georges.
un poème de 1945.
Prière à Satan.
Ô cher Satan, ô cher ami, ô cher intime,
Exauce les désirs que quelques pauvres gens,
qui t'ont cent fois payé de leurs âmes la dîme,
t'adressent dans l'effroi de leur bonheur couchant.
Pour nous aider à vivre à l'ombre en indulgents,
fais qu'il y ait toujours des crétins qu'on estime,
Des méchants pour nous faire plaindre leurs victimes
Et des ladres pour nous faire exécrer l'argent.
Fais qu'il y ait toujours des guerres et des guerres,
Puisque l'homme ne sait que ce moyen vulgaire
De se conduire en preux. Fais, ô cher ange, enfin
Que sous les rires narquois, bénévolement nobles,
Des poètes toujours daignent crever de faim
Pour servir d'amusette aux rejetons ignobles.

La camarde. Poème du 28 Novembre 1945
J'ignore si le jour où je deviendrai marbre
A déjà pris sa place en les calendriers.
Mais, ô mort, dites-moi pourquoi vous souriez.
Je sais que mon cercueil n'est déjà plus un arbre,
que quelque part l'on forge avec un soin jaloux
Le minerai de fer qui servira de clous.
Si seulement j'eusse eu d'autres rimes en "arbre,"
je vous aurais fait voir, horrifique Camarde
Comment en quelques vers un poète se fout
Sempiternellement de vos vers et de vous.
Hélas! en "arbre" il n'y a rien que "arbre" et "marbre".
Et l'on en a usé si bien qu'il serait fou
De vouloir faire mieux. C'est pour cela, Camarde
que j'ai peine en songeant à vos vers et à vous.

... Mon Dieu que les hommes sont petits et sots ! Quand je pense que l'on te dénie l'indulgence, à toi ! Et il a fallu que je m'égosille à réhabiliter Socrate auquel, sous l'instigation de Bouyé, Lepoil reprochait d'avoir bu la ciguë. Tu te rends compte : Lepoil reprochant quoi que ce soit à Socrate ! J'ai hurlé. J'ai dit : "Socrate est le premier des individualistes, le libertaire avant la lettre, avant le Christ, avant, bien avant nous. Il est l'un des premiers hommes libres... J'ai cité ta remarque : "Socrate a inventé l'ironie !" Et puis j'ai grogné. J'ai dit : "Vous deux et Toussenot lui-même, vous parlez trop. Et moi aussi je parle trop. Nous manquons de sagesse. C'est à cause de cela que Socrate nous est supérieur et que nous devons l'admirer

... Corne d'Aurochs est malheureux. Sa belle vient de lui reprocher de n'avoir timbré qu'à 6 francs une lettre trop lourde ! Tu te rends compte ! Mais elle devrait être fière, cette idiote, de payer les insuffisances d'affranchissement postal de Corne d'Aurochs. Et notre pauvre ami qui attend vainement et durant des heures cette "étudiante" dans les jardins du Luxembourg !...

... tu devrais t'éloigner - au moins momentanément - des régions de l'abstrait. Pourquoi ne veux-tu pas créer des personnages ? je suis sûr que tu deviendrais vraiment toi-même si tu pouvais cesser de penser. Et je ne vois pas en quoi la fiction est tellement méprisable...

... Nous avons longuement discuté avec toi ce dernier dimanche. Corne d'Aurochs s'obstinait à te vouloir fait pour la philosophie. J'ai gueulé. Je lui ai dit qu'aider un ami à tout abandonner pour suivre la voie de la poésie ne pouvait jamais être une faute...

... On ne trouve la quadrature du cercle que par la poésie... moi je sens que si tu persévères dans tes recherches métaphysiques, tu te perdras dans une forêt. Nom de Dieu, j'insiste ! Sans doute, ta définition de l'art est très belle, mais pourquoi ne pas la remplacer par des ailes de moulin ? Il faut que ça bouge, comme sur l'écran. Le reste se fait tout seul. Ce n'est pas à toi d'expliquer les mécanismes, c'est aux autres de les deviner et de les démonter eux-mêmes. Tu perds ton temps à faire le travail des imbéciles.

... Tout ce que tu peux me faire comprendre, je l'ai déjà entendu dans un concert. Montre-nous des gens qui marchent, qui s'aiment, qui font des choses charmantes et bêtes comme la vie, des moulins qui tournent... Sers-toi de l'absurde comme d'un bloc de marbre. Crée des images. Elles contiennent toutes les pensées, tous les axiomes possibles, tous les aphorismes.

ça alors, c'est incongru, vraiment, nous nageons dans l'opulence
quoi donc, Brassens?
Eh bien il y a tellement de portes dans votre chambre d'hôtel.
FLIC! FLOC!
il y a plus de portes dans cette chambre que dans toute l'impasse Florimont. Vous vous rendez compte! on est enfermés ici depuis cinq jours et je viens seulement de m'apercevoir qu'il y a une porte près de la deuxième buanderie qui donne sur un second chiotte
Y'a deux cabinets?
FLIC! FLOC!
Moi mon plus, j'avais pas remarqué.
Deux chiottes ici et tant d'autres lieux où les trous du cul n'ont rien pour s'asseoir.
FLIC! FLOC!
Sur la plage de La Baule, un con fait du cheval.
Pardonnez-moi de m'immiscer dans votre intimité, mais qu'est-ce que vous foutez avec vos FLIC! FLOC!? à sautiller dans la baignoire? c'est une coutume israélite?
Ah, pas du tout! Je dois écrire mais n'y parviens point. Alors je bouche la baignoire à l'aide de mon cul.
Vous voyez, c'est fascinant! Mes fesses sont tellement volumineuses qu'elles épousent très exactement la forme du bain. Ainsi je puis faire couler de l'eau tiède avant que de m'immerger. Suite à l'immersion je fais venir l'eau bouillante afin que l'eau derrière moi restât tiède et que celle devant fût très chaude. Vous rendez-vous compte de mon importance? Mon séant suffit, telle la parole de Moïse, à fendre les eaux en deux.
Et quand je lève les fesses, je jouis des grandes vagues que provoque mon geste et mes couilles peuvent témoigner de l'équilibre retrouvé entre le froid et le chaud.
Oui. Bon. Vous avez raison. Je retourne travailler.

... qu'est-ce que tu attends pour travailler, philosophe? Et ce traité de l'insolite, si important pour nous, vas-tu bientôt le commencer? Je la connais, vieux malin, ta citation de Pascal: "La dernière chose qu'on trouve en faisant un ouvrage est de savoir celle qu'il faut y mettre la première."...
Rieg très fort, mes chers amis; un jour je vendrai mes chansons.
Jeanne m'a acheté une nouvelle pipe. J'attends avec impatience une bonne occasion de la réduire en miettes.
Tu veux savoir pourquoi j'ai brûlé tous ces poèmes que tu aimais et qu'on devait publier? C'est que je coupe mes plus belles branches pour que l'arbre grandisse encore.
... Jeanne vient d'engueuler Émile à cause de sa trompette. Le brouillard de ce matin t'aurait plu. On ne voyait rien à quatre mètres. Alors, on invente. Quand je dis "on", j'exagère, il va sans dire.
Nous t'embrassons
Georges.
"J'avais primitivement l'intention de répondre à de nombreuses critiques et en même temps d'expliquer quelques questions très simples totalement obscurcies par la lumière moderne: qu'est-ce que la poésie? etc. etc. Mais j'ai eu l'imprudence de lire ce matin quelques feuilles publiques. Soudain, une indolence du poids de vingt atmosphères s'est abattue sur moi et je me suis arrêté devant l'épouvantable inutilité d'expliquer quoi que ce soit à qui que ce soit."
Charles Baudelaire.
Il m'arrivait autrefois de me laisser aller au charme de mes chants, et ceci devant des individus faits à la diable. C'est pour m'éviter de semblables errements que j'appelle toujours Baudelaire à mon secours. Ne nous y trompons pas: une vigilance assidue peut seule nous aider à échapper à leurs griffes. Les moyens dont ils disposent pour nous diminuer et même nous prostituer sont innombrables et efficaces (exploitation de la vanité surtout). Comme bouclier, nous ne disposons que de notre "tremblement"... Un moment d'inattention, et c'est la ruine, l'abdication, l'engrenage, bref ce que tu appelles "le pluriel", un pluriel qui se croit singulier.
... La connaissance plus intime que j'ai de moi-même, de mes réactions, de mes faiblesses, car je suis un ancien vaniteux, et un vaniteux soumis...

Autour des baraques foraines, les braves gens nous crachent au visage. Pour les uns nous faisons figure d'extravagants, de maniaques; pour les autres, de niais, d'ignorants, de sots, de pauvres cons. C'est le meilleur signe! Donc nous sommes vrais! Notre fête durera après que les lampions seront éteints.
Nous écoutons d'un air distrait le bavardage des "engagés", beaucoup plus sympathiques –le croiras-tu?– sous ta plume que dans la réalité.
Tu n'écris rien, me dis-tu. Aucune importance. Quand tu n'écris pas, tu écris quand même. Les mots sont comme les enfants, ils ne naissent pas toujours exactement au moment souhaité. Enfin, tu sais bien que rien ne se perd.
Le saucisson a déjà disparu. Jeanne est en train de penser avec tendresse à ton paquet de café. Corme d'[redacted]Aurochs a dû mettre la fameuse chemise. Tous ces merveilleux cadeaux nous troublent.
Allaire commence à me taper sur le système. Qu'est-ce que c'est que ce type qui, deux ans après avoir pondu une petite chose au sujet de Rimbaud y attache une importance si démesurée!... Mais enfin, nom de Dieu, je l'ai perdu depuis des semaines et des semaines, moi, son papier sur Rimbaud! Et c'est un grand honneur que je lui ai fait, ce me semble: tu te rends compte: il ne sait pas qu'il est honorable d'être l'auteur d'une bricole perdue par Georges Brassens.

Carne d'Aurochs va t'écrire ces jours. Sais-tu que ce n'est pas Valéry mais Mallarmé qui dit : « on ne fait pas de la poésie avec des idées mais avec des mots » ?...
... Emile vient de taper son blaireau contre sa main. Je vais tout de suite l'engueuler. Un poète qui a les habitudes de son père et de sa mère ! Ah non ! je te laisse pour emmerder Emile. Je t'embrasse.

Georges.

PS : je flanque un coup de pied au cul d'Emile de ta part.

... je viens de bouffer des marrons que la douce Jeanne avait eu l'imprudence de laisser sur le buffet. Tu vois la scène : "– qui a boulotté mes marrons ?" – "c'est beaubichon !" etc. Hier, elle avait camouflé une orange dans une cachette extra sûre. Comme si les poètes manquaient d'imagination ! J'ai barboté l'orange... Carne d'Aurochs s'est fait couper les cheveux. Il est laid comme un pou. Il n'est pas d'accord avec moi à ce sujet... à midi, quand il reviendra, je lui foutrai mon pied au cul de ta part...
... très beau ce que tu me dis de Malraux. Ce type est certainement le plus pur par l'héroïsme et le plus passionnant par l'intelligence...

... Jeanne me prie de t'apprendre que le nombre de nos chats s'élève à huit. Mais, une seconde... on miaule à la porte... Jeanne a ouvert. C'est un neuvième chat. Léautaud est battu !

Mon cher vieux,
Je passe le plus clair de mon temps en compagnie des gens de la chanson. inutile de nous étendre sur leur mentalité. Entouré de cinquante personnes des trois sexes, je me rends à cette évidence : je suis seul. ils n'existent pas. les subir m'est pénible. 2 chansons ont été retenues, mais le plus important reste à faire : trouver une vedette pour lancer ça et en faire un succès. La vie devient de plus en plus dure. Nous avons absorbé le montant de ton mandat. Jeanne n'a plus rien à nous offrir et quelquefois elle en souffre affreusement. Moi je n'ai besoin de rien. Mais Jeanne a des besoins pour moi. Rien ne lui est plus douloureux que de ne pouvoir donner.
La philosophie m'ennuie toujours autant. que tu le veuilles ou non, elle sent le professeur, le didactisme, la dialectique. que veux-tu que je fasse de ces architectures de la raison ?
Corne d'Aurochs meurt d'ennui. il s'ennuierait dans les étoiles... j'ai écrit "on a cru qu'il avait les grandes eaux de Versailles dans la tête : c'était celles du robinet". il semble content de cette trouvaille.
j'étudie la musique
Non
Ton Beethoven me m'intéresse pas.
que veux-tu que je te dise d'un Dieu de la musique ?
L'encre baisse dans mon encrier. À mon tour je vais prendre la surface de l'eau pour écritoire

... En outre, les chiens, les chats, et les autres animaux n'ont que les fables de La Fontaine à se mettre sous la dent. C'est emmerdant

dans une lettre du 20 Mars 1949, Georges Brassens évoque ses projets d'écriture. Parmi eux, en troisième position : un film.

1) Mon grand-père dans son figuier qui est un truc de la même veine que "La lune écoute aux Portes". J'ai déjà écrit vingt pages. Tu n'ignores pas ce que vingt pages représentent pour moi. Ce personnage - mon grand-père - est vu d'une façon inévitablement burlesque et inventée (comme tu dirais).

2) La Maison de Jeanne, de la même veine encore. Personnages : Jeanne, Marcel, Corne d'Aurochs, Toussenot et moi-même. Et puis des chats en veux-tu en voilà

3) L'enterrement de Joha. Rien de commun avec les autres œuvres... Un homme assiste (parallèlement) à l'enterrement de celle à qui il offrait des feuilles de lierre. Histoire faite pour être tournée (par nous).

iparé un convoi funèbre à son usage strictement personnel. Il porte un pot de chrysanthèmes...

...Battant de cloche disparu, envolé... Les jolies amies de la morte se précipitent sur le porteur de pot d'immortelles. Il servira de battant. On le suspend par les pieds à la bélière de la cloche et l'on tire sur la corde pour sonner le glas. Le sang coule sur le cercueil.

Bagarres dans l'église. Maître de cérémonie éperdu... Le public gueule : Remboursez ! Le battant se décroche. Il tombe sur le catafalque. Il emporte sa morte sous le bras, comme un violon. Il court. On prévient la police.

-Rendez-moi ma morte, je n'en ai pas d'autre !" hurle le mari, homme dépourvu d'imagination. La police se déchaîne.

cent mille francs, cinq cent mille francs un million à qui rapportera le cercueil. On rattrape le voleur. On remet le cercueil à sa place. On part vers le cimetière, escorté par les flics. Séquence suivante :

Avec sa bouche, avec ses mains avec sa poitrine, avec ses jambes, avec son ventre, il parvient – lui, incapable en d'autres temps de donner une forme à de la glaise – à sculpter le corps de la disparue. Il la voit, la sent, s'excite, la possède. Les parents hurlent au scandale, à l'ignominie. Les femmes se jettent sur lui lui écrasent la face et le sexe à coups de talons. L'amant est mort. La forme de la morte est effacée. L'amant reste les bras en croix, la face dans la terre pour légitimer la parole de Gance : "À force d'ouvrir les bras pour embrasser les hommes, on finit par ressembler à une croix !"

J'aurais pu écrire le récit en entier dans cette lettre. Que penses-tu de ces images de démence ?
Oui, bien sûr, elles évoquent la belle époque du surréalisme, mais ne crois-tu pas
qu'elles participent d'une mythologie qui n'a pas besoin du surréalisme pour exister ?

Corne d'Aurochs te l'a appris : je ne fais plus partie du personnel de la maison de reliure dans laquelle un besoin péremptoire de subsides m'avait poussé la semaine dernière. Quelques minutes m'ont suffi à comprendre qu'il ne me serait pas possible de persévérer longuement sans éprouver le désir impulsif de défenestrer celui qui se prenait déjà avec outrecuidance pour le maître de mon activité. Il était décoré de la Légion d'honneur. Rien ne m'aura été épargné...

... Mais le directeur avait un penchant déplorable à l'autoritarisme. En outre, il avait fait la guerre et dans des conditions glorieuses. Je n'eusse pu coudoyer ce héros. Songe qu'il a eu cette audace de me dire d'un ton tranchant que la pipe est un instrument qui sent mauvais de l'avis des clients, et, brochant sur le tout, il m'a intimé ex abrupto l'ordre d'aller remettre une feuille de papier qu'il appelait une facture à un monsieur que je n'avais jamais rencontré et à qui je n'avais pas été présenté. J'aurais fini par l'attraper et le balancer par la fenêtre. J'ai choisi la prudence. Je suis revenu dans l'impasse Florimont où m'attendaient nos amis...

Tu sais que nul ordre ne préside à la création de mes petites (et grandes) choses. Quand le désir d'écrire me prend, j'attaque les rames de papier et je les rends inutilisables pour les faiseurs de factures.
J'ai relu Mark Twain et je me suis dit que je l'aimais beaucoup dans sa façon d'écrire. Il doit en aller de même pour lui car il semble écrire un peu à ma manière.
J'ai fini la soirée chez Renot. On a dîné.
Il y a eu du beurre, du vrai fromage,
du vrai café, du vrai sucre, du vrai feu dans
un vrai poêle. Je rêvais. J'étais halluciné.
Ces choses ont un goût inouï. Jeanne et Marcel
n'étaient hélas! pas là. Je n'ai pas osé leur raconter
ces merveilles, leur dire le goût du fromage, du sucre.
J'avais honte d'avoir absorbé ces victuailles. Depuis trois mois
nous mangeons par hasard. Je profite de ma mauvaise denture
pour boulotter le moins possible. Mais Jeanne et Marcel ont d'autres conceptions. J'en pleure.
... ce philosophe (je parle de Platon) a été en quelque sorte le premier architecte des idées, puisque Socrate a été l'excitateur, l'anarchiste dans son genre et que les pré-socratiques comme Héraclite font figure de pionniers n'ayant pas eu le climat qui leur aurait permis d'ouvrager leur intuition, de construire leur temple, comme dirait Gance.
Je ne crois plus en Dieu... et je n'écris que pour m'occuper l'esprit, par loisir. Certes, de toutes les actions basses, la littérature est à mon avis la plus élevée, mais il s'agit d'être au-dessus. J'éprouve la nostalgie de l'autre monde.
Tu comprends bien que j'étais né pour être un arbre et devenir grand sans artifice. L'état d'homme me ronge le cœur.

Tu lis trop Pascal et pas assez Montaigne...
...Je fume ta tête de mort...
...Nous parlons de toi comme si tu étais déjà un mort illustre...
...nous ne mangeons qu'une fois (et encore c'est une façon de parler) toutes les 48 heures, il ne m'est pas possible de t'adresser du courrier car les forces me manquent et je ne m'occupe que de vie intérieure et de soucis de surface. Songe que le savon lui-même manquait. Je rapportais un citron de chez Renot et un reliquat de fromage d'ailleurs. Les crampes d'estomac furent notre lot deux semaines durant. Nous n'avons rempli notre estomac qu'après avoir reçu ton volumineux paquet de victuailles. Tu as failli nous faire crever parce que nous perdons l'habitude de manger.
J'ai cessé de songer à aller mendier
Phrase remarquable :
Sur 8 mots, 3 seulement sont autre chose que des verbes
Je déplore que mes études musicales n'aient pas été assez poussées. Il me semble que c'est dans cet art que je me serais le plus sûrement séparé du monde.
La musique - tu l'as dit souvent toi-même - est un langage intérieur libéré de l'apparence des choses.

J'ai bien reçu ta lettre. Elle m'encourage à te redire de laisser tomber le monde présent. J'ai relu Voltaire. Rien n'est changé dans l'homme. Seule la machine a fait des progrès … je ne veux pas savoir si des améliorations sociales permettront dans un avenir quelconque un plus grand épanouissement de l'individu, et, comme toi, je n'y crois guère … que nous importe cette vanité ? C'est l'art seul qui nous intéresse. C'est moi qui compte, et toi, et quelques autres. Il faut songer que nous allons bientôt mourir. En attendant, prenons les grands auteurs et étudions-les selon notre plaisir.

Je ne t'ai pas gâté de lettres ces temps-ci (je pose en principe, évidemment, que quelques mots de moi sont un royal cadeau). J'ai eu des ennuis d'ordre métaphysique (ce fameux avenir qui a déjà eu lieu quelque part et qu'il faut recommencer servilement) et des ennuis d'ordre matériel. Précisons : ma guitare a fait un faux pas et je suis tombé sur elle. Elle est inutilisable et je ne sais plus que faire. Je ne te demanderai pas de m'envoyer la tienne : tu n'en as pas, n'ayant pas encore atteint les 80 ans du cher Socrate pour t'intéresser aux harmonies. Mais je te supplie de m'envoyer une somme d'argent, si minime soit-elle. C'est très important… Je sais bien également, mon vieux, que tu es pauvre, je veux dire fauché, et que tu nous enrichis provisoirement plus souvent qu'à ton tour, bref, je sais tout,

Je t'embrasse et te prie de ne pas me remercier de t'avoir demandé quelque chose : c'est tout naturel.

Georges

...À présent, je connais bien Paul Léautaud auquel je ressemblerais comme un frère, si:
① il ne respectait pas la vérité (dont je me fiche éperdument)
② il ne perdait pas son temps à énoncer des préceptes en ayant l'air de s'en soucier comme de colin tampon.
...Moi aussi je critique la vie, mais un peu comme on cueille une feuille et je la laisse pour ce qu'elle est. Je ne tiens pas à apporter quelque chose à l'homme qui pense, pas plus qu'à ne rien lui apporter. Je joue de la guitare.

Voyons ta pièce. Mes idées là-dessus? J'avoue n'en pas avoir. Tu sais que les intrigues me laissent rêveur. Si j'écris une pièce un jour, je crois que la psychologie aura la primeur. Une psychologie à la fois tremblante et solide, avec des moulins à vent et à eau, des coups du revolver que l'on m'avait promis, des crânes terreux et de l'absurde, beaucoup d'absurde, car il me semble que tout le théâtre est édifié sur de l'absurde.
Mon cher vieux, il n'y a pas un malade à l'impasse, mais un neurasthénique: moi. Cette maladie de l'âme me charme. Je ne crois pas au revolver, néanmoins; ni à la corde ni au poison. À la vérité, je me force un peu à broyer du noir. Je n'écris plus. Je répare mes stylos, c'est-à-dire que je rends inutilisables ceux qui l'étaient encore.
NEVERMORE
Je vais aborder maintenant un sujet qui me tient à cœur: les rapports des mots et des idées... D'abord, chez moi, le mot a une importance capitale. J'ai appris des mots qui ont fini par devenir des idées. Les mots me plaisent par leur son, par ce que tu appellerais "la musique extérieure"!... Mais cependant il faut tenir compte que l'un des poètes que j'estime le plus se nomme La Fontaine et que, de ce fait, j'entends tirer de chacun de mes mots le maximum de signification, ou, si tu aimes mieux: d'ironie, d'humour, de saveur, et même de morale... Verlaine a exprimé les mêmes concepts dans ce poème...: "De la musique avant toute chose..." Voilà Georges-Charles! Il pense après avoir arrangé des syllabes, sans trop le vouloir, comme par une mystérieuse échappée de l'âme pendant le travail de l'artiste.

Dans mon alchimie, c'est l'émerveillement de l'image obtenue qui me rend reconnaissant envers la pensée à l'instant précis où je me sens plus profond, plus réel...

...À longueur de journée, en haussant les épaules, je me dis des trucs philosophiques que je ne juge pas nécessaire d'écrire...

..."L'important, a dit Léautaud, n'est pas de faire des chefs-d'œuvre, c'est de se donner du plaisir."
Idée peu grandiose, j'en conviens... mais pleine de piquant et pas sotte. Je pense comme Léautaud et j'écris au jour le jour, en amateur. Bonafé appréciait beaucoup mon manque de spécialisation et cette fantaisie grave. Je ne suis rien avant la lettre, je n'ai pas de doctrine, d'idée vivant plus longtemps que les roses... Recréation chaque jour, mort chaque nuit, et résurrection obligée par le souffle invisible qui fait que nous nous rencontrons à travers l'espace et le temps.

Je termine en te priant d'apprendre par cœur cette remarque de Valery (qui savait l'art des vers, lui) : « Si un oiseau savait dire ce qu'il chante, pourquoi il chante et comment il chante, il ne chanterait plus. »

Après avoir pris connaissance des "Lettres à Toussenot", on ne saurait trop conseiller à l'amateur de se plonger dans les autres courriers de Brassens qu'on trouve dans le livre de Jean-Paul-Liégeois au Cherche-Midi. On y découvre un Brassens évadé d'Allemagne et qui se planque à Paris. On y voit, plus tard, les début au music-hall. Mais surtout, ce qui me ravit, on voit Brassens râlant contre Toussenot, dans une duplicité qui me rend encore plus amoureux de Brassens, moi qui n'aime que les menteurs.

Lettre à René Iskin, 11 Mai 1944

"La nuit, je vais faire un petit tour hygiénique dans le quartier quand je sais que la patrouille est passée. Dans la journée, je fume et me tapis du matin au soir, tant qu'il me reste du tabac. Pour la faim, c'est la même chose qu'en Allemagne, simon pire".

... J'ai acheté Guignol's Band. Pardonne-moi, je n'aime pas sa prose... La vie à Paris est complètement éteinte. Le métro a fermé un grand nombre de ses stations. Les cinémas, théâtres et music-halls ne jouent presque plus et si cela continue à ce train, dans un mois, ils ne joueront plus du tout. Je ne m'en soucie guère, car je ne les fréquente pas. Pour la question stomacale, c'est aussi bien délicat. Les trains n'arrivent plus et il n'y a rien à bouffer.

Le spectacle

"C'est une affaire entendue. Mon but c'était, en dehors de m'amuser et d'amuser les autres, mon but était d'écrire des chansons pour plaire à un public idéal, un petit peu difficile, mais pas trop difficile, je ne visais pas des lettres n'étant qu'un demi-lettré moi-même, je visais un public cherchant quelque chose d'un peu plus relevé que ce qu'il avait l'habitude d'entendre." [1]

Les cabarets

En 1951, la vie à l'Impasse devient extrêmement rude. Brassens doit rapporter de l'argent, ce n'est pas la famine mais cela commence à y ressembler un peu. Il est prêt à tout, même à monter sur scène. Que ce soit à l'a, chez Gibraltar à Pigalle, chez les Laville rue Notre-Dame-des-Champs ou à la Fédération anarchiste, Brassens teste ses chansons auprès de ses amis. À la Fédération, il rencontre un jour un certain Henri Bouyé, fleuriste place de la République, qui lui parle d'un de ses clients qui pourrait certainement l'aider. Il s'agit de Jacques Grello, chansonnier vedette de l'époque. Bouille joviale avec de grandes lunettes rondes qui lui mangent la moitié du visage, Jacques Grello reçoit gentiment l'apprenti chanteur chez lui. La bonne est un peu effrayée par le jeune homme aux cheveux longs qui débarque apeuré chez le chansonnier. Gêné, gauche et timide, Brassens cherche le piano mais c'est une guitare que lui tend Grello : "Vous pouvez la prendre, je viens de l'acheter grâce à un remboursement des impôts." Il enchaîne les titres, pressé d'en finir au plus vite, mais Grello est tout de suite impressionné par la qualité des textes. Il lui propose alors non seulement de repartir avec la guitare, mais aussi de le parrainer dans les cabarets. Georges Brassens n'y croit pas vraiment et n'a pas très envie de chanter, mais devant l'insistance de ses copains et la confiance de Grello, il se laisse finalement convaincre.
À partir de ce jour, Jacques Grello le reçoit une fois par semaine à déjeuner, même si lui aussi a de sérieux problèmes d'argent, comme Brassens le raconte dans une lettre à ses copains : *"Grello s'occupe toujours de moi. Il m'invite à manger à sa table une fois par semaine. C'est le jour où je rentre chez moi affamé. Ils mangent peu car ils n'ont pas le sou et le jour n'est pas loin où je vais devoir leur prêter de quoi subsister jusqu'à la saison nouvelle. Ils doivent des sommes folles au fisc. Comment pourraient-ils vivre décemment ?*

Avant les vacances, il palpait 4 000 à la Lune Rousse et 5 000 (environ) chez Rigaud. Ça donne les matinées de dimanche du 10 000 francs par jour. C'est normal, je veux dire courant chez eux. Ça donne pour l'année 3 600 000. Calcule ce qui revient au percepteur et qu'il faut débourser lorsque la bourse est plate. Avec 4 000 francs quotidiens quand 10 000 balles par soirée – 40 minutes : 20 au caveau et 20 chez Rigaud –, soit un salaire de bagnard. On leur coupe le téléphone, l'électricité. Il a des chemises râpées, des chaussures éculées. Je vous assure que je n'exagère pas ! Il aurait besoin d'un costume mais il ne peut pas. Quand je suis avec lui, j'ai l'air d'un nabab avec un quelconque besogneux." [2]

Brassens veut bien chanter ses chansons, mais pas question de faire le joli cœur et de travailler son jeu de scène. De toute façon, il n'a pas d'autre pantalon que celui qu'il porte et n'a que ses espadrilles à se mettre aux pieds.
Quant aux taches sur sa chemise, elles seront cachées par l'obscurité des salles. Il sélectionne alors quelques titres qu'il juge les mieux adaptés à la scène, *"laissant de côté les chansons humoristiques pour les chansons mi-teintes comme* Le Parapluie, Le Petit Cheval…

Lettre à Henri Delpont, 4.07.1951.

Je reçois ta lettre à l'instant. Que je te rassure en vitesse et détruise une partie de tes illusions. J'ai chanté. Ça a marché comme prévu, c'est-à-dire couci-couça. J'avais le trac et Grello dans la salle aussi. Il me manquait la flamme. Grello pense que ça ne viendra pas avant 5 ou 6 séances. Léo Noël (patron de la boîte) a annoncé qu'un filleul de Grello allait chanter. J'étais à ma table – cabaret chantant – en compagnie de mon "parrain" et d'autres. Après l'indicatif, Grello m'a dit "Vas-y !" Et le calvaire a commencé. J'ai chanté trois trucs, voilà. On m'a applaudi, sans plus. On n'a pas goûté vraiment mes trucs, car l'allant était de sortie. Mais ne t'en fais pas, on s'y attendait. Tout le monde en passe par là.

Lettre à Marcel et Germaine Renot, 21.09.1951

... Rien de bien nouveau à Paris. Si : une circulation de plus en plus intense qui vous empêche de traverser correctement les artères. Et puis une histoire terrible avec Toussenot. En deux mots, voici l'histoire. Robin vient me dire un jour : "Toussenot écrit ses mémoires" (le fameux journal). Je me mets à plaisanter là-dessus et Robin emboîte le pas. Bon, le lendemain, fort maladroitement je l'avoue, j'écris à Toussenot que Robin s'est dérangé spécialement de chez lui pour m'apprendre la nouvelle et en faire des gorges chaudes avec moi. Toussenot s'énerve et écrit à Robin qu'il n'est qu'un besogneux des lettres, un crasseux de la poésie, etc. Robin revient. On rigole encore. Toussenot s'énerve et écrit derechef et parle de prendre le train pour abîmer le portrait du monstre "traducteur"... (puis, le 2.10.1951)... Après le "scandale" Robin, j'ai fait comme si de rien n'était. Il a trouvé que j'exagérais ! Que faire ? Si j'en dis trop, il m'accuse de défaut de mesure ; si je n'en dis pas assez, de pusillanimité ; si je me tiens entre les deux, il invective contre les aménageurs de chèvre et de chou. Je ne sais plus où me mettre pour échapper à sa fureur. Il m'arrive de me demander si l'échange de lettres entre lui et moi s'impose vraiment. Je t'en envoie une autre pour te persuader que je ne fabule pas... puis il déforme ma pensée. Ça n'a pas de conséquences graves, j'en conviens, mais c'est la barbe... Brochant sur le tout, il tape ses missives en double (peut-être en triple) exemplaire afin de les conserver... C'est un fou dangereux. Il veut débarrasser son adversaire de son aigreur. Quel adversaire ? Quelle aigreur ?... il dit "j'ai besoin de me purger !" Qu'il le fasse et se taise ! N'en parlons plus.

à Marcel et Germaine Renot. 16.10.1951
Grello s'occupe toujours de moi. Il m'invite à manger à sa table une fois par semaine. C'est le jour où je rentre chez moi affamé. Ils mangent peu, car ils n'ont pas le sou et le jour n'est pas loin où je vais devoir leur prêter de quoi subsister jusqu'à la saison nouvelle.
On leur a coupé le téléphone, l'électricité. Il a des chemises râpées, des chaussures éculées. Je vous assure que je n'exagère pas. Il aurait besoin d'un costume. Il ne peut pas... enfin, il s'intéresse à mon sort et je suis mal fondé de trouver à redire à sa vie.
Il se peut que, pour débuter, je laisse de côté les chansons humoristiques pour les chansons mi-teintes comme le parapluie, le petit cheval etc. Je pense que tu seras de mon avis. La trouille m'enlève mes moyens comiques et ce que je dis perd de son sel dans des chansons comme Gorille vendetta. Tandis que, dans les autres chansons, je peux impunément trembler du genou, la musique prenant le pas sur les paroles
Grello pense que j'ai plus de chance avec mes chansons mettons "poétiques" qu'avec les autres. Il doit avoir raison.

"La trouille m'enlève mes moyens comiques et ce que je dis perd de son sel dans les chansons genre Gorille Vendetta, *tandis que les autres chansons je peux impunément trembler du genou, la musique prenant le pas sur les paroles. En résumé, l'effet que le trac m'empêche de produire avec mes boutades n'est plus nécessaire dans ce genre-là (même, ça peut donner un œil de carpe pâmée assez goûté chez les chanteurs de charme)."*[3]

Brassens passe une audition au caveau de la République, mais l'essai ne se révèle pas concluant. Il tente alors sa chance au Tabou, à Saint-Germain-des-Prés, mais le patron, Léo Campion, n'est pas enthousiasmé. À l'Écluse, où jouent Barbara et Léo Ferré, il ne tient qu'une demi-heure sur scène. Même chose chez Milord l'Arsouille. Il réussit au Lapin A'Gil à Montmartre, même s'il ne monte sur scène qu'à minuit passé. Il y passe une fois par semaine. Le petit problème, c'est qu'entre Montmartre et le XIVe arrondissement la distance est longue et Brassens n'a que ses pieds pour rentrer, jusqu'à ce qu'il se fasse prêter un vélo à moteur et, guitare à l'épaule, il rentre à l'Impasse.

Timide et presque totalement paralysé par le trac, Brassens veut non seulement être accompagné par Jacques Grello mais doit aussi sentir un regard ami dans la salle pour le pousser sur scène. Gibraltar l'accompagne alors dans toutes ses longues soirées, pour le soutenir face à un public souvent indifférent.

Ému devant l'attention de Jacques Grello, Brassens éprouve toutefois de grands moments de découragement. Mais ses copains, toujours eux, viennent vite à la rescousse. Victor Laville, qui est devenu journaliste à *Paris Match*, parle de Brassens à Pierre Galante, alors chroniqueur mondain du magazine. "Mais, il doit aller chez Patachou !", conseille celui qui a ses entrées dans le tout-Paris. Henriette Ragon, épouse Billon, s'occupait de la boulangerie-pâtisserie conjugale avant de quitter les fourneaux pour se lancer dans la chanson, ne gardant de ce passé que la pâte à choux pour pseudonyme. Cette protégée de Maurice Chevalier a ouvert un cabaret sur les hauteurs de Montmartre, où elle s'est vite fait remarquer par sa gouaille et sa manie de couper les cravates des hommes qui hésitent à reprendre le refrain de ses chansons. Elle les accroche ensuite au plafond de son établissement. Les bouts de cravates, dont celles de plusieurs personnalités, pendent comme des trophées et deviennent l'attraction de l'endroit.

En quelques semaines, le cabaret devient le dernier lieu à la mode et Patachou, gouailleuse intrépide, devient une vraie personnalité. Elle cherche constamment des chansons pour son tour de chant. Georges Brassens prend rendez-vous et se rend au fameux cabaret le 24 janvier 1952, accompagné de Victor Laville, Pierre Galante et Roger Thérond. Après le spectacle, à 2 heures du matin, Brassens est interpellé par Patachou : "Alors, jeune homme, montrez-moi ce que vous savez faire !" Suant à grosses gouttes, il monte sur scène devant Patachou et ses musiciens qui en profitent pour dîner, et entonne *La Mauvaise Réputation*. "C'est une bonne chanson, s'exclame la chanteuse, mais elle n'est pas pour moi ! Continuez !" Brassens enchaîne avec *Pauvre Martin*, *La Chasse aux papillons*, *Brave Margot*, *Les Amoureux des bancs publics*... sans s'arrêter. Après le premier refrain de *La Chasse aux papillons*, Patachou l'arrête et tout le monde pense qu'elle va le congédier. Au contraire.
"Je vous arrête car vous mourez de trac et je vais vous donner du courage. Cette chanson est très bonne ; si elle se termine aussi bien qu'elle a commencé, je la chanterai dès demain ! Reprenez-la du début et n'ayez plus peur !"
Les réactions sont enthousiastes : du cuistot aux musiciens en passant par la maîtresse de maison, tout le monde est d'accord pour dire que cet homme a du talent.

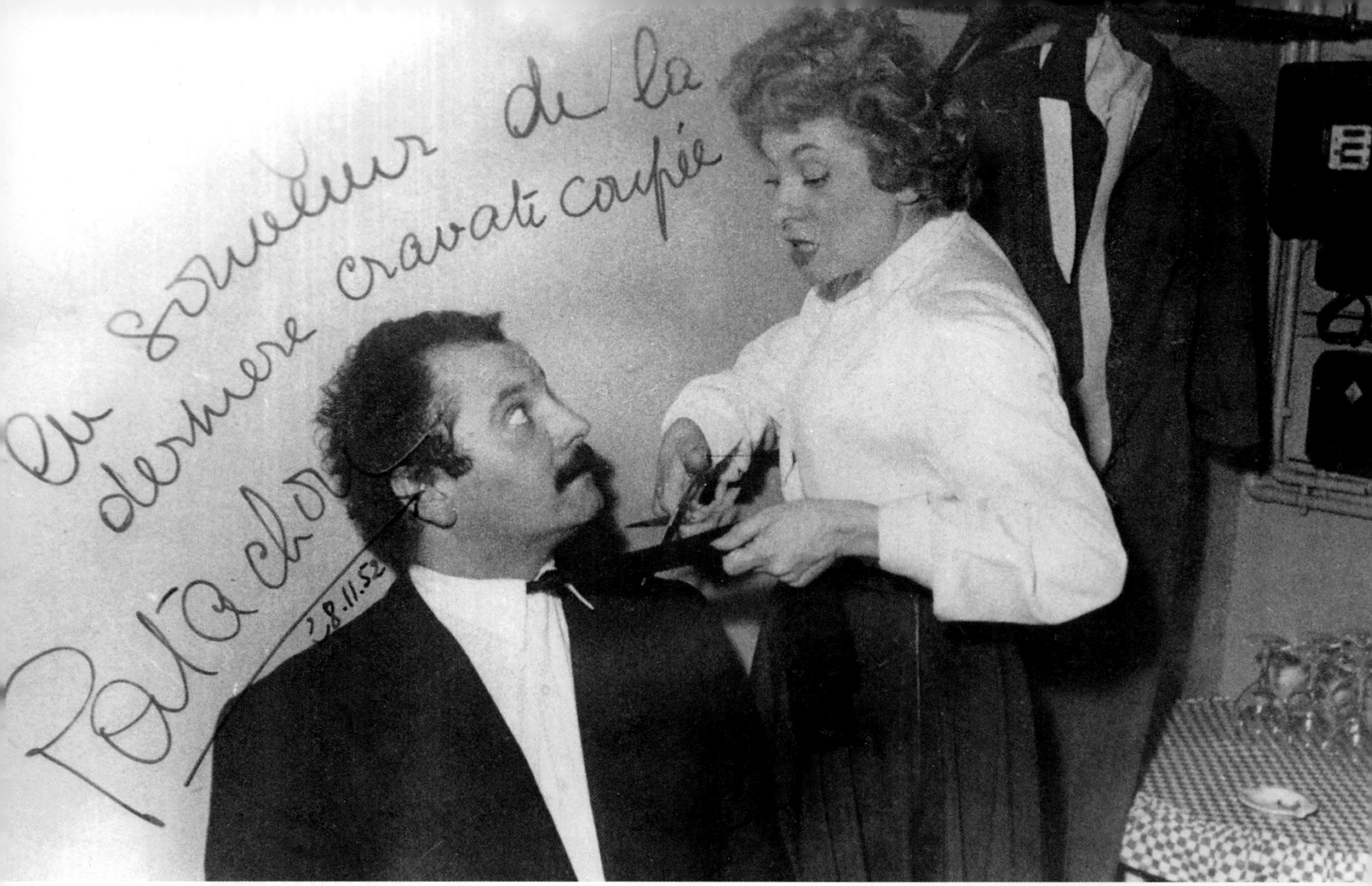

Patachou coupe la cravate de Brassens.
Dédicacée par Patachou : « en souvenir de la dernière cravate coupée ». Collection Serge Cazzani

"Dans six mois, vous serez plus connu que moi !" lui prédit Patachou, qui, immédiatement tombée sous le charme du jeune chanteur, veut enregistrer ses cinq dernières chansons.
Elle lui propose également de venir se produire chez elle, après son tour de chant. "Jeune homme, avec ces cinq chansons, je fais un disque. Nous répétons dès demain. Donnez une bière à ce garçon ! Mais, *Le Gorille, Le Fossoyeur, La Mauvaise Réputation, Corne d'aurochs,* ce ne sont pas des chansons pour moi, tu viendras les chanter après mon tour de chant."

Trois jours plus tard, Brassens est sur scène chez Patachou qui le présente ainsi :
"Je vous ai chanté *La Prière, Bancs publics.* Je vous ai dit que c'était un nommé Brassens. Il est là, Brassens. Il ne sait pas tellement bien chanter, il ne sait pas tellement bien jouer de la guitare, il ne sait pas tellement bien se tenir en public, visiblement il n'aime pas ça, mais si vous voulez passer un moment agréable, restez."
Patachou doit le pousser sur scène et Brassens affronte son premier public avec un apparent dédain, tant la peur le paralyse.

Mais sa carrière est lancée et les journalistes commencent déjà à parler de lui.
En mars 1952, une plume du *Figaro* mentionne le jeune chanteur : "C'est un très grand garçon, moustachu, un peu embarrassé de sa volumineuse personne, pas très à son aise sur un tréteau, mais qui a un tempérament authentique, caustique, satirique, brutal comme son aspect physique et qui ne manque pas de finesse..."
Un soir, Brassens a tellement le trac qu'il oublie d'annoncer les titres de ses chansons. ***"Et cela a entraîné des conséquences assez fâcheuses puisque, depuis ce temps-là, je n'ai jamais plus dit le titre de mes chansons."*** [4]

Conquise par sa nouvelle découverte, Patachou emmène le chanteur en tournée en Belgique, en février 1952. Non pas pour chanter mais pour apprendre, regarder, comprendre.
Maurice Chevalier, grand ami de la chanteuse, est lui aussi présent et, comme l'écrit Brassens à ses parents dans une carte postale, "il va s'occuper de lui !"[5] Le premier cadeau est son pardessus qu'il lui donne voyant que l'apprenti chanteur n'a même pas de quoi se payer une veste.

Les frères Georges

Pour le remercier, le chanteur propose à son idole de venir déjeuner à l'Impasse et, pour le recevoir, il achète une belle table digne de son invité. Mais la vedette n'est jamais venue et la table sera alors baptisée "Maurice Chevalier" et suivra Brassens au gré des déménagements.
Chez Patachou, Brassens rencontre le contrebassiste Pierre Nicolas, qui deviendra son accompagnateur fétiche. Il joue au sein de l'orchestre Léo Clarens, qui accompagne la chanteuse, et, un soir, il propose à Brassens de le raccompagner.
– Je te remercie, Pierre, mais c'est au diable, un quartier perdu.
– Ça ne fait rien, dis-moi où.
– Impasse Florimont, rue d'Alésia si tu préfères.
– Répète ! Mais, j'y suis né Impasse Florimont et j'y ai vécu jusqu'à l'âge de dix ans !
Est-ce ce hasard qui lia les deux hommes ? Pour le moment, ils ne jouent pas ensemble mais se croisent chaque soir chez Patachou.

En 1947, Jacques Canetti, directeur artistique chez Polydor, a ouvert un autre cabaret, les Trois Baudets. C'est là que se produiront Serge Gainsbourg, Jacques Brel, les Frères Jacques, Francis Lemarque, Mouloudji. C'est l'endroit à la mode du moment et Jacques Canetti est perçu par tous les artistes comme "le plus grand découvreur de talents du siècle". Son flair ne le trompe pas.
Il passe ses soirées dans les salles de spectacle à découvrir de jeunes talents. Il vient un soir chez Patachou et engage immédiatement Brassens aux Trois Baudets.
Il y fait ses débuts le 19 septembre 1952.

Jacques Canetti est aussi producteur de spectacles et, en juillet 1952, un petit autocar quitte Paris : c'est la tournée Canetti qui file vers les casinos des villes d'eaux et de plage, entraînant avec elle Patachou, les Frères Jacques, Florence Passy et l'orchestre de Léo Clarens. Un petit nouveau est aussi du voyage : Georges Brassens, qui accompagne Patachou. Comme à son habitude, la chanteuse le présente ainsi : "Il y a un ami qui vient chanter pour moi... Si vous voulez partir, partez..." Le public reste.

Cet été-là est le décor de toutes les facéties des Frères Jacques. "Lady Patachou" doit se retenir de rire chaque soir quand, des coulisses, les Frères Jacques portent un faux nez en guise de cache-sexe.

"Si vous voyiez de ce que je vois, dit-elle aux spectateurs. C'est à peine croyable !"[6]. Cette tournée est l'occasion pour Brassens d'apprendre et, surtout, de découvrir l'univers des Frères Jacques : *"En les écoutant, ravi, des coulisses et tous les soirs sans exception, je me berçais de l'illusion qu'un jour peut-être ce groupe mettrait mes chansons à son répertoire."*
Son vœu sera exaucé 25 ans plus tard avec le disque *Le Brassens des Frères Jacques,* et l'amitié naissante, entre Georges et le quatuor composé d'André et Georges Bellec, François Soubeyran et Paul Tourenne ne cessera de se renforcer.

Selon Canetti, pour que Brassens devienne rapidement une vedette, il lui faut changer de nom. Mais Brassens refuse catégoriquement : *"Si ce n'est pas Georges Brassens, alors ce sera Pépin Cadavre !"*

Flairant l'incroyable potentiel de sa découverte, Jacques Canetti cède et profite de son poste de directeur de production chez Polydor-Philips pour lui faire enregistrer son premier disque. Cette première séance a lieu le 19 mars 1952, dans un petit studio de 12 m^2 de la grande salle Pleyel. Georges Brassens enregistre *Le Gorille* et *La Mauvaise Réputation.*

Quelques instants plus tôt, Patachou l'a précédé pour enregistrer *Brave Margot.* On grave directement sur une cire de 8 cm d'épaisseur et, en fin d'après-midi, c'est terminé !
Deux prises suffisent pour que le scandale arrive ! Ce disque est une provocation énorme ! D'ailleurs, Brassens lui-même décidera de rebaptiser *Gorille Vendetta* en *Gorille* et d'en couper la dernière strophe :

Nous terminerons cette histoire
Par un conseil aux chats-fourrés
Redoutant l'attaque notoire
Qu'un d'eux subit dans des fourrés :
Quand un singe fauteur d'opprob'e
Hante les rues de leur quartier
Ils n'ont qu'à retirer la robe
Ou mieux à changer de métier.

À peine sortis, les disques sont retirés de la vente. Jacques Canetti ne cède pas et fait dorénavant enregistrer Brassens sous le label Polydor, qui appartient à Philips, prenant soin de le diffuser en Suisse et en Belgique avant le marché français. "Les premiers disques m'ont causé de sérieuses difficultés chez Philips...

Brassens avec Patachou, plusieurs musiciens, Pierre Nicolas et Léo Clarens, 1952
Photographie Paul Tourenne

"– Je vous assure que je n'ai jamais eu l'intention de porter atteinte à la communauté que vous représentez, et j'insiste pour que vous relisiez plus attentivement le titre de ma chanson qui ne s'appelle absolument pas "Gare aux Morilles". "

Certains censeurs tentèrent en effet d'arrêter la publication des premiers disques du Gorille. J'eus gain de cause grâce à une astuce : faire passer ces disques sous la marque Polydor et je ne serai pas présomptueux en affirmant que mon coup de tête face à ces tartuffes fut payant, avec le grand prix du Disque (remporté en 1954) et aujourd'hui Brassens est le pilier le plus sûr et le plus prestigieux du catalogue Philips." [7]
Brassens le raconte dans une lettre à son ami Henri Delpont [8] : "*… La seule boîte où je puisse passer (à cause de l'exclusivité), c'est Patachou (évidemment).* Le Gorille *est interdit. Ils ont tout raflé chez les marchands de disques. C'est le meilleur moyen de faire connaître la chanson. J'essaierai d'en avoir à l'usine pour vous. L'interdit ne durera pas d'ailleurs. On a sorti* La Mauvaise Réputation *avec au dos* Le Petit Cheval *(poème de Paul Fort), je vous en aurai deux ou trois…*" [9]

Grâce à certains disquaires qui refusent de vendre le disque et le retirent de leurs magasins, Georges Brassens devient un chanteur sulfureux qui fait parler de lui. La censure sévit aussi à la radio. *La Mauvaise Réputation*, *Putain de toi*, rebaptisé *P… de toi*, et *Le Gorille* se voient refuser le passage sur la radio d'État. Le comité de censure, qui se réunit une fois par semaine, a tranché : pas de Brassens sur les ondes. Boris Vian, avec son déserteur, vivra la même expérience deux années plus tard, tout comme Serge Gainsbourg mais aussi Juliette Gréco ou Sacha Distel. Cette fois, c'est l'histoire du *Gorille* qui ne semble pas au goût de la censure. Brassens est le chanteur français dont le plus de chansons furent interdites d'antenne par le comité d'écoute de radiodiffusion.
Ont été ainsi censurées :

Le Gorille
Hécatombe
La Mauvaise Réputation
Le Mauvais Sujet repenti
La Mauvaise Herbe
Vénus callipyge
La Complainte des filles de joie
Putain de toi
Les Deux Oncles
La Tondue
La Fille à cent sous
Le Cocu

Brave Margot
La Femme d'Hector
Le Fossoyeur
Les Croquants
Le Pornographe
Les Trompettes de la renommée
Le Mécréant

Certaines chansons sont interdites de passage 24 heures sur 24, d'autres ont un traitement plus clément et peuvent être diffusées à partir de minuit. Il faut attendre l'arrivée d'Europe 1, première radio privée, en 1955, pour pouvoir enfin entendre du Georges Brassens à la radio ! Outre les sujets abordés dans ses chansons, on reproche au chanteur ses gros mots et la mauvaise influence qu'il peut avoir sur la jeunesse. Toujours avec élégance, l'accusé se défend : ***"Ce n'est pas moi qui ai appris les gros mots aux enfants, c'est les enfants qui m'ont appris les gros mots."*** [10]

"Tout individu normal qui a vécu jusqu'à quatorze ans a entendu bien pire que ce que l'on trouve dans mes chansons. Ce n'est pas tellement indispensable de dire des gros mots en public. On ne se lave pas les pieds devant tout le monde. Je crois que j'ai fait cela pour me dissimuler un peu derrière. J'avais peur de me faire rejeter. J'ai provoqué, j'ai fait cela pour me défendre. C'était une carapace !" [11]

Certains auditeurs ont eux aussi parfois du mal à accepter le langage peu châtié du chanteur, parmi lesquels sa maman qui, heureuse de son succès, ne s'habitue pas aux gros mots et rêve que son fils chante uniquement des chansons que pourront écouter "les enfants et les parents" :

"Mon cher Jo,

Bien reçu ta lettre du 2 et l'article, tu penses, si je suis heureuse, personne ne peut l'être comme moi, que tu aies un tel succès c'est inimaginable. Depuis que tu chantes, je croyais que ça allait en décroissant, je vois qu'il n'en est rien, surtout si tu as fait des chansons que tout le monde puisse entendre, enfants et parents. Par exemple, je n'ai pas été contente de ta maladie, maintenant méfie-toi, car tu seras plus fragile, tu devrais avoir un chapeau ou un béret que tu mettrais dans la poche pour sortir de l'auto, surtout qu'à Paris il pleut souvent, et comme tu sues beaucoup, c'est ce qui t'enrhume..." [12]

Elle en reparle dans une nouvelle lettre datée de janvier 1958 : "Nous avons eu hier la visite des gens de radio *(...)* j'ai assez bien répondu. J'ai dit que je n'aimais pas les chansons où il y a des sottises. Papa a dit qu'il aimait toutes tes chansons et aucune, il aurait fallu réfléchir un peu, ça a été trop vite fait, il a voulu dire qu'il n'avait aucune préférence, tu penses bien qu'il les aime toutes, et pour moi et pour lui elles sont toutes très bien." Pleines de tendresse, ces lettres d'Elvira ne révèlent pas qu'elle a toujours refusé de voir son fils sur scène, car elle ne peut se résigner à entendre ces "grossièretés".

Un jour, sous ses fenêtres, un chaland se met à fredonner une chanson de son fils, pensant lui faire plaisir, mais Elvira lui demande d'arrêter au bout de quelques notes à peine. Elle est pourtant fière de la carrière de son fils. Oui, il chante la sexualité, botte les gendarmes et s'en prend aux curés, mais Elvira collectionne les coupures de presse et les photos.
Robert Doisneau, alors tout jeune photographe, réalise une prise de vue avec son fils en 1953 et s'empresse, comme le lui demande gentiment Elvira, de lui envoyer ses images...

Exercice : tracez une ligne vierge pour chaque lettre de l'alphabet et enjoignez les enfants à trouver des mots lestes qui commencent par chacune d'icelles.

Axiome : Un enfant qui ne dit que des grossièretés est un malpropre. Un petit qui ne s'exprime qu'à mots choisis n'est assurément qu'un connard. On exigera d'une âme bien faite qu'elle s'empare à l'envi et selon les circonstances de chaque registre de langage.

Exercice : La maîtresse d'école prendra soin de confier aux enfants l'écriture et l'interprétation d'une chanson paillarde. Les rimes sont optionnelles mais ceux qui n'y colleront point de gros mots auront Zéro. Ayez en tête que les grossièretés que je proférais de mon vivant étaient déjà désuettes en ce temps-là. Au lieu de gode, apprenez à dire pine. Accordez clope au masculin. On jugera l'élève à sa capacité à faire tordre de rire ses camarades. Facile ? De faire rire les copains ? Essayez donc...

Brassens et Catherine Sauvage, dans les années 1950.
Photographie Lido - Sipa

Georges Brassens, Jean-Marc Thibault et Jean Richard dans les coulisses du cabaret La Villa d'Este, sur les Champs-Élysées, 1953. **Photographie Jack Garofalo - Paris Match - Scoop**

Le 2 mai 1953
"Madame, Monsieur,

En voyage pour ce drôle de métier que je fais,
je n'ai pas pu répondre plus tôt à votre lettre.
Me voici de retour et dès la semaine prochaine,
je vous adresserai les images de votre fils.
Cette petite séance de photos m'a donné le plaisir
de le connaître et en plus de l'artiste connu qu'il est
devenu c'est un homme solide et sensible, ce qui est
assez rare dans les célébrités que je photographie.

Croyez, Madame, aux sentiments respectueux
et dévoués de Robert Doisneau."

Son père non plus ne le verra jamais sur scène,
mais Brassens ne leur en tiendra jamais rigueur
et continuera, tout au long de sa carrière, à parsemer
ses textes de ces mots que, par ailleurs, il n'employait
jamais dans la vie.
*"À dix-sept ou dix-huit ans, à cet âge-là, on a l'esprit
de salle de garde et on s'amuse évidemment à choquer
le bourgeois. Et moi, j'ai tellement pris l'habitude de faire
cela que j'ai continué longtemps après. Cela a fini par
devenir une seconde nature.
En somme, quand je m'exprime devant mes amis,
enfin dans la vie courante, dans la vie normale,
je m'exprime à peu près correctement.
Quand je passe en scène, je deviens un peu grossier (...)
En réalité j'ai employé quelques gros mots
dans mes premières chansons et puis par la suite,
comme on m'a un peu échauffé les oreilles
avec cette histoire de gros mots, je me suis dit :
« Je vais en faire d'autres pour embêter
ceux à qui cela ne plaît pas. »"* [13]

*Autrefois, quand j'étais marmot,
J'avais la phobie des gros mots,
Et si je pensais "merde" tout bas,
Je ne le disais pas...
Mais
Aujourd'hui que mon gagne-pain
C'est de parler comme un turlupin,
Je ne pense plus "merde", pardi !*

*Mais je le dis.
Je suis le pornographe
Du phonographe,
Le polisson
De la chanson.*

Grand connaisseur des chansons de salle de garde,
Brassens a pensé un temps enregistrer un disque
de reprises de quelques-unes d'entre elles.
Pour le moment, le vocabulaire qu'il emploie, ainsi
que les thèmes de ses chansons, lui donnent droit
à un rapport des Renseignements généraux
qui le présente comme un "jeune chansonnier

Boby Lapointe, Maurice Baquet, Barbara, Jacqueline Monsigny et Georges Brassens.
Photographie Enguérand - CDDS

d'avant-garde", même s'ils promettent à Brassens de devenir "l'âge et la pondération aidant - une grande vedette de la chanson".

Après *La Mauvaise Réputation*, hymne libertaire et *Le Gorille*, où il dénonce la peine de mort, Brassens va enregistrer *Le Fossoyeur* le 14 mai 1952, toujours dans la petite salle Chopin de Pleyel. Trois prises suffisent. Très vite, c'est au tour des poèmes mis en chanson, et *Le Petit Cheval* de Paul Fort est l'un des premiers titres enregistrés. Viennent ensuite *La Balade des dames du temps jadis* de François Villon, *Hécatombe, La Chasse aux papillons, Le Parapluie*. Brassens a des centaines de chansons en réserve, cela fait dix ans qu'il accumule les manuscrits de ses futurs disques.
Les lourds 78 tours ne peuvent contenir qu'une seule chanson par face alors, d'avril à novembre 1952, neuf chansons sortiront sur disques 78 tours. L'une d'elles, *Le Parapluie*, est remarquée par le réalisateur Jacques Becker, qui l'utilise pour son film *Rue de l'Estrapade* en 1953. Éditée sur disque en même temps que la sortie du film en salles, elle est distinguée par l'Académie Charles-Cros l'année suivante et obtient le grand prix du Disque en 1954.

Ces disques se vendent très rapidement et Brassens devient bientôt une véritable vedette.
Il a 31 ans. Son succès est fulgurant.

Chaque soir, l'emploi du temps de Brassens est organisé minutieusement : il quitte l'Impasse à 17 heures, guitare sous le bras, va chercher Pierre Onteniente à la Chaussée-d'Antin, reste chez lui jusqu'à 21 heures, puis va aux Trois Baudets, où il chante à 23 heures. Il enchaîne ensuite avec la Villa d'Este ou le Vieux Colombier, parfois les deux. Dans les cabarets, les soirées sont longues et les numéros différents. Il y a la tête d'affiche, que le public vient voir, la vedette américaine, qui la précède, et enfin la première partie, qui peut compter plusieurs numéros. Pendant trois ans, Brassens va passer par toutes les étapes, jusqu'à devenir la tête d'affiche, mais il gardera toujours l'habitude d'arriver à 20h45 au cabaret pour regarder et encourager des coulisses les autres artistes et sillonnera ensuite Paris pour aller à la Villa d'Este et au Vieux Colombier.

Aux Trois Baudets, il démarre en étant la première partie du spectacle "Montmartre 81-98", dont Henri Salvador est la tête d'affiche et Mouloudji la vedette américaine, puis il enchaîne avec le spectacle de Juliette Gréco quelques mois plus tard.
En janvier 1953, Brassens, alors grande vedette, se produit pour le spectacle "Ne tirez pas sur le pianiste" avec Darry Cowl et Christian Duvaleix.
Au début, il n'est pas rare d'entendre des murmures réprobateurs, et souvent, la moitié du public s'en va

avant la fin, tant et si bien que le chanteur finit par développer une certaine angoisse de la scène. Un soir, au milieu de *La Mauvaise Réputation*, il se fait alpaguer par deux militaires. Ils s'en prennent à lui après le couplet *"le jour du 14 juillet, je reste dans mon lit douillet, la musique qui marche au pas, cela ne me regarde pas."* Ils seront finalement calmés par Brassens lui-même : ***"Pourquoi vous intéressez-vous tellement à moi puisque ma chanson ne vous plaît pas ?"***

La plupart du temps, Brassens se donne l'air bourru et presque désagréable parce qu'il ne pense qu'à ses accords, la justesse de sa guitare et la suite de ses chansons.
Georges Brassens ne fait aucun effort sur scène et peut parfois s'emporter contre le public, si celui-ci n'est pas assez attentif. Il ne salue pas non plus : ***"Au moment de saluer, je m'en vais, car j'ai un corps énorme et je ne peux pas me plier facilement"***[14], explique le chanteur, qui est surtout trop timide pour affronter le regard du public avant de sortir de scène. Il préfère s'enfuir et ce comportement deviendra un style qui sera aussi une des raisons de son succès.

Jamais aucun artiste n'avait traité le public de cette façon et on vient de partout découvrir ce jeune artiste qui se permet d'engueuler les spectateurs, de sortir boire un verre d'eau (il faut dire qu'il transpire vraiment beaucoup), ou de s'arrêter au milieu d'un couplet.
"C'est dur pour moi d'aller en public, ça m'épuise. J'ai inventé la transpiration sur scène. En fait, je transpire sur scène parce que je suis ému. Je suis exactement quand je suis devant le public dans l'état du môme de seize ans la première fois qu'il va coucher avec une fille. (…) Vous savez, on a le cœur qui bat. On se dit : 'Qu'est-ce qu'on va leur dire ? Comment on va s'y prendre ?' "[15]
À la Villa d'Este, il se trompe dans les paroles et termine poussif la fin de sa chanson : ***"Oh, je croyais que c'était déjà fini, que j'allais me coucher, oh merde ! Je vais en prendre une autre et on recommencera après… Merde ! Je ne m'en souviens plus…"***

À l'automne 1952, un client d'un cabaret lui crache la fumée de son cigare à la figure. Brassens s'arrête, le regarde et balance au public : ***"Je ne chante pas pour cette bande de cons."*** Le spectacle se terminera en concert privé dans les toilettes de l'établissement. Un pied posé sur l'abattant de la cuvette, Brassens entonne alors ses chansons pour un public restreint venu spécialement l'écouter. Un journaliste présent ce soir-là raconte le lendemain l'épisode dans la presse. La légende de l'ours est née.

Lorsque Brassens est sur scène, bien entendu, tous les copains sont dans la salle. Impossible pour le chanteur de ne pas être entouré de ses amis. En coulisses, ils viennent lui prêter main-forte mais sont parfois trop bruyants. Jacques Canetti menace un soir de les virer de la salle : "On entendait leurs braillements jusque dans la salle de spectacle. Bref, ces énergumènes gênaient les spectateurs et le travail des machinistes." Il met ses menaces à exécution alors que Brassens est en plein tour de chant, il sort de scène et lui hurle dessus qu' "il n'est rien ici" et que "ce sont les artistes qui font marcher la baraque !", une des rares colères du chanteur.

Un autre soir, André Vers, un jeune écrivain, vient l'écouter. C'est ainsi qu'il rapporte plus tard ce qu'il a vu : "Il pénétra sur scène, grand et massif, cheveux drus, hirsute, épaisse moustache tombante, tenant sa guitare à bout de bras, comme une massue. Un ours. Les yeux baissés, pied gauche sur une chaise, tout seul *(…)* il n'y eut que quelques applaudissements,

du bout des doigts, parce que l'on est bien élevé et que ce pauvre saltimbanque semble si mal à l'aise. Il grommelle, tête basse, transpire tellement qu'il doit s'ébrouer pour rejeter la sueur qui lui brûle les yeux. Par instants, il lance un regard traqué vers la salle. Il est livide *(...)*. Il n'a chanté que trois de ses compositions et il a quitté la scène, sans un salut."[16]
Très enthousiaste, André Vers appelle tout de suite son grand ami, René Fallet, pour l'inciter à aller découvrir le chanteur. Le lendemain, ce dernier se rend aux Trois Baudets et rédige sur-le-champ un article pour *Le Canard enchaîné*.
"Il ressemble tout à la fois à défunt Staline, à Orson Welles, à un bûcheron calabrais, à un Wisigoth et à une paire de moustaches. Cet arbre présentement planté sur la scène des Trois Baudets est timide, farouche, suant, mal embouché et gratte une guitare comme l'on secoue des grilles de prison. Georges Brassens – *le Canard*, s'il ne le saluait pas, ne serait plus le *Canard* – est un bon gros camion de routier lancé à tout berzingue sur les chemins de la liberté. On souhaite à ce véhicule d'éviter jusqu'au bout les dangers de ces pavés d'or sur lesquels se sont déglingués tant de talents, tant de franchises.
La voix de ce gars est une chose rare et qui perce les coassements de toutes ces grenouilles du disque et d'ailleurs. Une voix en forme de drapeau noir, de robe qui sèche au soleil, de coups de poing sur le képi, une voix qui va aux fraises, à la bagarre et... à la chasse aux papillons. *(...)* Cet homme est dangereux. C'est un poète, un drôle de client pour les roucouleurs. En avoir ou pas ? Il a choisi. Bonne récompense à qui l'écoutera. Moi, tant il est usé, je vois le jour au travers de mon microsillon. Un jour qui se lève sur une méchante carrière, si toutefois – c'est là la crainte – les petits cochons ne mangent pas le Brassens en route. Ces petits cochons qui voudraient tant me le domestiquer, lui ôter ses épines, le regard noir, la rage au ventre. Comme ses rossignols qui ne chantent que les yeux crevés, Brassens ne chantera-t-il juste qu'au fond de l'Impasse où il habite encore ? Souhaitons le contraire. Tant que les gorilles violeront les juges, comme dans *Le Gorille*, Georges Brassens sera lui-même. Sans la moindre (et c'est heureux) garantie du gouvernement."[17]
Ému par les mots de l'écrivain, Georges Brassens lui répond : *"Soyez assez gentil pour venir me voir aux Baudets, un soir (j'y suis vers 10 heures) et nous conviendrons d'un jour où si vous avez le temps nous finirons la soirée ensemble. Ou bien même à la villa d'Este où des raisons alimentaires me contraignent (hélas !) de chanter. Merci pour vos poésies et pour cet article si pertinent."*

Et débute ainsi une des amitiés les plus solides de la chanson.
Au Vieux Colombier, c'est un jeune écrivain du nom de Jean Lacouture qui découvre à son tour Georges Brassens, émerveillé : "Un type parut sur scène, énorme à première vue, avec ses grosses bacchantes, ses sabots que l'on croyait voir pointer, sa voix cassée,

« Les fleurs du bal » Elle, *2 mars 1953.*
Photographie Paris Match - Scoop

Les révélations de la chanson 1953 : Odette Lauren, Annie Fratellini, Gilbert Bécaud, Georges Brasse et Philippe Clay, 1954. **Photographie Philippe Le Tellier - Paris Match - Scoop**

et bientôt les grosses gouttes ruisselant du front plissé sur les joues du trimardeur. Cette sincérité combattante, cette malice matoise, cette bonhomie supérieure, cette mélancolie sarcastique, quelles merveilles ! Chante encore, Brassens l'ensoleillé, chante, rugis, perds-toi dans les mots, les entre-mots, les notes, les entre-notes, pose ta moustache sur tes rimes et tes rimes sur ton cœur, qui est si gros et si furieux de la méchanceté de quelques autres... Impossible de ne pas aller lui dire ensuite notre joie, à ce sauvage ruisselant, à ce gorille au sourire franciscain. Jamais au grand jamais nous n'avions reçu d'un chanteur un tel choc, pas même de Trenet. Découvrir d'un coup, d'un rien, un savoir, cette poésie de l'arbre et du poil, du parler simple et de l'herbe folle, du téton et de la prunelle, cette poésie gaillarde surgie d'entre tignasse et sandales, d'entre cœur et jardin, c'est une joie qu'on n'oublie pas." [18]

Brassens, l'ours mal léché, l'anarchiste poète, va devenir un personnage qui compte à Paris. Il devient la cible des journalistes de *Paris Match*, du *Figaro*.
Il pose pour le magazine *Elle* du 2 mars 1953.
Le 6 avril 1953, Brassens fait sa première émission télévisée : il chante *La Mauvaise Réputation* devant le public de l'Alhambra.
Les galas à Paris se multiplient : Patronage laïque du 1er arrondissement, Gala PTT, Gala Martini, Bal des berceaux, Villa d'Este, Mutualité...

Brassens est partout. Et après avoir dépensé près de 80 000 francs de taxi pour se déplacer entre les différents cabarets, il s'achète une Vespa avec ses premiers cachets.
En 1954, il est consacré "révélation de la chanson" aux côtés de Philippe Clay, Odette Laure, Nicole Louvier et Gilbert Bécaud.
Sur la scène du théâtre des Champs-Élysées, les jeunes espoirs sont présentés par Martine Carol et Michèle Morgan, lors d'une soirée racontée dans *Paris Match* (6 février 1954) : "À la projection du gala du film *Destinées*, les spectateurs ont vu, réunies pour la première fois, les cinq révélations de 1953, cinq noms qui ont fait parler d'eux en 1953 et qui feront chanter la France en 1954 *(...)*.
Pour Georges Brassens, l'enfant terrible de la chanson 1954 ne fait que confirmer son prodigieux succès de l'an passé. On l'a surnommé le « Bruant du demi-siècle».
Il est, de plus, le lauréat du grand référendum populaire organisé par le journal *Music-Hall* avec Gloria Lasso."

En 1954, le célèbre Olympia, temple du music-hall devenu un cinéma, est repris par Bruno Coquatrix. Cet auteur-compositeur alors associé au chanteur Ray Ventura veut redorer le blason de l'établissement et renouer avec le succès. Il programme immédiatement le sulfureux Brassens, dont tout le monde parle.

Revue Music-hall, octobre 1
Collection Claude Ric

MUSIC★HALL

E SEUL MAGAZINE DE LA CHANSON ET DES VARIÉTÉS ★ N° 9 ★ 100 Frs

le
music-hall
manque
de "sex"

EORGES
ASSENS

Flatté de cette proposition, Georges n'a pas très envie d'y aller seul et demande alors à Pierre Nicolas de l'accompagner à la contrebasse pour son tour de chant.

Brassens et Michel Simon

"– Penses-tu ! ces polos en nylon, c'est indémodable !"

Un matin, Brassens l'appelle :
– Le problème, c'est qu'il est 11 heures du matin et qu'il faut commencer l'après-midi.
– Pas de problème, lui répond le musicien.
Quand il ne joue pas avec Brassens, Pierre Nicolas accompagne Juliette Gréco, Monique Morelli, Jacques Brel, Charles Trenet et Catherine Sauvage. Mais, à partir de ce 23 février 1954, il va devenir le contrebassiste officiel de Georges Brassens et ils ne se quitteront plus. Leur concert est un tel succès qu'ils reviennent en octobre et en novembre de la même année. Ils s'y produisent ainsi neuf fois jusqu'en 1963.

En 1955, il partage la scène de l'Olympia avec Charles Aznavour. Trois ans plus tard, il va y fêter son anniversaire avec Édith Piaf. C'est une vedette et il se met à fréquenter les autres artistes. Pour une émission de télé, il chante un duo avec Michel Simon sur la scène d'un music-hall.

C'est le début d'une longue amitié contrariée cependant par l'envie toujours tenace du comédien de partager avec son copain quelques films porno.

De peur d'avoir à subir le coup de la lanterne magique, Brassens n'ira jamais seul chez le comédien mais toujours accompagné de sa bande, rempart aux envies lubriques de l'acteur.

Brassens n'a plus l'allure de ses débuts. Il commence à y prêter attention ainsi qu'à ses tenues ; même s'il pose avec sa pipe et en chemise de bucheron sur l'un des programmes de l'Olympia en 1957, certains commencent à lui reprocher un certain embourgeoisement :
"Dernièrement à l'Olympia, un ouvrier est venu me voir. « Monsieur Brassens, vous êtes devenu snob, vous avez une cravate maintenant et vous avez un pli à votre pantalon. » Alors évidemment je n'ai pas souvent de pli à mon pantalon mais j'ai toujours eu au moins un pantalon et un pantalon bleu et une chemise blanche ; j'avais la réputation d'un crasseux et il m'a vu de très près et a vu que je n'étais pas sale et il a décidé que je m'embourgeoisais, que je devenais snob, et que je changeais mon fusil d'épaule, je mettais de l'eau dans mon vin, enfin il y a 10 000 expressions très pittoresques que le public populaire a inventées pour cela. Je retournais ma veste… Il m'a dit : « vous savez maintenant vos chansons elles ne sont pas bonnes. » Je lui ai dit : « Mon vieux, vous savez, je suis vraiment navré de ne pas vous plaire, enfin mon vieux, que voulez-vous que je fasse ? Je n'ai plus de talent, vous ne voulez pas tout de même que je me suicide, il faut bien que je vive un peu, non ? Alors je continue à chanter quand même, j'espère que cela durera encore quelques années et que je gagnerai mon pain tranquillement sans que je sois obligé d'aller voler. » Cela s'est terminé très simplement, le petit ouvrier qui m'avait dit que j'étais snob a sorti des gants de sa poche et en a couvert ses mains d'ouvrier et est parti." [19]

"Georges, vous possédez un grand talent, votre fortune est assurée. Achetez un bel appartement, nous vous avancerons les fonds nécessaires", lui suggère régulièrement Jacques Canetti. En guise de réponse, Brassens fait installer à l'Impasse le chauffage central, l'eau chaude, l'électricité et offre à Jeanne quelques meubles bretons.

Le succès arrive si vite que Brassens a du mal à se débrouiller avec les contrats et les arrivées d'argent. Il demande alors de l'aide à un copain de Pierre Onteniente, Jean Bourdon, avant de s'adresser à Pierre directement.

Ce dernier démissionne alors de son poste de percepteur d'impôts pour devenir l'agent, l'impresario, le double de Brassens.
À l'hôtel, sa chambre est mitoyenne de la sienne et quand on appelle Georges, c'est Pierre qui décroche.
Marié et père d'une fille, sa vie est toutefois entièrement dévouée à son ami Brassens.
Il récupère les animaux dont Georges ne peut plus s'occuper, fait ses courses, écrit ses lettres.
Il l'accompagne partout, gère tout. En tournée, Pierre porte un long imperméable muni de poches multiples qui contiennent les recettes des soirées.
Par sa discrétion et son efficacité, il contribue lui aussi à la célébrité de Brassens. Ensemble, les deux amis créent les "Éditions musicales 57" pour gérer directement le catalogue des chansons de Brassens.
En 1956, son copain René Fallet, qui écrit aussi des scénarii, l'entraîne dans l'aventure de *Porte des Lilas*. Le réalisateur René Clair veut adapter son livre *La Grande Ceinture* et a pensé à Brassens pour l'un des rôles. Le chanteur accepte, mais seulement par amitié, et il tente, malgré tout, de s'éclipser avant le début du tournage.
Il charge Pierre Onteniente de se montrer très ferme face à la production et de faire monter les enchères pour obliger la production à renoncer au chanteur.
Devant les demandes répétées de Pierre et son âpreté en affaires, un certain Daven s'écrie :
"Mais, c'est un roc ! C'est Gibraltar !"
C'est ainsi que le célèbre surnom est né, seule touche légère d'un tournage qui se révèle pénible.
Pierre Brasseur, la vedette du film, est connu pour ses penchants pour la boisson et René Clair fait interdire toute trace d'alcool sur le plateau.
Ne pouvant rien interdire à personne, la loge de Georges devient alors le bar du comédien, qui y cache ses provisions de whisky et de vin.
Dès que le réalisateur a le dos tourné, l'acteur file se rassasier dans la loge du chanteur. Les effluves d'alcool donnent, sur le plateau, une atmosphère pour le moins tendue. Un soir, Pierre Brasseur invite le chanteur à venir dîner chez lui et très vite propose de "jouer au portrait".
Peu sensible à ces divertissements, Brassens se croit obligé de participer et gagne. Cela met en fureur le comédien, qui le vire immédiatement de chez lui en hurlant "Je déteste les poètes !"
Ce qu'on retiendra surtout du film, ce sont sans doute les trois chansons écrites sur la demande du réalisateur.
René Clair en voulait une sur l'amitié, une sur le vin et une sur l'histoire du film.

Gibraltar dans les coulisses de Bobino.
Collection Mario Poletti
À force de réécrire ses chansons, Georges Brassens peine parfois à retenir la dernière version. Gibraltar est placé sous la scène et, à la façon du souffleur, guide Brassens en lui pointant le texte recopié sur un grand cahier à l'aide d'une baguette.

C'est ainsi que naissent *L'Amandier, Au bois de mon cœur* et *Le Vin*.
Ensuite, Marcel Pagnol propose à Brassens le rôle du berger dans son projet d'adaptation des *Lettres de mon moulin*. Mais le chanteur décline l'invitation. Le cinéma, ce n'est pas son univers, comme les cabarets, qu'il cesse de fréquenter en 1958. *"J'ai renoncé à passer dans les cabarets chic. On a trop l'impression de chanter pour quelques privilégiés qui paient le troubadour. On les voit de trop près. Ils applaudissent, mais ils battent leur cheval ; quand ils ne sont pas partisans de la peine de mort…"* [20]

Les disques

À cette époque, le jeune musicien Eddie Barclay rentre des États-Unis avec la licence d'un nouveau produitqui va bientôt révolutionner le monde de la musique : le microsillon. Fini les lourds 78 tours en cire. On voit apparaître en France des 45 tours "simples" (deux titres) – réservés surtout aux machines à sous et à la promotion radio –, des 45 tours EP (*extended play*) ou "super 45 tours" (quatre titres), le 33 tours 25 cm – pour la chanson plus sérieuse et donc plus cher et plus luxueux –, et enfin le 33 tours 30 cm, qui est d'abord réservé aux œuvres classiques et aux orchestres de jazz. La marque Philips décide très vite de se lancer dans la fabrication massive de 33 tours. En 1957, elle construit une usine à Louviers et y installe une "presse Brassens", destinée uniquement à ses disques. L'ouverture de l'endroit est suivie par toutes les caméras de télévision.

"Je pense que plus on vend de mes disques et plus je suis content. Et j'ai l'impression que, par ce moyen-là, je risque quand même d'arriver à l'oreille de certains que les prix faisaient hésiter (…). Moi, ça me flatte de penser que mon disque est à la portée de toutes les bourses. C'est un honneur que l'on me fait finalement. Je suis très content que tous les gens puissent acheter mon disque sans se priver de déjeuner."

Entre 1953 et 1962 (volumes 1 à 9), Georges Brassens enregistre chaque automne un 25 cm original (les chansons sont systématiquement détaillées en deux "super 45 tours"). La fidélité légendaire du chanteur se retrouve aussi dans la relation qu'il entretient avec sa maison de disques.

Il n'a jamais demandé à revoir son contrat et n'a jamais réclamé quoi que ce soit. Cette flexibilité et cette gentillesse lui permettent aussi d'avoir la paix et de pouvoir choisir les dates de parutions de ses disques.

1962 - dernier 25 cm *Les Trompettes de la renommée*
1964 - premier 30 cm *Les Copains d'abord*
1966 - 30 cm *La Supplique*
1969 - 30 cm *Misogynie à part*
1972 - 30 cm *Mourir pour des idées*
1976 - 30 cm *Trompe la mort*

Les 30 cm ont aussi un grand avantage : une face 33 tours peut facilement dépasser 30 minutes. Fini les 78 tours où l'on ne peut graver qu'une seule chanson par face. Brassens, qui n'aime définitivement faire que ce qui lui plaît, est l'un des premiers artistes français à avoir dépassé les trois minutes réglementaires pour une chanson qui, à cette époque, étaient considérées comme infranchissables par les radios. Il a même pulvérisé cette limite avec *La Supplique*, qui dépasse les 7 minutes !

Un mal qu'il tient secret le ronge depuis plusieurs années et l'oblige à renoncer à certains de ses engagements. En 1962, la veille de son entrée sur scène à l'Olympia, le chanteur entre en clinique à cause des coliques néphrétiques dont il souffre depuis l'âge de 25 ans. Sur l'insistance de Bruno Coquatrix, il assure néanmoins la première des concerts mais doit retourner en clinique à la fin de son tour de chant.

Brassens dans les loges de l'Olympia, décembre 1962.

Photographies Robert Doisneau

En 1962, à la veille de son retour à l'Olympia, le chanteur est hospitalisé pour soigner les coliques néphrétiques qu'il subit depuis l'âge de 25 ans. Sur l'insistance de Bruno Coquatrix, il assure néanmoins son tour de chant, alternant les journées à la clinique et les soirées en scène... Il sera finalement opéré et ne retournera plus à l'Olympia.

il est à l'hopital. Il se fait chier et il a mal.
Devos lui apporte un violon et il fait le con.
De l'importance de faire le con.

Comme le directeur de la salle insiste encore pour qu'il effectue la totalité des concerts, Brassens passe ses soirées entre sa chambre à la clinique et la célèbre salle de concert... pour finalement terminer à l'hôpital. Jean-Michel Boris, alors régisseur du lieu, raconte que Jacques Brel était dans les coulisses prêt à le remplacer. Mais, professionnel jusqu'au bout, Brassens tient le coup grâce à une piqûre d'un médecin.
"Je ne préconise pas la souffrance, je suis un ennemi de la souffrance (...), mais quand on est obligé de passer par là, on se dit que les petites choses qui troublent, comme un accroc à un vêtement, une dispute, l'échec d'une chanson, l'infidélité d'un ami, c'est de la rigolade." [21]

Il a "pissé" une trentaine de pierres qui lui ont valu chacune entre dix et trente crises et a donc eu près de quatre cents crises de coliques néphrétiques tout au long de sa vie. Elles peuvent le prendre à l'improviste mais, ne voulant faire subir à personne ces moments de douleur, il part s'allonger et attend.
"Quand on est tout seul, on est assez complaisant avec sa douleur, tandis que, devant le public, on fait un petit effort pour dissimuler. En réalité, l'idéal, c'est de n'avoir de crises que devant le public !"

Brassens avec ses soucis de santé vit un peu caché pour ne pas avoir à subir les questions des journalistes. On entend même les pires rumeurs sur lui jusqu'au matin où les journalistes annoncent sa mort. Affolé, un ami l'appelle : *"c'est nettement exagéré"* lui répond Brassens et il en fera une chanson où il répond, toujours avec cet humour et cette distance qu'il manie avec bonheur, aux rumeurs les plus invraisemblables.

Le Bulletin de santé

J'ai perdu mes bajoues,
J'ai perdu ma bedaine,
Et, ce, d'une façon si nette, si soudaine,
Qu'on me suppose un mal qui ne pardonne pas,
Qui se rit d'Esculape et le laisse baba.
Le monstre du loch Ness ne faisant plus recette
Durant les moments creux dans certaines gazettes,
Systématiquement, les nécrologues jou'nt,
À me mettre au linceul sous des feuilles de chou.
Or, lassé de servir de tête de massacre,
Des contes à mourir debout qu'on me consacre,
Moi qui me porte bien, qui respir' la santé,
Je m'avance et je cri' toute la vérité.
Toute la vérité, messieurs, je vous la livre
Si j'ai quitté les rangs des plus de deux cents livres,
C'est la faute à Mimi, à Lisette, à Ninon,
Et bien d'autres, j'ai pas la mémoire des noms.
Si j'ai trahi les gros, les joufflus, les obèses,

Après l'Olympia, Brassens est opéré au rein gauche pour éliminer ses calculs, et il perd 30 kilos. Il ne retournera plus à l'Olympia, exception faite du gala organisé pour Serge Lama le 7 décembre 1965 à la suite d'un grave accident de voiture dont le jeune chanteur a été victime.
Il subira une deuxième opération quatre ans plus tard. À la fin d'un spectacle à Sceaux, le 7 avril 1967, Georges Brassens s'écroule. Le mercredi 10 mai, les crises reprennent et c'est Jacques Brel, alors son voisin, qui l'emmène à l'hôpital. *"Avec toutes mes pierres, j'aurais pu faire construire un mur dans mon jardin"*, note avec humour le chanteur.

C'est que je baise, que je baise, que je baise
Comme un bouc, un bélier, une bête, une brut',
Je suis hanté : le rut, le rut, le rut, le rut !

Cette maladie, qui l'obligeait à boire de l'eau plus qu'il ne l'aurait fait naturellement, l'a fait mincir énormément. Brassens devient un homme élancé et qui sculpte sa silhouette avec attention.
Il n'aime pas en parler, se cache un peu de cette coquetterie, mais le sport et la culture physique ont une place importante dans sa vie.
Enfant, il nage avec une assiduité qui frôle parfois l'obsession. Les bains de mer sont le quotidien à Sète, tout comme le vélo, qu'il pratique régulièrement avec son père. À Paris, la pratique du sport devient plus compliquée. Mais dès qu'il le peut, Brassens fait des pompes et déniche des accessoires qui l'aideront à rester en forme : une planche abdominale cachée sous son lit lui permet de faire des exercices dès son réveil et au milieu de l'allée, des haltères accueillent les invités. Il se maintient en forme, seule préparation physique pour ses tours de chant.

Fini l'Olympia, les cabarets, Georges Brassens va triompher au TNP en 1966.
Sur l'invitation de Georges Wilson, qui a succédé à Jean Vilar à la tête du théâtre, il partage l'affiche, comme il l'a fait à ses débuts aux Trois Baudets, avec Juliette Gréco, la grande vedette de l'époque.
La salle compte 2 600 places, qui sont prises d'assaut chaque soir. Plus de 100 000 spectateurs assistent aux 32 représentations. Jamais on n'a vu autant de monde venir écouter de la chanson dans ce temple consacré auparavant au théâtre. Brassens interprète vingt chansons, dont onze inédites : *Auprès de mon arbre, Corne d'aurochs, La Mauvaise Réputation.*

Georges Brassens et Juliette Gréco au TNP, septembre 1966.
Photographie Enguérand – CDDS

Juliette Gréco se souvient : "Je l'écoutais le soir. C'était inexplicable : on reçoit une douche de beauté, de bonheur, de rires, de larmes, une douche de vie et de don de soi." [22]
En octobre, le disque du TNP sort. Il a été enregistré à Crespières dans sa maison de campagne à la suite d'un mouvement de grève des techniciens du disque. Mais cela plaît bien à Brassens, qui propose toujours à son équipe : *"Vous ne voulez pas venir chez moi ?"* pour ne pas avoir à subir l'épreuve du studio.
La maison du chanteur est en effet bien plus accueillante que le sombre studio où Jean Bonzon, le réalisateur, doit mettre le pied de Brassens sous une couverture pour dissimuler le bruit qu'il fait en battant la mesure... *"Je ne peux pas m'habituer à ne pas avoir mon pan, pan, pan. D'ailleurs j'envisage de faire mettre un truc qui fasse pan, pan, pan dans ma tombe"* [23] suggère Brassens, qui se trouve bien ridicule avec sa couverture sur le pied.
Ils enregistrent cinq minutes un jour, puis cinq minutes le lendemain, dans une ambiance détendue. Jean Bonzon transporte au moulin un matériel léger, dont un enregistreur Ampex trois pistes, qu'il installe dans la cuisine. André Tavernier, le fidèle responsable du studio, est également présent. Le son naturel n'est pas retraité. Quelques prises suffisent et le tour est joué. Brassens, qui n'aime pas s'écouter, passe très vite à autre chose : *"Vous vous arrangerez,* leur dit-il en sortant, *vous ferez pour le mieux."*

L'enregistrement des disques a toujours lieu lorsque paroles et musiques sont considérées comme définitivement terminées et, surtout, après avoir subi l'épreuve du public.
La voix du chanteur est souvent blanche, fatiguée par les tours de chant, et Tavernier lui reproche parfois son manque de justesse. ***"C'est pas juste parce qu'il y a de l'émotion dedans, monsieur Tavernier ! Quand vous dites « je t'aime », vous croyez que c'est juste ?"***
Pour les enregistrements en studio, Georges Brassens fait appel à un autre guitariste. Après Antoine Schessa, Jean Bonal, Victor Apicella, Lucien Bellevallée, Barthélemy Rosso, Joël Favreau est le dernier guitariste à l'accompagner. Rencontré grâce à la chanteuse Colette Chevrot, que le jeune guitariste accompagnait alors, les deux musiciens se mettent à discuter et se découvrent une passion commune pour Django Reinhardt. Ils travailleront douze ans ensemble. "Il laissait faire beaucoup de choses mais savait exactement ce qu'il voulait, explique le guitariste.
Ce qui était étonnant aussi, c'étaient ses propres accords : il utilisait, de façon délibérée, des accords inattendus, bizarres, et si Nicolas et moi lui faisions remarquer que selon les règles harmoniques tel autre accord était plus logique, il répondait : ***"Les musiciens sont des cons !"*** et il avait souvent raison de ses audaces : c'étaient bien ces accords-là qu'il fallait." [24] Ces accords inhabituels n'empêchent pas le succès, bien au contraire : en 1967, on compte plus de 15 millions de disques vendus !

Bobino

La salle qui va compter pour Brassens et à laquelle il restera fidèle tout au long de sa vie, c'est Bobino ! Ce music-hall a le grand avantage de se situer à quelques pas de chez lui et il devient vite ami avec son directeur, Félix Vitry. Le passage de Brassens dans cette salle – ***"le dernier bastion, la dernière salle où l'on n'a pas peur des mots"*** – sera presque aussi régulier qu'un métronome. D'octobre 1953 au dernier spectacle donné le 27 mars 1977, Brassens s'y produit pour ainsi dire chaque année :
- en novembre et décembre 1954,
- en janvier et février 1956,
- en novembre et décembre 1957,
- en janvier et février 1959,
- en avril 1960,
- en avril 1962,
- en septembre et octobre 1963 pour fêter ses dix ans de chansons,
- d'octobre 1964 à janvier 1965,
- en janvier et février 1967,
- d'octobre 1969 à janvier 1970,
- d'octobre 1972 à janvier 1973,
- et le 19 octobre 1976, Brassens s'installe pour cinq mois à Bobino, sa dernière scène.

Le décor est minimaliste : une chaise, un piano fermé pour y poser son verre d'eau. Quant à la tenue de scène, elle sera toujours la même : un costume sombre avec une chemise blanche et une cravate. Mal à l'aise avec tout ce qui concerne la mode, Brassens n'aime pas sentir la rugosité des nouveaux costumes. ***"Tu devrais me faire des costumes déjà vieux"***, dit-il à son fidèle tailleur du XIVe arrondissement. ***"En passant devant le public, j'estime quand même que je me dois d'être à peu près convenable. Je n'ai jamais mis de cravate dans ma vie qu'aux enterrements qui ont été nombreux (j'en ai fait beaucoup bien sûr), aux mariages (j'en ai fait un peu moins), aux baptêmes (j'en ai fait aussi beaucoup moins)***

"Bobino" : Georges Brassens sur scène à Bobino, 1966.

Photographies Jean-Pierre Leloir

Le décor : une chaise, un piano ; Brassens ne salue pas, n'échange pas avec le public, glisse seulement quelques mots à Pierre Nicolas et boit une gorgée d'eau entre les chansons : la cérémonie ne change guère d'année en année, et le public se presse pour aller découvrir l'artiste sur scène.

et en scène. Sinon, je ne mets jamais de cravate. Si j'arrivais le col ouvert, comme je suis en ce moment, avec un truc en velours un peu négligé, comme je suis dans la vie, ça pourrait sembler une affectation. Je ne voudrais pas que l'on pensât que je suis un vieil anar qui se déguise pour aller en scène. Alors, j'aime mieux me déguiser dans la tenue réglementaire !" [25]
Chaque fois qu'il doit remonter sur scène, le chanteur appelle Jacques Favino, son luthier : *"Préparez-moi deux guitares Brassens !"*
L'artisan en fabriquera 10 et son fils trois, toujours sur le même modèle. En 1956, Brassens débarque chez Jacques Favino sur les conseils du chansonnier Jacques Grello. Il doit remplacer la guitare qu'on lui a volée (*"une grosse classique montée en acier, avec un cordier en plus du chevalet"*).
Jacques fait aussitôt le moule nécessaire.
C'est le début d'une longue collaboration entre les deux hommes : "Il était faiseur de chansons comme on était faiseurs de guitare", raconte Jean-Pierre Favino, le fils de Jacques.
Une douzaine d'instruments verront donc le jour, Brassens les achetant souvent par deux pour en offrir à ses amis et en avoir à disposition dans chacune des pièces de sa maison. Pierre Louki en aura une, Philippe Chatel également.
Le chanteur offrira aussi une guitare à son cousin Georges Granier pour son fils Bruno, à Éric Battista, à René Iskin, à Jacques Bousquet, à Mario Poletti.Au niveau de la lutherie, la spécificité du modèle "Brassens" tient à la combinaison de deux travaux mécaniques, afin de répartir la tension des cordes (quasi doublée) ; la pression, exercée grâce au cordier, soulageant en partie la torsion transmise par le chevalet.
"Cette construction "hybride" explique, dans une large mesure, le timbre bien connu de l'instrument : ce son particulier que l'on repère sur les disques, mélange de rondeur et d'acidité, de chaleur et de scintillement" explique Max Robin.
Le modèle est toujours le même et seule la décoration de la rosace varie selon les époques, les bois demeurant tout à fait standards.
De temps en temps, Brassens monte les trois cordes basses en nylon, accentuant ainsi encore plus le contraste entre graves et aigus.
Pour Jean-Pierre Favino, qui a fabriqué trois de ces guitares, ce modèle "reste à découvrir", en particulier pour sa polyvalence (folk, jazz, classique).
À force de se servir des mêmes accords, Brassens avait parfois certaines barrettes de sa guitare usées tout au bout du manche. Pour ne pas "déranger" Favino, il prenait alors celles du bas pour les retaper en haut. Ce qui explique l'état des guitares sur certains clichés pris à Bobino... Une autre anecdote connue est celle de la "râpe" : Brassens donnait en effet un "coup de râpe" derrière le manche pour se constituer un repère tactile à un endroit donné, ce qui lui permettait de ne pas rater l'accord ! [26]

"Moi, le type très costaud, qui, en dehors de mes pierres, n'ai jamais été malade cinq minutes de ma vie, je sors de scène vanné. Il m'est arrivé de faire des gros travaux, avec mon père, maçon, de pousser des brouettes, de monter des sacs de 50 kilos au sixième étage, sans ascenseur bien sûr, eh bien, j'étais moins fatigué ! Quand j'avais travaillé à planter

mes arbres, j'étais moins fatigué qu'après deux heures sur la scène de Bobino."[27]
Pour mieux lutter contre le trac et ainsi se sentir plus libre, Brassens s'entoure de rites lorsqu'il joue en public. Par exemple, il ne peut pas monter sur scène sans avoir fait le choix de ses chansons avec ses amis les plus proches. Pour chaque rentrée à Bobino, Brassens compose de nouvelles chansons qui seront ensuite gravées sur disques.
Pour les choisir, il les chante à ses amis, choisit avec eux le déroulé du tour de chant, celles qui doivent y figurer. Certaines sont recalées, comme la chanson *La Maîtresse d'école*, puisque aucun de ses amis ne l'a choisie dans sa liste.
Il faudra attendre l'interprétation de Jean Bertola pour la découvrir. Ensuite, Brassens recopie avec soin l'intégralité de son tour de chant dans un cahier.
Il a alors une idée plus claire du concert et peut encore modifier l'ordre des chansons.

Il se construit ainsi sa propre mise en scène du spectacle. Pour la rentrée de Bobino 1972, René Fallet s'est cassé la jambe et est immobilisé dans sa maison en Bourgogne.

Pris d'affolement, Brassens lui envoie une lettre :
"Je commence à me demander si ce n'est pas un de mes concurrents qui t'a poussé pour me nuire, car, blague à part, je ne suis pas prêt et je comptais sur toi pour faire ceci ou cela… Et me voilà, la veille de ma rentrée, avec trois morceaux pas au point. Toi seul qui es une belle brute en matière de notes pourrait trancher (…) ; je ne pense pas pouvoir venir à moins que je ne réussisse à boucher ces trous dans les jours qui viennent."
Ne pouvant attaquer Bobino sans l'avis de Fallet, il prend sa voiture et descend en Bourgogne pour tester le tour de chant auprès de son ami.
Il se rend à l'hôpital, place un écriteau sur la porte "Ne pas déranger", agrippe sa guitare et se lance dans son récital. Ils peuvent alors décider ensemble quelles chansons garder et quelles musiques travailler.
Brassens peut remonter l'esprit tranquille à Paris et enfin "attaquer" Bobino, même si René Fallet n'est pas dans la salle le soir de la première.

À chaque concert, des rangées de sièges sont réservées aux copains qui se doivent de venir l'applaudir. Une exception est faite pour son copain Marcel Renot.
Amputé d'une jambe, Georges lui paie un pilon sur mesure mieux adapté à son moignon. Et chaque fois que Renot vient voir son ami à Bobino, ce dernier lui réserve une place dans les coulisses, afin qu'il soit confortablement assis. Mais un soir, Renot est si enthousiaste qu'il ne peut "réfréner son bonheur. Peu à peu, la chaise glisse en direction du chanteur. De la salle, on voit apparaître une chaussure, puis, chaque titre augmentant l'enthousiasme, c'est bientôt toute la jambe qui apparaît sur scène."[28]

Georges Brassens, Serge Gainsbourg et Jane Birkin, 12 octobre 1972.
Photographie Rue des Archives

Les coulisses

Les coulisses sont aussi le lieu de rencontres, d'intrigues, d'anecdotes. Le tout-Paris vient voir Brassens : tout le monde se presse pour avoir un autographe ou bien échanger quelques mots avec le maître.
Brassens se souvient de chacun d'une année sur l'autre et peut même citer le nom des visiteurs. *"Alors, vous l'avez réussi, cet examen ?"* demande-t-il à un jeune étudiant stupéfait, rencontré deux ans auparavant. Il interroge de la même façon une admiratrice régulière : *"Et votre mari, il va mieux ?"*
Gibraltar doit jouer le rôle de garde du corps à maintes reprises.
Un soir, une femme arrive à s'immiscer dans les coulisses à la fin du spectacle, après avoir passé tout le concert à bondir sur son fauteuil en envoyant des baisers des deux mains à son idole :
– Georges, je suis venue vous dire que je veux un enfant de vous. Cette nuit ! Ma décision est prise. L'époque est favorable. Nous l'appellerons Georges. Je n'exige que le prénom... !
– *Ce choix me ravit,* répond le chanteur.
Vous me faites un grand honneur ! Mais est-ce bien le moment ? Mon tour de chant m'épuise. Que diriez-vous de patienter un peu ? Après Bobino... dans quelques semaines... Le temps de reprendre des forces... Il est plus sage que nous remettions la procréation. N'allons pas gâcher cet enfant par une précipitation imprudente.
Si sa mère est dans l'épanouissement de la jeunesse, je suis valétudinaire, sur le chemin de l'hôpital.
Mais prévenez d'abord mon secrétaire de votre arrivée.

Un autre soir, une de ses admiratrices tente de percer le secret de son régime miraculeux :
– Non mais dites-moi, je sais rester discrète mais comment avez-vous fait pour devenir si mince en si peu de temps ?
– Mon secret, madame, avec le respect que je vous dois, je l'ai exprimé dans ma chanson Le Bulletin de santé. *Je l'ai chanté ce soir même. Tous les jours, j'ai sacrifié à Vénus, je me suis livré à des copulations aussi effrénées que salutaires, à des acrobaties infâmes mais propres à me faire perdre mon embonpoint.*
– Monsieur Brassens, je vous en prie, soyez sérieux. Croyez vous que la pratique - même intensive - de l'amour fasse maigrir ? Regardez-moi !...
– Je ne le jurerai pas. En réalité, j'ai été malade. Cela m'a réussi. Mais la méthode que je vous ai recommandée, pour n'être pas tout à fait efficace, n'en reste pas moins agréable à appliquer... et vous en faites profiter votre partenaire.

Les coulisses, c'est aussi pour Brassens l'occasion de rencontrer ses idoles de jeunesse. Quel bonheur pour lui de voir arriver un soir Charles Trenet, venu le saluer !
Le 21 mars 1966, ils tournent même ensemble un reportage télévisé où ils chantent en duo les chansons de Trenet.

Georges Brassens posant à côté d'une Willys Overland.
Collection Pierre et Françoise Onteniente

Parmi toutes ces rencontres, il y a aussi Salvador Dalí, qui lui propose d'illustrer ses chansons, et puis Serge Gainsbourg et sa femme, Jane Birkin, qui adore les chansons de Brassens. Un soir, Gainsbourg veut surprendre Jane pour son anniversaire en l'invitant. Bien que très peu mondain, ce dernier ne peut décliner l'invitation et se met à la recherche d'un cadeau. Après plusieurs hésitations, il opte pour une jolie montre. Il envoie Gibraltar dénicher le bijou et arrive, très intimidé, à la soirée.
Lorsqu'il entre dans la pièce, il trouve Jane, émue, en pleine conversation sur la liberté qu'elle a prise de ne pas avoir de montre, cet accessoire qui régit le temps et emprisonne la vie. Brassens repart tout penaud avec son cadeau dans la poche.

Les tournées

Dès qu'il débute chez Patachou, Brassens démarre très vite les tournées avec Jacques Canetti et ses fameux "festivals du disque" où s'embarquent toutes les vedettes passées aux Trois Baudets. Pour Brassens, ce n'est pas une partie de plaisir, car son emploi du temps est alors réglé comme une horloge. Ils quittent chaque fois l'hôtel vers 8, 9 heures pour arriver à l'étape suivante en début d'après-midi. Brassens, Püpchen, Onteniente et les guitares sont entassés dans la première voiture – une DS –, tandis qu'un break ID (baptisé "la corbillard") emporte Pierre Nicolas, la contrebasse et la sonorisation. Enfin, une autre voiture se charge des artistes qui font la première partie.
Dès qu'ils arrivent à destination, Brassens part à l'hôtel, où il s'enferme pour écrire et composer. Il ne se déplace jamais sans une petite valise bleue dans laquelle il conserve ses cahiers, ses notes et les bandes magnétiques qui servent à enregistrer les mélodies de ses prochaines chansons. Pendant ce temps, Gibraltar et Nicolas se rendent à la salle de spectacle, où ils installent le matériel (un amplificateur de 70 watts avec cinq colonnes... on est loin des camions d'aujourd'hui) avant de faire quelques courses des indispensables : du saucisson (toujours...), de l'eau, du pain et des fruits.
Vers 20 heures, ils se rendent tous à la salle et attendent tranquillement deux heures avant l'entrée sur scène. Brassens joue une heure, rentre se coucher à l'hôtel, et ils repartent le lendemain à 9 heures et ainsi de suite pendant presque trois mois.

Au début, les spectateurs viennent voir le phénomène Brassens et, lors de ses premières tournées en Bretagne, les curés des villes où il passe lancent l'opprobre contre l'artiste, somment l'assistance de ne pas aller aux concerts, accusant l'artiste de glisser dans les oreilles de leurs paroissiens les germes du péché mortel et d'outrager les bonnes mœurs. Brassens sent le soufre : rien de tel pour attiser la curiosité du public et remplir les salles.

Mais très vite le public ne vient plus que pour les chansons et l'homme sulfureux se transforme en vedette.

Lors des premières tournées, c'est Brassens qui conduit Jacques Grello au volant d'une DS achetée à Guy Béart qu'il conduit toutes vitres ouvertes. On voit pendre des fenêtres des chemises en train de sécher et des dizaines de saucissons que le chanteur croque à pleines dents.
Ils sillonnent les routes de France avec notamment Bobby Lapointe et Pierre Maguelon, dit petit bobo. "Autour des années 1960-1965, nous faisions tous deux partie d'une tournée de Georges Brassens. Nous voyagions par deux ou trois dans des voitures particulières ; je partageais celle de Pierre Nicolas, le bassiste de Georges, et nous avions souvent des difficultés d'itinéraire.
Nous nous arrêtions pour consulter la carte. J'affirme qu'après avoir pourtant constaté que nous étions sur la bonne route, dans la bonne direction, il nous est arrivé à plusieurs reprises de voir surgir en sens inverse la voiture de Boby qui nous saluait par le toit ouvrant, en continuant la route."
Brassens adore conduire et prend le volant dès qu'il le peut. Il achètera tout d'abord une espèce de Jeep, la Willy's Overland, ensuite une traction avant Citroën 11 chevaux, une 15 chevaux et achètera une ID citroën à volant, toit et custode noirs comme les membres du gouvernement ! Brassens, même s'il n'aime pas l'avouer (*"je déteste la bagnole, je préfère l'automobile et mieux encore le char à bœufs"*) est un grand amateur de voitures. Il conduit presque toujours lors des tournées, même si, devenu célèbre, il est obligé de laisser le volant aux abords des villes pour passer inaperçu.

L'été 1959, Brassens est la tête d'affiche du Festival du disque. C'est là qu'il rencontre Jean Bertola, le pianiste accompagnateur de Charles Aznavour, qui deviendra son ami à vie (il obtiendra le grand prix de l'académie Charles Cros en 1957 et deviendra plus tard le directeur artistique de Polydor, puis reprendra le chemin des studios pour enregistrer les chansons posthumes de son ami). Parfois, les tournées de chanteurs se croisent sur les routes de France, comme celles de Brassens et de Brel, qui ont tous les deux Canetti comme producteur. Les deux chanteurs s'étaient déjà rencontrés quelques mois auparavant.
Brassens était passé chez Fallet un après-midi : *"Viens avec moi, je vais voir un type, un Belge, dont j'ai entendu parler."* Les deux amis s'étaient arrêtés au café où un jeune homme portant une moustache chantait en s'accompagnant d'une guitare. C'était Brel.
Quelques mois plus tard, les deux vedettes se retrouvent en pleine tournée dans une salle de restaurant.
Il y a la table Brassens et la table Brel.
La table Brassens commence à bien boire, à rigoler, tandis que la table Brel, plus compassée, regarde celle de Brassens, de loin.
Tout à coup Brassens s'exclame :
– Alors, l'abbé Brel, tu ne bois pas un verre avec nous ?

– *Non, non,* répond Brel.
– Allez viens boire !
– *Non, merci,* dit Brel.
Et Georges insiste :
– Alors, l'abbé, tu veux du saint-honoré? Ou un pet-de-nonne? Ou un coup de saint-émilion? Ou un digestif, peut-être? Allez… ! Une bénédictine pour l'abbé! À moins qu'il ne préfère une chartreuse !

Brel se fâche, les traite de collégiens, quitte la salle et va se coucher. Toute la nuit, Brassens et ses copains viennent frapper à sa porte, lui glissent des petits mots insultants, déplacent ses chaussures et hurlent dans le couloir. C'est une grande habitude des tournée de Brassens : piquer les chaussures devant les portes, nouer les lacets, réveiller les clients. Quand il chante à l'Ancienne Belgique, en février 1955, il s'installe chez son ami le photographe Pierre Cordier, dont l'appartement est libre. Toute la journée, le chanteur flâne, joue aux cartes, fait la sieste. Quand vient le soir, il met du poil à gratter dans les draps et pousse la sérénade devant la porte de la chambre où dorment la tante de Pierre et son amant. Puis il rejoint sa propre chambre en passant par le balcon, espérant que les deux amants le surprennent en caleçon.

Lorsque Brassens s'arrête avec Jacques Grello dans des hôtels de luxe, ils garent leur voiture à saucissons au parking, puis s'amusent un peu à la réception. Quand le groom désigne aimablement Püpchen et madame Grello, en demandant à ces messieurs avec laquelle des dames ils sont accompagnés, ils répondent d'une même voix : "Cela dépend des soirs."

Il restera toujours fidèle à Jacques Canetti, même si les tournées, au fur et à mesure de sa notoriété seront moins harassantes. Il n'accepte les déplacements qu'au compte-gouttes et par affinités amicales avec les propriétaires des salles. Jean Serge sera l'un des heureux élus et ils feront ensemble la tournée des banlieues avec le "théâtre de la région parisienne" entre 1967 et 1970 (la dernière année se fera avec Raymond Devos). Une année, il participera à la tournée sous un chapiteau des Tréteaux de France.

Son tour de chant accompagne une pièce de théâtre jouée par des comédiens de la troupe. Est-ce pour faire plaisir à Jeanne ? Jean Danet, le patron des Tréteaux de France, est l'une de ses idoles. Elle l'a découvert au cinéma d'Alésia dans des films comme *L'Aventurière du Tchad* et *La Foire aux femmes*... Depuis elle lui voue une grande admiration. Quand il vient à l'Impasse, elle le reçoit telle une immense vedette, met ses plus beaux bijoux et dresse la table comme jamais.

En plein été, il est programmé au casino de Saint-Céré, dans le Lot. Pas de problème, Gibraltar règle le contrat et les deux musiciens se rendent gare d'Austerlitz comme des vacanciers. Ils descendent à Brive, prennent la micheline jusqu'à Bretenoux et, pour ne pas déranger les propriétaires de la salle où ils vont jouer le soir, décident d'attendre le car de la ville qui va les amener à côté du lieu du concert comme de parfaits inconnus.

Très vite, Brassens est réclamé à l'étranger. Cela ne lui plaît pas de quitter la France, mais il acquiesce, non sans traîner des pieds. Dès 1955, il part pour Tunis, Alger, Oran, Casablanca, Rabat, Marrakech.

Il tient un récital à Rome, en 1958. Sur l'insistance de Canetti, il convient d'y donner deux représentations : l'une pour le public général et l'autre pour les étudiants. La salle de 800 places est pleine et la première partie avec Boby Lapointe, Pia Colombo et Pierre Etaix marche très bien. Mais quand Georges arrive en seconde partie, la salle se vide au fur et à mesure qu'il chante ses chansons. Le lendemain, c'est heureusement un triomphe avec les étudiants.

Il y aurait eu une prétendue cabale la veille mais Brassens gardera toujours pour maxime :
"Je ne dois pas aller chanter à l'étranger."
En 1959, il chante du 17 au 23 janvier en Belgique.

En mars, il joue en Afrique du Nord à Tunis, Bône, Alger et Oran. En 1961, c'est le tour du Canada, où il est heureux de retrouver Félix Leclerc, celui grâce à qui tout est arrivé. En effet, raconte Brassens, cet homme découvert par Jacques Canetti a été le premier à *"déchirer la fleur-bleue de la chanson. À chanter vrai. Après qu'il fut parti, j'ai pu démarrer."* [29]
Du 23 septembre au 15 octobre, Brassens chante donc à Ottawa, Montréal, Trois-Rivières, Québec. Gérard Thibault, alors propriétaire du célèbre restaurant-cabaret Chez Gérard - où Piaf, Trenet, Brel se sont produits - raconte la venue de Brassens [30] qui est un événement.
Pourtant, il ne se montre pas très volubile :
– Pourquoi n'êtes vous pas venu au Canada avant aujourd'hui ?
– Parce que absolument jamais on ne m'y avait invité. Je n'aime pas beaucoup les voyages. Je chante trois mois par an et c'est suffisant…
– Chanterez-vous surtout des chansons nouvelles ?
– Ben, je ne sais pas.
Quand on lui demande ce qu'il pense du Canada, Brassens répond :
– Vos sandwichs sont excellents.
Cela fera la Une du journal le lendemain.

Même en 1961, la venue de Brassens suscite bien des controverses dans le public canadien. Le producteur du spectacle est préoccupé par l'incertitude de l'accueil que peuvent réserver les critiques et le public, craignant leur réaction devant la "gauloiserie non coutumière" chez les Canadiens. Dès les présentations, la foule qui remplit la salle lui réserve une ovation debout. À l'intérieur, personne ne respire.
Brassens, lui, regarde la salle, anxieux et grattant toujours le même accord, se décide, et chante *La Chasse aux papillons*, puis *Le Fossoyeur*, *Pénélope*, *Auprès de mon arbre*, *La Marche nuptiale*, *Le Cocu*, *Brave Margot*. La presse québecoise réserve, elle aussi, un accueil chaleureux.

"Je crois que je ne voyage pas très souvent, vous savez, je suis un peu comme les chats, je suis assez sédentaire. Je n'aime pas beaucoup quitter la zone dite « de sécurité » comme tous les chats. Vous savez qu'ils ne peuvent pas dépasser une certaine zone au-delà de laquelle ils sont en danger. Comme j'ai l'habitude de vivre un peu replié sur moi-même (…), le voyage ne m'apporte pas grande chose parce que je ne regarde pas tellement ce qui se passe autour de moi. D'ailleurs, à notre époque, voyager, ça veut dire aller très loin et j'ai rarement quitté la France." [31]

Après chaque tournée, Brassens rentre à l'Impasse, se repose et se remet au travail. Sa vie est organisée méthodiquement : trois mois pour les tournées, trois mois pour se reposer, trois mois pour écrire et trois mois pour Bobino. Brassens a besoin de ces repères pour travailler et vivre un peu.

Brassens danse

Brassens consacré

"Je me cache le plus possible parce que je ne peux plus avoir de vie. C'est à cause de mes moustaches surtout, je m'empresse de le dire ! Si je n'avais pas ces moustaches, je passerais inaperçu. Mais dès qu'on voit un type avec des moustaches, on dit, c'est Brassens ! Parfois, on s'aperçoit que c'est un agent de police ou que c'est l'épicier du coin, mais souvent c'est moi."

Brassens est une vedette, il prend de l'importance. En quelques années, il est passé du soufre aux paillettes sans presque s'en apercevoir et son succès est tel qu'on vient même un jour lui proposer de rentrer à l'Académie française ! C'est Louis Nucéra qui, assisté de son ami Joseph Kessel, de Marcel Pagnol et de Marcel Achard, a fomenté cette idée quelque peu incongrue. La réaction de Brassens ne se fait pas attendre : *"Vous ne me voyez pas avec un bicorne tout de même, ni même aller faire mes visites aux académiciens, ma dignité me l'interdit."* [1]
Lui pour qui les notions de récompense et de punition ne font pas partie de sa conception du monde, il accepte néanmoins de recevoir le grand prix de la Poésie de l'Académie française en 1967.
"Si ça continue on va finir par me proposer la Légion d'honneur et alors là, vraiment, je ne saurai plus où me mettre."

Et cela continue... Quelques mois plus tard, les éditions Larousse organisent un référendum auprès de 3 000 personnalités pour savoir qui elles aimeraient voir entrer dans le *Larousse*.
Les trois élus sont : Ernesto Che Guevara, Georges Brassens et Henri de France.
Auparavant, le prix Vincent Scotto, décerné par la SACEM, récompense *Les Trompettes de la renommée*, qui deviennent "la meilleure chanson de l'année 1963."
En octobre, le n° 99 de la très sélective collection de livres "Poètes d'aujourd'hui" est consacré à Georges Brassens.
Quand l'éditeur Pierre Seghers lui fait part de ce projet, Brassens accepte à une condition : son ancien professeur de français, Alphonse Bonnafé, sera l'auteur du texte.
Brassens est ainsi le second auteur de chansons (après Léo Ferré) à figurer dans cette prestigieuse collection. Un honneur pour cet homme qui, quand on le disait poète, rectifiait, humblement : *"Je suis un faiseur de chansons."* Cette modestie, c'est aussi sa signature. Il en jouera parfois et en écrit même une chanson pour le film *Le Dernier des Camarguais* en 1976. Ce film, réalisé par Jean Kerchon et dialogué par Yvan Audouard, sera sa dernière participation au cinéma.

Brassens entouré d'une foule, 16 mars 1961.
Photographie Stan Wiesniak Universal - Philips

Si, quand un emmerdeur le met
En rogne, on ne le voit jamais
Lever sur l'homme une main leste.
C'est qu'il juge pas nécessaire
D'humilier un adversaire,
C'est un modeste.

Et quand il tombe amoureux fou
Y a pas de danger qu'il l'avoue
Les effusions, dame, il déteste.
Selon lui, mettre en plein soleil
Son cœur ou son cul c'est pareil,
C'est un modeste.

Quand on enterre un imbécile
De ses amis, s'il raille, s'il
A l'œil sec et ne manifeste
Aucun chagrin, t'y fie pas trop :
Sur la patate, il en a gros,
C'est un modeste.

Même si Brassens n'aime pas jouer la comédie, il est un vrai cinéphile et refuse rarement de participer à la musique d'un film. En 1964, le réalisateur Yves Robert porte à l'écran le roman de Jules Romains, ***Les Copains***, et demande à Brassens d'écrire le générique du film. Il accepte, se met à sa table d'écriture et propose une chanson, *Les Copains,* dont il ne sait pas encore qu'elle deviendra sa signature, l'archi-célèbre *Les Copains d'abord.* La même année, Jean Giono lui propose de faire la musique d'***Un roi sans divertissement***, réalisé par François Leterrier. Il essuie un refus poli mais ferme, certainement dû à sa maladie. En octobre 1969, Henri Colpi va voir Brassens à Bobino. Ils passent l'après-midi à se raconter leurs souvenirs d'enfance (Henri Colpi est de Sète comme lui) sans que le réalisateur ose formuler les raisons de sa visite : il veut que Brassens chante la chanson du générique de son film, écrite par lui et composée par Georges Delerue. N'osant affronter le chanteur, Henri Colpi s'épanche auprès de Püpchen et Gibraltar, qui le rassurent : "C'est sûr, il le fera". L'enregistrement aura en effet lieu au studio Davout au mois de décembre. Brassens n'a pas le temps de répéter et découvre la partition le jour même. Il s'installe sans broncher devant le micro, fredonne plusieurs fois la mélodie et puis, au dernier moment, il demande au réalisateur le texte de la chanson. Il le lit - ***"Pas mal"*** - et enregistre d'un seul trait. En 1971, c'est au tour de Michel Audiard de signer l'adaptation du roman de René Fallet, ***Le Drapeau noir sur la marmite,*** et, tout naturellement, c'est Brassens qui signe la bande originale retrouvée il y a peu.

Brassens est demandé, regardé, sollicité.
Se sentant constamment épié, il se cache le plus possible. Il pense même un jour à s'acheter une moto, ce qui lui permettrait de sortir de chez lui avec un casque sur la tête. Il vit retiré dans sa nouvelle maison, depuis son départ de l'Impasse, en 1967.

Un jour, un prétendu admirateur se rend à l'impasse. Il s'appelle Georges, a une trentaine d'années et porte une moustache à la Brassens. Il dit vouloir rencontrer le chanteur. "Il n'est pas là ! En tournée !" répond Jeanne encore en robe de chambre.
L'homme revient l'après-midi, le lendemain, le surlendemain... sans jamais se décourager. Chaque fois, il offre à Jeanne des fleurs, du vin, des lunettes, un foulard.
Jeanne finit par tomber amoureuse de cet étrange visiteur qui se rend de plus en plus souvent à l'Impasse pour y cuver les litres de vin qu'il boit durant la journée. Le soir, saoul comme une barrique, il se met à hurler sous les fenêtres de Brassens : "Jeanne est à moi ! C'est ma femme ! Je te l'enlèverai, maquereau ! Chanteur de mon cul ! J'ai mon flingue !" Un beau matin, Jeanne annonce à Brassens qu'elle va se marier. Elle a près de 75 ans.
Il tente de la raisonner et de lui montrer l'absurdité de cette décision. "Je ne t'ai pas empêché de faire ta vie avec ton pot à tabac", lui lance Jeanne en guise de réponse. Le chanteur décide alors de quitter l'Impasse et s'installe dans le grand immeuble moderne, ***"dans une de ces espèces de trucs en ciment qui ne feront jamais des ruines romaines"***, Le Méridien, à Denfert-Rochereau.
Il a comme voisins le dessinateur Peynet et Jacques Brel, et cette proximité tisse entre eux des liens de plus en plus solides. Un soir, par exemple, ils descendent ensemble plusieurs bouteilles de vin avec René Fallet jusque tard dans la nuit. Soudain, Brassens s'écroule. Fallet et Brel décident alors de le ramener chez lui.
Ils le portent, le tirent, le soulèvent, essayant de retrouver leur chemin dans le labyrinthe de couloirs de l'immeuble. Une fois la porte de chez lui passée, Brassens se lève, donne un léger coup sur sa chemise et regarde ses deux amis : ***"Je vous ai bien eus, hein?"***
Ces petites facéties n'empêchent pas Brassens d'être très soucieux pour Jeanne et il arrive à l'envoyer

en Bretagne pour l'éloigner de son mari.
Mais c'est à mobylette que l'homme vient chercher sa femme. Jeanne en robe claire, sous un vaste chapeau, se laisse enlever à califourchon sur le porte-bagages avec sa chienne en remorque derrière elle. Sans honte ni pudeur, Jeanne est toujours restée au-dessus des commérages : "Au lieu de s'occuper de mes fesses, ces Bretons feraient mieux de s'occuper de leurs cornes" ne cesse de répéter Jeanne.

Pas très à l'aise dans cet immeuble moderne, Brassens cherche bientôt un autre endroit pour vivre. Il s'installe finalement dans le XVe, rue Santos-Dumont, dans un joli pavillon situé à quelques rues de l'Impasse. Quelque temps plus tard, il achètera un pavillon presque mitoyen pour accueillir ses amis de passage et entreposer ses archives. Il vit seul avec ses deux chats. Sophie Duvernoy, qui travaillait chez son voisin du Méridien, Peynet, le suit et devient sa fidèle gouvernante. Elle ne sait comment l'appeler. Il refuse de se faire appeler "monsieur", "Georges" est trop familier. Elle opte pour "le bon maître". Sa fonction est d'être la gouvernante du silence. Le seul bruit de sa clé dans la serrure perturbe la concentration de l'artiste. À 9h30, la journée d'écriture de Brassens s'achève alors. Sophie vient d'arriver. Püpchen a sa chambre pour le week-end, "on ne la gardait que si elle avait

Georges Brassens, rue Santos-Dumont, 7 octobre 1976.
Photographie Claude Azoulay - Paris Match - Scoop
Georges Brassens dans le bureau où il compose ses chansons,
en compagnie de ses chats siamois, Kikou et Criquet.
À droite, le vélo d'appartement sur lequel il s'entraîne une heure par jour.

des rhumes" dit Sophie Duvernoy.
Brassens a une pièce réservée au sous-sol avec ses haltères, son vélo monté sur rouleaux, ses guitares, son orgue électrique et différents appareils d'enregistrement. Ne voulant jamais déranger personne, il décide de se lancer tout seul dans l'installation complexe de son matériel d'enregistrement. La maison Philips lui dépêche pourtant des ingénieurs, mais ils renoncent tous face à la complexité des branchements. Obstiné et passionné par tout ce qui concerne l'électronique, Brassens y passe des heures, par terre à se démener sur ses prises et triomphe non sans s'être mis en colère : *"Je vous l'ai dit, ces spécialistes sont nuls ! Ils n'ont aucune imagination, ils s'en tiennent à leur schémas : « Ceci est possible, cela ne l'est pas », et ils remballent leurs outils !"*
Toujours adepte des petits mots qu'il glisse partout et qu'il rédige avec soin, Brassens préparera une petite fiche qu'il installera sur la porte de son bureau. *"Je vais rajouter un écriteau : « NE PAS TOUCHER AUX PRISES, NOM DE DIEU ! le bon maître ». Dans ces lieux, plus d'aspiration… seulement l'inspiration. Dussions-nous périr ensevelis sous toute la poussière et les cendres de pipe – du Vésuve !"* À partir de ce jour, le bureau ne verra l'aspirateur que deux fois par an, à l'occasion des tournées de Brassens, qui laissent le lieu vide de la présence du musicien.

Il a peu de colères mais elles sont mémorables. Pierre Nicolas en fera l'expérience le jour où il accepte un tour de chant sans le consulter. Pour ce spectacle, Brassens doit jouer le rôle du Père Noël en distribuant des jouets aux enfants. Brassens peut faire beaucoup de choses pour faire plaisir mais pas se déguiser en Père Noël. C'est comme la Légion d'honneur, sa dignité le lui interdit.
Il met autour de lui toute une organisation pour sortir le moins possible. Même s'il n'aime pas être gêné par le téléphone, il adore appeler. Il peut déranger ses amis à n'importe quelle heure pour bavarder un peu. Mais, comme un chat, il vit retiré dans sa maison et ses copains, avec l'aide de Sophie et Püpchen, s'occupent de son "approvisionnement". Quand Brassens a besoin de livres, il appelle Mario Poletti, "le glouton optique", qui habite à quelques rues de chez lui et qui travaille dans l'édition. Quand il a besoin de faire de l'exercice, c'est son copain "le sauteur imbécile", Éric Battista, qui vient à l'Impasse. Pour tout ce qui concerne les photographies et les archives, il les confie à son amie Josée Stroobants.

Première apparition connue de Georges Brassens sur un vase crétois servant selon toute vraisemblance à la toilette intime des dames

Depuis toujours, il est un passionné d'images et possède des milliers de photographies d'animaux. Pour le reste, c'est Gibraltar qui s'en occupe. Il vient chaque jour, reçu par un *"Alors, qu'est-ce que tu as aujourd'hui comme emmerdements ?"* Entre les courriers, les demandes diverses et variées, son autre fonction est de trouver tout ce qui lui manque : cela peut aller d'une collection de boîtes de Meccano à plusieurs magnétoscopes et autres matériels ménagers qu'il aime offrir aux copains. La célébrité isole et Brassens se retrouve à ne plus pouvoir vivre simplement comme il l'aurait souhaité.

"J'ai eu un peu de mal à m'adapter à la notoriété parce que j'étais quand même plus fait pour passer inaperçu. Je n'aime pas qu'on me regarde. Je n'aime pas tellement que l'on s'intéresse à moi. J'aimais ça entre quinze et vingt ans mais, passé vingt ans, je n'aimais pas qu'on s'occupât de moi. Sans aller jusqu'à dire « pour vivre heureux, vivons cachés », je n'aimais pas que les gens me connussent, quoi, voilà, c'est ça. Et alors, maintenant, quand je vais quelque part, que je vais chercher un journal (enfin, je n'y vais jamais), quand je vais chercher quoi que ce soit, des gens m'appellent dans la rue, très gentiment du reste et ça me fait plaisir en plus."

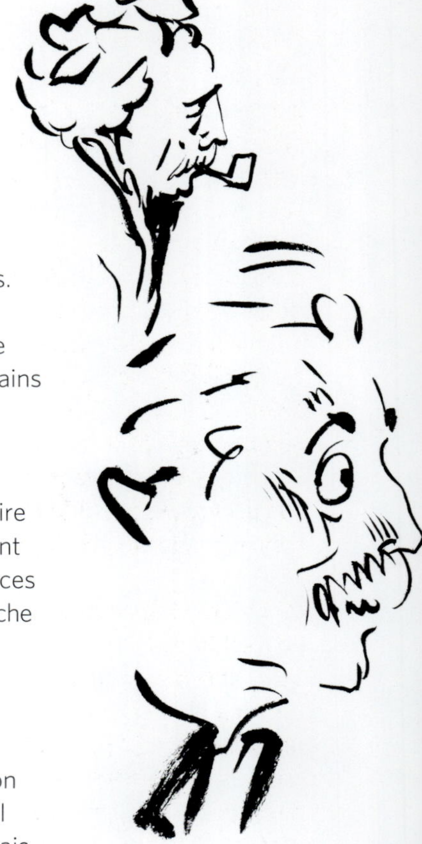

Brassens a un immense succès auprès des femmes. Il est un jour obligé de s'enfermer dans sa salle de bains attendant les copains pour le libérer des ardeurs d'une femme venue lui rendre visite. Pourtant, on ne peut pas dire qu'il soigne particulièrement son allure. Il fait des exercices quotidiens, taille sa moustache régulièrement et adopte le marron comme couleur unique de ses tenues quotidiennes. À vrai dire, il ne porte aucun intérêt à son apparence. Pour la scène, il s'en remet à son tailleur mais, dans la vie, il puise sa garde-robe dans un magasin de Paimpol, Au Phare de Bretagne, et dans les catalogues Manufrance : deux pantalons, quelques chemises et surtout un jogging, qu'il porte matin et soir. Un jour, la femme de Pierre Louki lui tricote un pull en laine marron. Touché par le geste,il s'oblige à le porter presque chaque jour pour ne pas vexer celle qu'il surnomme "la madone des sleepings". Après une première lessive, le tricot se transforme en un vieux bout de laine informe que le chanteur continue à porter jusqu'au jour où le vieux gilet trouve sa place définitive au fond d'un placard.

Il y a chez Brassens une véritable dichotomie entre sa vie privée, simple, solitaire, et sa vie publique.

Le 6 janvier 1969, à l'initiative du magazine *Rock & Folk* et de RTL, Georges Brassens, Léo Ferré et Jacques Brel sont invités à débattre autour d'une table. Devenue mythique et immortalisée par les célèbres photographies de Jean-Pierre Leloir, cette rencontre réunit trois géants de la chanson alors au faîte de leur gloire.

C'est un jeune journaliste de 24 ans, François-René Cristiani, qui est à l'origine de ce grand moment. Mû par l'enthousiasme et l'innocence de ceux qui débutent dans le métier, il a d'abord l'idée de ce projet avec Léo Ferré et, très naïvement, il lance les invitations auprès des trois artistes. À sa plus grande surprise, hormis quelques détails d'agenda, les chanteurs arrivent à convenir d'une date commune, et se retrouvent au mois de janvier 1969 chez la belle-mère de l'apprenti journaliste, près de la place Saint-Sulpice, à Paris. Ce dernier a le soutien de *Rock & Folk* et, étant de plus stagiaire à RTL, la radio lui prête le matériel technique nécessaire pour immortaliser le moment. Tout se déroule parfaitement bien. Si Léo Ferré n'est pas un ami proche, Brel et Brassens se connaissent bien en revanche et s'apprécient.

"C'est un arbre de Noël, Brassens, il ne croit pas qu'il est là pour faire de l'ombre, il croit simplement qu'il est là pour amener un sourire à des enfants qui regardent ça une nuit de Noël ; et les enfants étant nous, il pose tout de même au bout de ses branches non pas simplement des boules scintillantes ou des guirlandes, mais il pose certains petits points d'interrogation qui ne scintillent pas mais qui vibrent au fond de notre cœur " dira Jacques Brel aux micros d'Europe 1.
À cette époque, Brel a déjà cessé de chanter et joue sur scène son *Don Quichotte*, tandis que Brassens s'apprête à remonter sur la scène de Bobino après deux ans d'absence. Le contexte est celui de l'"après Mai 68", un moment où le discours politique est sur toutes les lèvres et l'insurrection encore proche. Le rock est de plus en plus présent dans les médias et sur les ondes.
C'est une période de transition entre un monde et un autre et les trois chanteurs symbolisent une époque de la chanson et des cabarets en train de disparaître. Ils en ont parfaitement conscience et jouent leur rôle à la perfection. Ils s'amusent à parler des Beatles, à ne pas sombrer dans une nostalgie qui pourrait les figer dans une image surannée. Ils surjouent presque chacun leur propre rôle.
La politesse de Brassens semble exagérée. Quand le journaliste lui demande s'il se prend pour un poète, Brassens répond : *"Je ne sais pas si je suis poète, il est possible que je le sois un petit peu, mais peu importe. Je mélange des paroles et de la musique, puis je les chante."*

Quand on l'interroge sur son rôle de comédien dans *Porte des Lilas*, sa réponse est *"Je ne sais non plus faire cela, très sincèrement. Je ne sais pas."* Mais il parle plus facilement des Beatles, qu'il dit aimer beaucoup, de Gainsbourg –*"C'est bien, il cherche quelque chose"*– et confie quelques mots sur sa manière de vivre : *"On est tous un peu demeurés ! Pour devenir adulte, il faut déjà faire son service militaire, il faut se marier et il faut avoir des enfants. Il faut embrasser une carrière, il faut la suivre, il faut monter en grade. C'est comme ça qu'on devient adulte. Nous autres, nous avons un peu une vie en marge de la vie normale, en dehors du réel. On ne peut pas devenir adultes."*
Les trois hommes se quittent avec le projet de monter un spectacle ensemble. Léo Ferré en rêve. Il ne verra jamais le jour, même si quelques échanges se sont poursuivis après l'entretien, mais les trois artistes n'ont finalement pas trouvé de dates communes pour organiser ce concert, envisagé un temps au Palais des Sports.

il y a débat autour de ce buste celtique découvert en tchécoslovaquie. Certains spécialistes affirment que c'est Georges Brassens. D'autres y voient un hommage à Jean Ferrat.

Dans les années 1970, Brassens est consacré monument de la chanson française et devient le père spirituel d'une nouvelle génération de chanteurs. Sans prendre tout cela très au sérieux, Brassens est néanmoins flatté. Guy Béart avait déjà arrêté ses études de commerce pour se lancer dans la chanson à la suite de la découverte de celles de Brassens, tout comme Georges Moustaki.

Mais, c'est aujourd'hui toute une nouvelle génération d'artistes qui se réclament de lui. Brassens les invite régulièrement à partager la scène.
Pour ce qui est du music-hall, Brassens est pour la tradition, c'est-à-dire un programme en deux parties. Plutôt axée sur des performances visuelles, la première partie présente des acrobates, des prestidigitateurs, des jongleurs, des chanteurs qui se lancent dans le métier ou bien une "vedette américaine". Après l'entracte, la seconde partie est réservée à la tête d'affiche. C'est elle qui attire le public et permet de découvrir de nouveaux talents tout en aidant ceux qui font leurs premiers pas.

Brassens est toujours resté fidèle à ce système et n'a jamais fait de récital. Il choisit ses premières parties et ne laisse personne décider à sa place.

En 1965, Barbara, Brigitte Fontaine ou encore Nana Mouskouri, notamment, ont participé à ses premières parties.
En 1972, le 10 octobre précisément, il retrouve Bobino, où il va s'installer pendant trois mois. La première partie du spectacle change tous les mois et le public peut retrouver ainsi Maxime Le Forestier, Philippe Chatel et Pierre Louki entre autres.
Yves Simon restera ainsi sans voix en recevant un mot de Brassens l'invitant à ouvrir la soirée de Bobino, alors que son disque n'est pas encore sorti. Mais Brassens est curieux et, par un ami éditeur, a eu le privilège de découvrir les chansons du jeune chanteur. Sa maison de disques lui envoie toutes les nouveautés ; il passe des heures à écouter les disques, se réjouit du succès d'un Pierre Barouh, aime découvrir des nouvelles voix, se plaît à aider la nouvelle génération.
Avant son tour de chant, Brassens s'installe dans les coulisses. De là, il surveille, écoute, assiste à toutes les premières parties, se souvenant de ses propres débuts où, paralysé par le trac, il ne pouvait monter sur scène sans le regard complice d'un ami qui restait caché là, tout comme lui.

Jamais il ne refusera d'écrire au dos d'un disque pour soutenir un jeune chanteur. Il leur écrit des préfaces, des mots, des encouragements pour les aider à se lancer plus facilement.
Jamais il ne manquera à l'appel pour rédiger une préface à un ami. On retrouve ainsi ses mots sur le premier disque de Guy Béart, le deuxième d'Anne Sylvestre, les contes de Jean-Pierre Chabrol, un disque de Boris Vian, de Pierre Louki, sur le disque des Frères Jacques, ceux de Monique Morelli, le programme du spectacle de Sylvie Joly en 1980, les deux disques de René-Louis Lafforgue, le coffret de Boby Lapointe, les histoires de "petit Bobo".
Sans oublier le texte des adieux à la scène de Jacques Brel pour l'Olympia, les préfaces pour *Banlieue Sud-Est, Amour baroque* et *À la fraîche,* de René Fallet. Il signe aussi la préface du livre sur la corrida du dessinateur Dubout, celle pour le livre d'André Halimi, *On connaît la chanson*, et une autre pour *Le Livre d'or de la chanson française*.
Enfin, un mois avant sa disparition, il signe la préface du livre du célèbre accordéoniste Édouard Duleu :

"Si l'enfer existe, on doit y être condamné à faire des préfaces. C'est un exercice qui ne m'enchante pas tellement. Mais comme ce pauvre monde est bourré d'inconséquences, j'ai passé ma vie à préfacer les disques et les livres des amis. Ma foi, les copains d'abord et Édouard Duleu fait partie de la tribu."

Pierre Louki, qui deviendra par la suite un de ses proches amis, raconte qu'à la fin des années 1960, il reçoit un coup de fil de Gibraltar :
"Georges Brassens vient d'écouter votre 25 cm. Il demande si vous aimeriez partir en tournée avec lui. Seulement, ça n'était pas prévu, les affiches sont déjà distribuées, vous ne serez pas dessus. Vous passeriez en lever de rideau avec quatre, cinq chansons maximum. C'est un peu juste mais ça lui ferait plaisir. Il faudrait une réponse rapide, nous partons lundi prochain... Ah ! j'oubliais, vous voyageriez en voiture avec lui."
Comment refuser ? Lui qui a bien du mal à placer ses chansons se voit invité par le plus célèbre des chanteurs français ! Il part sur les routes avec Brassens et en revient enchanté. En 1972, après avoir quelque peu perdu sa trace pendant presque sept ans, il reçoit de nouveau un coup de téléphone :
"Allô ? C'est Georges. Dis-moi, tu aimes le parmentier ? Alors, viens demain. Sophie va nous préparer cela. Je t'attends."
Il s'y rend avec joie. En plein repas, Brassens lui propose de faire Bobino avec lui à la rentrée.
Ils deviennent très complices, se voient régulièrement. Brassens lui tend un jour une cassette et lui lance :
"Tiens, voilà une musique qui m'ennuie depuis des années. Je ne sais plus quelles paroles mettre dessus. Si tu la veux ?"
Le lendemain, il rappelle Louki pour savoir où il en est.
"Viens ce soir à Europe, j'en ai une autre à te donner."
Pierre Louki s'exécute et se rend à Europe 1, où Brassens lui donne une autre musique.
C'est ainsi que Pierre Louki écrit, grâce aux musiques de Brassens, ses deux chansons : *Le Cœur à l'automne* et *Charlotte et Sarah*. Il retourne déjeuner chez Georges et, après le déjeuner, celui-ci lui bondit dessus :
"Alors, quoi ! tu les sors, tes textes ?"
Quelques minutes plus tard, c'est sur le synthétiseur de son bureau qu'ils se lancent tous les deux dans l'interprétation du *Cœur à l'automne* :

Quand la musique entra chez moi – que nul ne s'étonne –
J'avais, ça m'arrive parfois, le cœur à l'automne.
C'était un air en demi-teinte,
Mi-joie et moitié plainte.
Je lui ai dit : "Le temps est fou,
Le vent du dehors vous chiffonne.
Étendez-vous donc sur mon magnétophone
Et reposez-vous.

"Tu es sûr de vouloir mettre le mot « magnétophone » dans ta chanson ?" lui demande Brassens. "Mais il m'a tant aidé que cela ne serait pas sympa de l'éconduire", répond Louki. *"Sous cet angle, ça peut se défendre, il n'empêche que le mot n'est pas beau !"*

Il arrivera l'inverse à Marcel Amont.
En 1975, il mettra en musique deux textes de Brassens *Une petite Ève en trop* et *Le Vieux fossile*, et le chanteur lui donnera une chanson, *Le Chapeau de Mireille*. Ce qu'il avait déjà fait pour Sacha Distel avec la chanson *Le Myosotis* en 1963.

Beaucoup de monde passe chez lui, il devient une sorte de sage qui écoute, donne des conseils et aide souvent les jeunes chanteurs qui viennent, génralement très intimidés, dans sa maison rue Santos-Dumont.

En 1973, un professeur d'anglais, Colin Evans, vient lui proposer un tour de chant à Cardiff. À sa plus belle surprise, Georges Brassens accepte ! ***"J'ai accepté surtout parce que je n'ai pas osé lui dire non, c'est tout simple. Parce que ça ne m'enthousiasme jamais d'aller chanter à l'étranger parce que je sais très bien que la plupart des gens ne comprennent pas, même s'ils sont très sympathiques."***
Il fera un premier voyage à Cardiff avec Püpchen. Il en revient enchanté grâce à l'accueil chaleureux de Colin Evans. Il accepte alors de venir faire un concert. Colin Evans va minutieusement tout préparer. Il distribue des traductions des chansons et un article de présentation au public.
Un disque de ce tour de chant unique sera même enregistré le soir du concert, le 28 octobre 1973, au Cardiff University's Sherman Theater.
À la même époque, Gérard Davoust, directeur de production chez Philips, lui présente Étienne Roda-Gil, parolier de Julien Clerc, et le compositeur Mort Schuman. Celui-ci a monté en 1968 un spectacle à New York sur les chansons de Jacques Brel : *Jacques Brel is Alive, and Well, and Living in Paris*. Le succès a été énorme et Mort Schuman souhaite reitérer l'aventure mais cette fois-ci, avec les chansons de Brassens. Assez interloqué par le projet, il accepte néanmoins l'idée. Le projet est bien avancé, les chansons traduites, soumises à Georges Brassens mais pourtant le projet ne verra jamais le jour.
À défaut de voyager, ses chansons commencent à franchir les frontières. En Angleterre, Jack Thackray traduit admirablement bien les paroles de ses chansons. Ne comprenant rien à l'anglais, mais se reposant sur la confiance de son ami Colin Evans, Georges Brassens est ravi d'entendre ses versions.
À l'autre extrémité de l'Europe, Paco Ibañez, jeune chanteur espagnol, découvre Brassens grâce au travail de Pierre Pascal, qui le traduit dans sa langue. Il tombe amoureux de la poésie de ses textes.
"J'ai découvert Brassens grâce à Pierre Pascal qui l'avait traduit en espagnol, et qui a fait un chef-d'œuvre de traduction : *Pobre Martin, pobre miseria*. Quand j'ai découvert ça. Je me suis arrêté et j'ai ouvert les yeux ! Je ne pensais pas qu'il allait devenir pour moi le Jean-Sébastien Bach de la chanson.

Il a donné un sens à ma vie. Mes sentiments envers lui grandissent chaque jour, j'écoute ses chansons chaque jour. Il y a quelque chose de généreux, on dirait qu'il vous donne la main, c'est un talent fraternel, presque maternel qu'il porte."
En 1971, victime de la censure et de la répression du régime, Paco Ibañez vient en France, rencontre Brassens et le chante. En 1979, sort le disque *Paco Ibañez canta Brassens*.
Au Portugal, le chanteur Luis Cilia commence à traduire les chansons de Brassens et se met lui aussi à le chanter. Mais Brassens, lui, ne voyage qu'à Sète ou en Bretagne.
Dès qu'il le peut, il retourne chez lui dans le Sud, où il a acheté un appartement. Depuis la mort de ses parents, il va voir sa sœur avec des kilos de nourriture et des cadeaux plein les bras.
Il laisse toujours une enveloppe remplie d'argent à son neveu Serge et file voir ses copains.
Il aime particulièrement aller dans la cabane de pêcheur de son ami d'enfance Laurent Spinosi, Balarucois, dit "Lolo". Il vit là près de la mer, replié du monde, où il organise des fêtes mémorables.
Dans les années 1960, "Lolo" et ses copains défraient les chroniques sétoises, ce qui ne peut que plaire à Brassens.

Après avoir vendu sa maison à Crespières, Brassens achète en 1972 une petite demeure à Lézardrieux, en Bretagne.

Il y passe dorénavant tous les étés, partant au début du mois de juillet pour revenir à la fin du mois d'août à Paris. C'est Jeanne qui lui a fait découvrir la Bretagne en 1956. Depuis, il y retourne chaque année pour y installer Jeanne près de Lanvollon, un village situé à quelques kilomètres de Paimpol, et vient la chercher trois mois plus tard. Il lui loue une maison à Loguivy-de-la-Mer où elle débarque avec ses chats, ses oiseaux, son perroquet et son chien.
Depuis sa mort, en 1968, c'est par fidélité et amour pour la région qu'il s'installe plus durablement.

Là-bas, Brassens loue un poste d'amarrage pour un bateau qu'il ne possède pas dans le tout nouveau port de plaisance. Toujours aimable, le chanteur ne veut pas qu'on le soupçonne de pingrerie.
Ainsi, lorsque le maire lui propose cette location, il accepte tout de suite, sans avoir de bateau à y ancrer. Brassens ne possède qu'un pauvre pneumatique qu'il faut regonfler chaque jour et qui se transforme rapidement en épave derrière la maison. Brassens propose alors l'anneau inoccupé à son jardinier pour y amarrer le canot à rames avec lequel il cale ses casiers et ses palangres.
La petite barque se retrouve ainsi rangée au milieu de grands voiliers.

Grâce à sa gentillesse et à sa courtoisie, Brassens est très vite adopté par les habitants de la région.
Un matin, le maire, qui est aussi pharmacien, lui apprend qu'il va chanter pour le prochain banquet des anciens combattants...

"Écoute, Marcel, c'est à l'ami que je m'adresse, autant qu'au premier magistrat. Écoute bien, car je vais ici-même, devant témoins, prononcer des paroles irrévocables. On peut au sujet de Brassens tout te dire, tout t'affirmer, qu'on m'a vu manger du poisson et du lapin, qu'on m'a aperçu dès potron-minet, me glisser dans l'église pour y entendre la messe à deux genoux ou me confesser au saint homme du lieu, qu'on détient la preuve écrite que j'ai sollicité la Légion d'honneur, que tu vas demain, toi-même, en ta qualité d'officier public, célébrer mes noces avec une jeunesse du pays, ou que, sur le déclin de l'âge, je donne dans les mœurs de Sodome, que je professe l'atticisme en amour, l'hétérodoxie sexuelle, en un mot, que je suis devenu un pédéraste accompli. Crois tout ! Accepte tout ! C'est peut-être la vérité.
Mais si quelqu'un vient te déclarer : Brassens a promis de chanter, celui-là, c'est un menteur fieffé...
un rêveur extravagant...
à coup sûr un fou dangereux !
use des pouvoirs de ta charge, téléphone à la caserne des pompiers, à l'hôpital, qu'on vienne avec une camisole de force, qu'on embarque l'énergumène...
et à la douche glacée !"

La vie en Bretagne est plus calme qu'au moulin, car la maison, plus petite, ne permet pas de recevoir une colonie d'amis.
Mais en dix ans, des tas de copains vont tout de même régulièrement passer par Lézardrieux : Fred Mella, Pierre Doris, Marcel Amont, Éric Battista et Moustache, qui appelle un jour chez Le Bonniec, le neveu de Jeanne :
"Allô, Michel, c'est Moustache.
Dis au « gros » qu'on arrive dimanche et qu'on va faire un bœuf chez lui.
Il nous faut un piano... "

Brassens et Moustache.

Brassens commande trois mètres de saucisse chez le charcutier, des pâtés, de la viande, des saucissons par dizaines. On boit, on mange, on joue et cette soirée reste une des plus belles passées à Lézardrieux.
Bien malgré lui, Brassens est devenu un monument très convoité. Souvent, un petit garçon qui deviendra Coluche se planque dans l'impasse Florimont, espérant voir entrer ou sortir son idole.

Michel
attenoux
zanini
Brassens
Eddie Davis
Harry
Edison.

Brassens au travail, à son bureau, avec René Fallet, 1972.

En 1974, un jeune musicien, Jean-Claude Vannier, qui vient d'arrêter sa collaboration avec Serge Gainsbourg, vient le voir. Il souhaite enregistrer douze chansons instrumentales de Brassens. Il va en faire un disque. Georges Brassens est flatté de voir que cette nouvelle génération s'intéresse à lui. Il devient très ami avec Alice Dona, s'enthousiasme sur les chansons de Claude François et prépare avec concentration sa prochaine rentrée à Bobino.

Pendant les cinq mois de son dernier tour de chant sur la scène de Bobino (du 19 octobre 1976 au 27 mars 1977), Brassens exige une nouvelle fois que ses premières parties changent toutes les trois semaines. On voit ainsi défiler Jeff, Nina Corot, Jacques Yvart, Paul Louka, Claus Beckers, Patrick Siniviane, Georges Dreux, Jean-Michel Caradec, Jacqueline Huet, les Castors, Joël Favreau, Colette Renard, Sylvie Joly, Myria et Milko, Les Nicolinis, Marie-Thérèse Orain, Pierre Louki, Michel Mella, les Walgardis, Jean Sommer, Pierre Dudan, Gilles et Blaise, Ric Benny, Thierry Beauf, Michel Gallois et Mireille.
Cinq mois sur la même scène, personne ne l'avait jamais fait auparavant ! Mais Brassens est fatigué. *"Dis donc, tu as l'air en forme, tu ne me prêterais pas ton squelette ?"* demande-t-il à son copain " petit Bobo".

Plus les années passent, plus les chansons s'accumulent et il y en a bientôt tellement que Brassens peine parfois à retenir toutes les paroles. Il faut dire que le texte change quelquefois à la dernière minute et certaines chansons sont remaniées au gré des concerts. Les copains, toujours eux, finissent par trouver une astuce : Jean Bertola, Éric Battista et Pierre Louki s'installent dans les coulisses pour souffler les paroles. Mais c'est surtout la moitié de la salle qui en profite. On trouve alors une autre idée : creuser un trou dans la scène de Bobino et y placer Gibraltar, qui, tel un souffleur, suit le concert muni d'un grand cahier sur lequel sont recopiées les paroles des chansons. Avec sa table, sa chaise et son verre d'eau, la loge de Gibraltar devient bientôt l'endroit le plus prisé de Bobino ! Pour les passages télévisés, le fidèle souffleur utilise aussi de grands panneaux sur lesquels les textes des chansons sont recopiés en très gros caractères. Brassens refusera toute sa vie de chanter en play-back.

Le disque est enregistré pendant son tour de chant à Bobino, du 1er au 4 novembre au Studio des Dames à Paris. Même s'il est célébré partout, connu, archi-connu, Brassens continue à chanter l'insoumission, la grivoiserie, dénonce les vacanciers qui délaissent leurs animaux de compagnie, chante des chansons de salle de garde. Il ne faiblit pas. Une seule nouveauté sur ce disque est le chœur des copains sur *Tempête dans un bénitier,* où l'on peut entendre Jacques Caillart, Mario Poletti, Püpchen, Sophie Duvernoy, Jean Bertola, Fred Mella, Pierre Onteniente et André Tavernier ! Une fantaisie.

Comme la surprise de Jacques Canetti qui réunit tous les copains derrière le rideau de Bobino pour sa dernière et entonne avec eux le refrain des *Copains d'abord* surprenant alors le chanteur dans son tour de chant.

Après Bobino, Brassens ne fait pas de tournée et retourne s'enfermer dans sa maison de la rue Santos-Dumont.
Un jeune chanteur arrive pourtant à faire sortir Brassens de sa tanière : Philippe Chatel.
Le fils de François Chatel – réalisateur de télévision proche de Brassens –, Georges l'a connu tout petit et est ravi de voir le jeune homme démarrer une carrière de chanteur à la mode. En 1978, celui-ci écrit un conte musical pour sa fille Émilie et souhaite rassembler autour de lui la fine fleur de la chanson française de l'époque : Alain Souchon, Laurent Voulzy, Yves Simon, Françoise Hardy, Robert Charlebois, Sylvie Vartan, Isabelle Mayereau, Louis Chédid, Henri Salvador et Georges Brassens, qui joue le rôle du hérisson.
C'est un énorme succès. Plus d'un million de disques sont vendus et, en 1980, Jean-Christophe Averty adapte le conte pour la télévision. Grâce à *Émilie Jolie*, Brassens n'est plus seulement le père d'une nouvelle génération de chanteurs, il est aussi le grand-père idéal de la suivante.

La promotion du conte est une bonne occasion pour Brassens de faire la connaissance de cette nouvelle génération et il se prête aimablement au jeu des interviews. Lorsqu'il apprend qu'Yves Simon est hospitalisé pour cause d'appendicite et ne peut assurer la promotion du disque, Brassens a l'idée de lui faire la surprise et de venir à l'hôpital avec toute l'équipe du disque. Sur le lit du chanteur est posé un walkman. On est en 1979 et cet objet, que le chanteur vient de rapporter du Japon, est encore inconnu en France. Brassens est fasciné par l'appareil, lui qui a passé la moitié de sa vie à faire des trous pour s'isoler et ne pas déranger ses voisins en écoutant de la musique. Yves Simon lui offre l'objet et Brassens passe alors des heures entières le casque sur les oreilles.

Une autre surprise le cueille en 1979. Moustache, vieux complice de Brassens, lui propose le plus beau des cadeaux : participer à l'enregistrement d'un album qui reprend ses titres les plus célèbres dans des versions jazz. Outre sa propre formation dite "des petits Français" (Michel Attenoux, arrangeur, Jo Daly, Charles Donadieu, François Guin, Iralki, Teddy Martin, Benny Vasseur, Zanini), il invite la pianiste Dorothy Donegan, les trompettistes Cat Anderson, Harry Edison, Joe Newman et le saxophoniste Eddie Davis. S'ajoutent à ce cortège prestigieux, Pierre Nicolas, Joël Favreau et Georges Brassens. ***"Enfin, je vais pouvoir regarder le manche de ma guitare !"*** dira Brassens ravi. Ils interprètent plusieurs chansons, dont une écrite spécialement pour l'occasion *Élégie à un rat de cave* en hommage à la femme de Moustache qui vient de disparaître. Ce qui n'était pas prévu, c'est que le disque reçoit la médaille de la Ville de Paris. Brassens qui s'était juré de ne jamais fréquenter les politiques, se rend à l'Hôtel de Ville pour faire plaisir à Moustache et rencontre le maire, Jacques Chirac. L'année suivante, son ami Lino Ventura lui demande d'enregistrer un disque pour son association Perce-Neige, qui vient en aide aux personnes handicapées mentales.

L'occasion pour lui de reprendre des chansons de sa jeunesse et de réaliser l'un de ses rêves : inviter l'une de ses idoles, Georges Tabet, pour quatre chansons.

En 1980, pris de douleurs depuis quelque temps, il refuse d'aller consulter un médecin, mettant ses douleurs sur le compte des coliques néphrétiques. Mais, devant l'ampleur et l'intensité de ses maux, Brassens finit par cèder. L'opération est programmée immédiatement, mais le cancer a déjà fait son chemin. Il ne lui reste plus que quelques mois à vivre. La seule chose à faire est d'éviter de trop grandes souffrances. Brassens fait promettre au médecin de ne rien révéler et ne confie son mal qu'à de très proches amis qui sauront garder le secret. Il continue à travailler, prépare un nouveau disque et tourne même une émission de télévision à Sète. Une ambulance remplace bientôt sa voiture et, entre deux prises, il va s'y allonger et se soigner. Comme sa maman qui ne voulait pas de linge neuf dans son cercueil pour ne pas gâcher, Brassens se fait le plus discret possible. Il prépare un grand cahier dans lequel il recopie ses prochaines chansons, avec en préambule cette indication :

"Pour Pierre Onteniente,

En cas de mort subite, tu pourras voir – si ça intéresse des compositeurs bien sûr – de faire mettre cela en musique (beaucoup sont déjà faites mais je n'ai pas eu le temps de les enregistrer).
Il faudrait peut-être consulter quelques amateurs de mes chansons (Bertola, Battista, Tabet, Bestiou) et leur demander de trancher.
J'espère toutefois que cela n'arrivera pas.
Quant aux chanteurs qui voudraient bien chanter cela, je vous laisse à tous le soin d'en décider.
Georges Brassens, juillet 1980."

Il continue à donner ses brouillons, fait promettre à Püpchen de distribuer sa bibliothèque à ses amis et part finir ses jours chez un médecin rencontré une année auparavant.

"Comment je souhaite finir ? Au jour fixé, sans réticence ; s'il me reste encore un peu de dignité, je veux m'en aller sur la pointe des pieds… sans le moindre tapage… comme je suis venu."

C'est ce qu'il fait un soir d'octobre 1981.

Quelques mois plus tard, Gibraltar ouvre la valise bleue et découvre les chansons laissées par Georges. Avec plusieurs amis, Jean Bertola, Jacques Caillart et Mario Poletti, il écoute les bandes musicales laissées dans la valise, part à la recherche de cassettes, de bandes magnétiques qui pourraient livrer des musiques inédites. Jacques Caillart a l'idée de proposer le matériel réuni à de grands noms du music-hall. Jean Bertola enregistre une maquette et finalement enregistre lui-même les chansons. Un double album sort en 1982 : *Brassens, les dernières chansons inédites*. Il obtient le grand prix de l'Académie Charles Cros. L'album marche bien. Plus de 150 000 exemplaires vendus. Trois textes seulement sont mis en musique par Jean Bertola. Un autre disque sera édité en 1985 *Le Patrimoine de Georges Brassens par Jean Bertola* qui passera plus inaperçu.

Cela fait aujourd'hui trente ans que Brassens a disparu. Une statue est venue remplacer l'homme vivant, parfois grossier, travailleur acharné, anarchiste dans le sang, et ses chansons ont continué à vivre, voyager, propager ses idées et son talent au-delà des frontières.
Des plaques commémoratives, des écoles, des places et des rues ont pris son nom.

Il est cité dans des homélies de prêtres, il est étudié à l'école et des thèses sont rédigées sur son travail. Tout citoyen français ou francophone est capable de fredonner une chanson de Georges Brassens et plus de 1000 interprètes français et étrangers chantent Brassens dans une quarantaine de langues : anglais, russe, allemand, polonais, hébreu, japonais, brésilien, espagnol, autrichien, hollandais, italien, tchèque, suédois, en wolof, espéranto, finlandais, arabe…
De nos grands-parents à nos petits neveux, du président de la République à l'ouvrier, du Sénégal au Japon, ses chansons parlent à tout le monde. Autrefois interdites en France, elles sont désormais enseignées à l'école en Afrique, et en Italie, Brassens est un ambassadeur phare de la culture française, lui qui détestait les institutions et les voyages.
Jake Thackray en Angleterre, Paco Ibañez en Espagne et Graeme Allwright en Nouvelle-Zélande ont été les premiers à s'atteler au travail minutieux de la traduction. Comment traduire ses mots sans en explorer le sens le plus profond ?
Ralf Tauchmann, en Allemagne, fait aussi partie de ces traducteurs passionnés.
Né en Allemagne de l'Est, il apprend le français à l'école et découvre *L'Auvergnat* chanté par Juliette Gréco sur un des deux seuls disques de chansons françaises qu'il arrive à se procurer.
En 1981, il est envoyé à Basdorf pour faire son service militaire et découvre par hasard, dans la bibliothèque de la caserne, un recueil de chanson française contenant entre autres *Le Testament* et *L'Auvergnat*.
"Faire la tombe buissonnière" devient une de ses expressions favorites et, bientôt, il fait tout pour se procurer plus de chansons du poète, sans savoir que celui-ci est une célébrité en France et qu'il vient tout juste de décéder. Il apprendra aussi plus tard que Brassens a effectué son STO à Basdorf.
Tombé amoureux des textes de Brassens, Ralf Tauchmann décide de les traduire en allemand et

Le petit cheval grand.

de se mettre à la musique, demandant officiellement le certificat de "faiseur de chansons" – activité réglementée à cette époque en RDA – pour pouvoir jouer ses adaptations de Brassens devant un public.

Kristo Numpuby, artiste camerounais qui chante en français, se heurte cependant aussi aux difficultés de l'adaptation des chansons dans sa propre culture : "Mon seul problème en français, c'est de chanter la lettre u. Elle n'a pas la même sonorité que le a, i ou o. La langue française est tellement riche et imprévisible avec ses innombrables exceptions !
Les textes bien ciselés de Brassens ne laissent pas d'espace.
Toute respiration mal placée vous décale par rapport au tempo. Le français n'étant pas la langue la plus facile au monde.
Ce fut un véritable casse-tête chinois."
Sam Alpha se permet, lui, de faire chalouper les paroles de Brassens en créole. Comme Kristo Numpuby, il joue avec le contraste entre son pays et l'origine des chansons. Ils s'amusent avec l'image de "bon Français" que véhicule inévitablement le chanteur.
Au Japon, les chansons de Brassens peuvent être chantées aussi bien dans un karaoké que sur la scène d'un cabaret où le public interprète ses chansons en japonais !

Chanter Brassens à l'étranger rime avec liberté. Et c'est ce qui touche le plus Alex Kapranos, chanteur du groupe Franz Ferdinand, qui admire Brassens pour la puissance de sa parole et son anticonformisme :
"De France, se sont surtout des artistes du passé qu'on connaît, comme Serge Gainsbourg, qui a beaucoup influencé des groupes de rock anglais, aujourd'hui encore ; mais le secret le mieux gardé est Georges Brassens, qui doit être le meilleur song-writer français. C'était un poète anarchiste avec la voix la plus douce et la plus anticonformiste...
Il est à la fois un exclu et un héros en France, alors que la plupart d'entre nous ne le connaissent pas de ce côté-ci de la Manche. Ses paroles étaient plus subversives que celles de Dylan ou des Sex Pistols, et il a écrit des airs bien meilleurs que les leurs."

Sous un autre ciel et sous un autre régime, Brassens fournit aussi à Jiri Dedecek des armes contre la dictature tchécoslovaque :
"Brassens m'a beaucoup aidé pendant la période communiste. Par hasard, j'ai réussi à faire publier un recueil de poèmes de Brassens, j'ai traduit une cinquantaine de ses chansons. Il a été publié par une maison d'édition spécialisée dans la musique. Vis-à-vis des communistes, du coup, ça me permettait d'avoir une justification. Je pouvais toujours dire : « Mais monsieur, je chante des choses qui sont publiées officiellement ! » Brassens m'a donc aidé car je me suis caché derrière lui. À l'ombre de Brassens, j'ai chanté des chansons qui autrement ne seraient pas passées."

Sans oublier l'Italie, où les chansons de Brassens ont trouvé leur place à l'époque des Brigades rouges, période agitée où les pensées révolutionnaires

côtoient de profondes réflexions sur la place de l'homme dans la société.
Ceux qui veulent échapper aux pensées radicales des Brigades rouges mais qui ont de solides pensées de gauche, se servaient des chansons de Brassens pour faire passer leurs idées. Fabrizio Dei André, grande star en Italie, a chanté tous ses textes, repris aujourd'hui par le Milanais Nanni Svampa ou Gianmaria Testa.

Sait-on que Brassens a été une star en Italie - et en italien - grâce à son interprète Fabrizio De André qui a permis, dans les années 1970, de le faire entrer au Panthéon des chansons populaires italiennes ?

Peut-on imaginer Brassens dansé dans les faubourgs de Douala sur des rythmes africains ?

Sait-on qu'il est comparé à Bob Dylan en Allemagne ?

Qu'il existe aujourd'hui un festival Brassens à Moscou et un fan-club dont les membres ont traduit toutes ses chansons ?

Que des thèses ont été écrites ?
Que des universitaires se sont penchés pendant des années sur les difficultés qu'implique la traduction de son œuvre ?

Sait-on, finalement, que Brassens est devenu universel ?

A N N E X E S

NOTES DU CHAPITRE : LA JEUNESSE

1 Entretien radiophonique, « Le pays d'où je viens », Europe 1, 13/01/1977
2 *Le pays d'où je viens*, Europe 1, 1977
3 Philippe Nemo, *Des vivants et des dieux*, France Culture, 17/02/1979
4 Entretien avec Luc Bérimont, *Les chemins du jour*, RTF, 08/10/1954
5 Philippe Nemo, op.cit.
6 André Sève, *Toute une vie pour la chanson*, Le Centurion, 1975.
7 Philippe Nemo, *Des vivants et des dieux*, France Culture, 17/02/1979
8 *Brassens - Lettres à Toussenot*, 1946-1950 - Recueil composé par Janine Marc-Pezet (lettres écrites à son ami, le philosophe Roger Toussenot), Textuel/France Bleu, 2001
9 Chloé Radiguet, *Brassens... à la lettre*, présenté sous forme de dictionnaire, Denoël, 09/11/2006
10 André Sève, *Toute une vie pour la chanson*, Le Centurion, 1975.
Entretien radiophonique avec Luc Bérimont, *Les chemins du jour*, RTF, 8/10/1954
11 Jean-Pierre Chabrol, *Marginale*, Antenne 2, 25/01/1978

NOTES DU CHAPITRE : L'IMPASSE FLORIMONT

1 Philippe Nemo, *Des vivants et des dieux*, France Culture, 17/02/1979
2 Luc Bérimont, *La parole est à la nuit*, 04/03/1958
3 Éric Battista, *Georges Brassens, entretiens et souvenirs intimes*, Éditions Équinoxe, 2001
4 Originaire d'Estonie, Joha Heiman est son aînée de neuf ans.
Après l'avoir affectueusement surnommée « Blonde Chenille » ou « Cactus », Brassens finit par l'appeler « Püppchen », petite poupée en allemand, un nom qu'ils orthographieront tous les deux « Püpchen » (c'est ainsi qu'il est gravé sur leur tombe). Ils ne se marieront jamais ni ne cohabiteront.
Il lui écrira *J'ai rendez-vous avec vous, Je me suis fait tout petit (devant une poupée) La Non-demande en mariage, Saturne, Rien à jeter.*
5 Entretien avec Püpchen, 21 nov. 1993, dans *G.Brassens... chez Jeanne*, 1944/1953
6 Nicole Ligney, Cecile Abdesselam, *Brassens*, Paris, éd. Bréa, 1982
7 *Brassens - Lettres à Toussenot* - Recueil composé par Janine Marc-Pezet, Textuel/France Bleu, 2001
8 Philippe Nemo, *Des vivants et des dieux*, France Culture, 17/02/1979
9 Forum RMC, 13/03/1979
10 Max-Pol Fouchet, André Sallée, *Comme vous le savez*, RTL, 01/10/1969
11 Philippe Nemo, *Des vivants et des dieux*, France Culture, 17/02/1979
12 Michel Polac, *Bibliothèque de poche*, 19/07/1977
13 *Georges Brassens, René Fallet : Lectures et amitié*, Bibliothèque de poche, présenté par Michel Polac, réal. Yannick Bellon - 19/07/1967
14 Roger Toussenot, op.cit.
15 Philippe Nemo, *Des vivants et des dieux*, France Culture, 17/02/1979
16 Philippe Nemo, *Des vivants et des dieux*, France Culture, 17/02/1979
17 *Brassens et les troubadours*, Radio Canada, 1965
18 Micheline Sandrel, RTF, le 04/11/1961
19 Philippe Nemo, *Des vivants et des dieux*, France Culture, 17/02/1979
20 Philippe Nemo, *Des vivants et des dieux*, France Culture, 17/02/1979
21 *5 colonnes à la une*, 7/12/1962
22 *Le temps ne fait rien à l'affaire*, Europe 1, 28/01 au 09/02/1974
23 Michele Sandrel, RTL, 04/11/1961
24 Une seule fois, il fera exception à cette règle dans la chanson "Le Passéiste" avec le mot Spoutnik.
25 Alain Bévérini, *13/14*, France Inter, 10/1976
26 Philippe Nemo, *Des vivants et des dieux*, France Culture, 17/02/1979
27 André Sève, *Toute une vie pour la chanson*, Le Centurion, 1975
28 La Chanson à cœur ouvert, 12/18/1967
29 Philippe Nemo, *Des vivants et des dieux*, France Culture, 17/02/1979
30 Philippe Nemo, *Des vivants et des dieux*, France Culture, 17/02/1979
31 RSR *La première 1973* avec J.Donzel et F.Muzy
32 "Comme il vous plaira", France Inter, 02/05/1965
33 Philippe Nemo, *Des vivants et des dieux*, France Culture, 17/02/1979
34 *Le Temps ne fait rien à l'affaire*, Europe 1, 28/01 au 09/02/1974

NOTES DU CHAPITRE : LE LIBERTAIRE

1 La revue anarchiste *Le Monde Libertaire* n'était pas une grande revue mais elle était riche des traditions du mouvement libertaire français.
Fondée en 1892 à Alger, elle parut à partir de 1895 à Paris.
Au début de la Première Guerre mondiale, le journal dut cesser sa parution.
De 1919 à 1939, elle parut à nouveau à Paris, puis vint la Seconde Guerre mondiale et *Le Monde Libertaire* disparut de la distribution journalistique.
À partir de 1944, le journal était une circulaire interne du Mouvement anarchiste français (MAF), puis à partir du numéro douze, de la Fédération anarchiste nouvellement créée. Le journal existe encore aujourd'hui sous le titre *Le Monde Libertaire*.
2 Maxime Le Forestier, cité d'après Poulange, Alain/Guillaume Vincent, Brassens. *Le poète sans frontières*, Documentation, France, 2001
3 Avec Lucienne Letondal et Henri Rollan, « Brassens et les troubadours » Radio Canada, 1965
4 De l'engagement dans les chansons, avec Jean Ferrat
Extrait de « L'invité du dimanche » présenté par Jean-Pierre Chabrol, réal. Jacques Audoir - 16/03/1969
5 Caryl Chessman (1921-1960) fut condamné à mort par l'État de Californie et se battra pendant des années pour faire casser cette condamnation notamment par la publication de plusieurs livres. Il réussit à attirer l'attention de l'opinion publique sur la peine de mort à travers le monde mais fut exécuté en 1960.
6 Charles Hernu (1923-1990) fut ministre de la Défense sous la présidence de François Mitterand. En 1975, il est le responsable au parti socialiste des questions militaires et nucléaires.
7 Le général Bigeard (1916-2010) a longtemps été le militaire français vivant le plus décoré. Ancien résistant, son nom reste associé aux guerres de décolonisation (Indochine, Algérie).
8 Extrait de l'allocution de Jean Rostand, en novembre 1968, lors de la première réunion publique des Citoyens du Monde à la Mutualité
9 André Sève, *Toute une vie pour la chanson*, Le Centurion, 1975.
10 André Sève, *Toute une vie pour la chanson*, Le Centurion, 1975.
11 André Sève, *Toute une vie pour la chanson*, Le Centurion, 1975.
12 Jaques Vassal, op.cit., p.272
13 Cf. Carnet de bord
14 Louis-Jean Calvet, ibid.

NOTES DU CHAPITRE : LE SPECTACLE

1 Philippe Nemo, *Des vivants et des dieux*, France Culture, 17/02/1979
2 Jean-Paul Sermonte, *Au bois de son coeur*, ed. Didier Carpentier, p.28/29
3 Ibid, lettre à Henri Delpont.
4 *Dites-moi monsieur Brassens*, RTF, 11/1962
5 Carte envoyée à ses parents, le 23 février 1952,
« Chers parents,
on part pour Chamonix, après plusieurs villes, on ira à Toulouse.
Je vous donnerai mon adresse là-bas. Maurice Chevalier va s'occuper de moi.
Il est ici. Mes chansons lui plaisent. Il m'en chante une dès demain.
Baisers au beau Serge.
Je vous embrasse. Georges »
6 Cécile Philippe et Patrice Tourenne, *Les Frères Jacques*, Balland, 1981
7 Jacques Canetti, *On cherche jeune homme aimant la musique*, Calmann Levy
8 Jean-Paul Sermonte, *Au bois de son coeur*, ed. Didier Carpentier, p.28/29
9 Louis-Jean Calvet, op.cit, p.109
10 Entretien radiophonique, Forum RMC, 13/03/1979
11 Entretien radiophonique, *Le Grand Prix du Disque*, 27 avril 1964
12 Jean-Paul Sermonte, *Au bois de son coeur*, ed. Didier Carpentier, p.28/29
13 *Soirée de Paris*, France Inter, 21/04/1968
14 Lise Elina, Interview Brassens, Actualités de midi, 21/10/1958
15 Forum RMC 13/03/1979
16 André Vers, *C'était quand hier*, Ed. Régine Desforges, 1990
17 *Le Canard enchaîné*, 29 avril 1953
18 Chloé Radiguet, op.cit.
19 entretien radiophonique, la parole est à la nuit, Luc Bérimont, 9/05/1958
20 *L'Aurore*, 28/05/1958
21 André Sève, op.cit.
22 Bertrand Dicale, Gréco, *Les Vies d'une chanteuse*, JC Lattès, 2001
23 André Sallée, Brassens, Solar, p.148
24 Chloé Radiguet, op.cit.
25 Michel Lancelot, *Campus*, Europe 1, 14/10/1979, avec Michel Cédric, RTB, 1977
26 Max Robin
27 Chloé Radiguet, *Brassens à la lettre*, p.47
28 Pierre Louki, *Avec Brassens*, Christian Pirot éd., 1999
29 Radio Monde 30/09/1961
30 Gérard Thibault, *Chez Gérard*, ed. Spectaculaires, Quebec, 1988
31 Luc Bérimont, *La parole est à la nuit*, 1958

NOTES DU CHAPITRE : BRASSENS CONSACRÉ

1 Louis-Jean Calvet, *Georeges Brassens*, Lieu Commun, p.196

Retranscriptions (aussi fidèles que possible)
des manuscrits et du "carnet de bord"
de Georges Brassens

page 122

14. 18 m'a valu pas mal de critiques acerbes. Si j'étais un grossier personnage je traiterais de connards ceux qui n'ont pas entendu que cette chanson suggérait « Vive la paix » mais comme en dépit des apparences je suis relativement bien élevé je me bornerai à dire qu'ils ont/sont affligés d'un l'esprit mauvais, mal tourné ou qu'ils en sont dépourvus. Croire en entendant ces couplets que veuille tourner en dérision les pauvres soldats morts à la guerre, leurs parents, leurs veuves, leurs orphelins c'est franchement imbécile et ou il faut le faire exprès il faut avoir appris comme aurait dit le regretté Jacques grello

page 123

que quelques tonnes des « contemporains » vous faisaient défaut. Je suis bien aise de pouvoir combler ~~cette lacune~~ ce vide ne vous inquiétez pas. J'en possède déjà deux séries. Un vieux libraire -comme on n'en fait plus guère- et qui sait l'intérêt que je porte à Jules Lemaitre me les met de côté dès qu'il en trouve et j'en fais profiter, les copains les amateurs de ce grand écrivain – lesquels se raréfient aussi de jour en jour hélas.

page 124

j'étais déjà du côté des moutons contre les chars d'assuat avant même que le problème du Lazac eut été posé Beaucoup de gens aujourd'hui sont contestataires par mode, pas par nature alors que moi je suis né contestataire.. Et ces contestataires d'occasion m'accusent de ne l'être pas assez. C'est dans l'ordre des choses il en va toujours ainsi de p 6000 ans qu'il y a des hommes et qui pensent qui croient penser. Je suis un faiseur de chanson. je ne suis pas un journaliste, un pamphlétaire un militant, un éditorialiste, d'autres le sont ou croient l'être, avec plus ou moins de talent et de bonheur ils disent toutes ces choses qu'on voudrait m'entendre dire, il faut leur laisser ce soin et ne pas me demander de faire de la propagande, je ne saurais pas m'y prendre. Ce n'est pas la peur qui me retient, je n'ai pas ce tour d'esprit voilà tout Je ne suis pas un poète mais un parolier qui a fait ses preuves. Croyez vous vraiment qu'en mai 68 si je l'avais voulu je n'eusse pas été capable d'écrire une petite chanson bien sentie qui eut certainement fait le tour de France quel risque encourrais je à dresser une barricade de couplets à lancer des coctails molotof ~~sur les~~ Brassens sur les CRS, le ridicule mais le ridicule ne tu plus ceux qui l'ont fait à ma place ne s'en portent pas plus mal sauf que leurs petites bombes en forme de goulantes qu'ils ont désamorcées depuis longtemps En réalité le –si mal- il y a vient de ce Qu'on ne m'a pas bien écouté. On n'y est pas Obligé ; je ne force personne, mon public est assez

page 125

nombreux ; mais alors qu'on se taise, que évite de parler de ce que l'on ne connait pas Votre ami même Maurice Clavel qui m'a demandé de vous rencontrer qui est un homme non seulement charmant et généreux et d'une intelligence remarqua ble à cent coudées au dessus de la mienne qui de plus est un mon ami, mon compatriote, fut mon condisciple au collège de Sète, ne m'avait pas bien écouté quand il me chercha des poux dans la tonsure à propos de ma chanson « Tempête dans un bentier » Qu'est-il allé voir là-dedans. Ce n'était qu'une farce, une petite farce, discutable peut être sous le rapport du bon goût mais rien de plus Je ne crois pas en Dieu, je tiens les religions pour un grave danger et peu m'importe que la messe soit dite en Latin ou en Français, deux langues d'ailleurs que je ne maîtrise pas bien, j'ai voulu m'amuser un peu ~~Je terminerai~~ Je vous explique tout cela parce que vous me l'avez demandé mais je pense qu'il ne faut jamais donner d'explication que ça fout tout par terre que ceux qui savent devinent et que – je cite mon ami albert Simonin « Il faut laisser proférer les bourdes les plus énormes, les insanités les plus échevelées, les contre vérités les plus flagrantes sans protester ni rectifier : On ne convainc jamais personne et surtout pas les branques

page 126

on m'a toujours souvent reproché de ne pas ~~aller assez~~ loin. On m'a ~~toujours~~ souvent reproché quelque chose. Vous savez il se trouve toujours quelqu'un pour vous dire qu'on aurait du mettre la tour eiffel autre part qu'à l'endroit où on l'a mise érigée. Notez que je suis allé quand même bien ~~plus loin~~ qu'il n'y paraît à première vue ou à première écoute. D'abord et je n'en tire aucune vanité aucune gloire mais je fus l'un des premiers à proférer des gros mots de très gros mots sur les plus grandes scènes de music hall. Ca peut sembler facile en notre temps où la moindre actrice jouant les petites bourgeoises ou même les femmes du monde dit chaque jour ou presque à la télévision – ou mes violences de langage furent longtemps interdites. ça me fait chier de me faire enculer en préparant le petit déjeuner – (termes que je n'ai du reste jamais employés) mais à l'époque ça n'allait pas tout seul. J'ai par exemple en me mettant ne l'oubliant pas dans le même sac que ~~tout le monde~~ ceux que je traitais ainsi plus ou moins dit laissé entendre que la plupart des gens étaient des cons. Ce fut un tollé. Les jeunes l'ignorent qui n'étaient pas nés en ce temps là mais les anciens s'en souviennent. Oui je suis allé assez loin naguère et j'y vais encore mais je ne le dis pas je le suggère. C'est dans mon tempérament à mes auditeurs de deviner, de compléter. Quand on écoute mes chansons avec une oreille un peu fine on entend que je ne suis pas du côté de la guillotine, de la loi du côté de l'armée du côté de l'exploitation de l'homme ou de la femme qu'on force à se prostituer, du côté de la religion du côté du profit, du côté du béton et des grands ensembles, tout cela je l'i quand même écrit noir sur blanc mais les connards et aussi quelques non connards malheureusement

page 127

qui aiment bien qu'on leur mâche les mots aurait souhaité m'entendre proférer. À bas, la peine de mort, à bas la loi à bas l'armée, à bas l'exploitation de l'homme. À bas la prostitution, à bas la religion à bas le profit à bas le béton. C'était facile à faire beaucoup ne s'en privent pas et n'en retirent du reste aucun succès Qu'est ce que je risquais à parler ainsi d'être tricard sur les ondes ; je l'étais déjà sauf à Europe numéro 1. ~~Non je ne risquais~~

(…)

~~qu'une seule chose manquer mon but~~ non la seule chose qui (…)

(…)

pouvait m'arriver c'était de manquer mon but (1) Je ne mets pas mon drapeau dans la poche mais je n'en annonce pas la couleur ; seulement la nuance, (mais la nuance aujourd'hui) Je ne chante pas l'internationale n je la laisse entendre je la fredonne, mais les oreilles aujourd'hui ~~n'aiment~~ ne perçoivent que les décibels Bref les gens sont plus royalistes que le roi ou plus anarchistes que Ravachol

(1) et d'écrire des chansons insipides dont le public se fût bien vite lassé

Ajoutons en passant que ceux qui voulaient me faire crier à bas la peine de mort, la loi l'armée, l'exploitation à leur ~~(…)~~ insu ~~et~~ ou à bon escient sont partisans de la peine, de mort, de l'armée, de l'exploitation, de la religion, mais d'une autre forme de peine de mort, d'une autre forme d'armée de loi de religion tout aussi redoutable et peut-être plus encore que celles qu'ils m'accusent de ne pas combattre avec assez de conviction.
On s'est posé cette question « qu'a fait Brassens pour le Larzac » Ridicule. Il suffit d'écouter l'ensemble de mes chansons pour comprendre que

Carnet de Bord

page II

Retour de Sète. 1er avril 1965. Jeudi
A l'enterrement de la pauvre Virginie
Le soleil était rude/tapait fort et nous avons bruni
Mort du vieil ours dimanche matin 4he moins ¼
28 mars
Parti pour Sète mercredi 23. Vu Papa jeudi 24
Vers 9 heures. M'a reconnu. Ne semblait pas se
Douter de son état. Croyait à une hernie
A plaisanté avec Battista qui lui donnait du
Vin additionné d'eau (aquo es d'aigua)
A déjeuné jeudi midi. Soupe. Petit pois. Poulet
Banane verre de vin
A dîné très peu petit suisse ; Soupe vermicelle
A été piqué trois fois
Est entré dans le coma (que j'ai pris pour su
Sommeil) vers 20 heures
Il y avait Battista. Georges granier.
Ai passé la nuit du jeudi au vendredi et du
Vendredi au samedi
La nuit de sa mort il y avait Simone et Suzette
Je l'ai ramené mort en ambulance vers 6 heures
Dimanche

[Marcel mort le vendredi 7 mai 65, à 16 heures, m'avait demandé]

Le jeudi disait bonjour ça va
Putain, merde fan di pute putain de diou
Disait aux infirmières il faut freiner
M'a dit passe moi la porte et deux fois
Donne moi la main

Pendant notre séjour à Sète avant
Son admission à l'hôpital
Il m'avait appelé le général bougnette à cause
D'une tâche que je m'étais faîte à la manche et
Dont ma sœur avait fait un malheur
Nous étions allées aux gorges de l'hérault. Puis
Chez Suzette puis chez Louise.
On avait du mal à le faire entrer en voiture
Quand on s'était arrêté près du bord aux
Gorges il m'avait dit ne va pas trop près

page III

Sète compte deux cimetières
Où l'on enterre
Quand un vivant meurt on l'enterre
Et les parqueurs qui sont les bons signes
Quand les macchabées
A la nuit tombée
Gobent les moules de Bouzigues
A la nuit tombée
Si d'aventure un macchabée
Gobe les huitres de Bouzigues
Les parqueurs
N'ont pas le cœur
à l'en empêcher braves zigues
Si d'aventure un macchabée
Se paye une franche lippée
De moules, d'huitres de Bouzigues
Au clair de lune les parqueurs
En général n'ont pas le cœur

[On a port
C'est là que mon petit bateau
Mouillera/jettera bientôt très bientôt
L'ancre après le dernier voyage]

C'est là que mon petit bateau
Jettera l'ancre très bientôt
Sera son tout (…) /dernier mouillage
C'est là que je reposerai
Ombre au tableau
Je n'aime pas le coquillage
Et c'est là que bientôt/bientôt
Sa dernière ancre le mouillage
La joie éternelle bien que

Eternelle nuit
Un seul ennui
J'espère être/me plaire là-bas
Encore que je ne sois pas
Bien porté sur le coqui

page IV

Les hommes se plaignent quand on abat un arbre/quand on coupe un arbre les hommes rouspètent
Mais ils aiment avoir des tables en bois
Qu'on abatte les têtes mais ils aiment le jambon
Les filles qui ne servent de leurs fesses/têtes que pour s'asseoir/les poser sur un siège n'ont aucune imagination [petit bout]

Préface pour Banlieue Sud Est

Nous ne savions que faire de nos vingt ans
Mais sait on jamais se servir de son âge
Nous avions des culottes courtes et certains d'entre nous
Pour cacher leurs genoux
Avaient revêtu des culottes de zouaves
Et certains enfants, de ce carnaval
Ont leur nom sur un monument cénotaphe
Les filles dédaignaient les garçons aux culottes courtes
Ce fut un mémorable carnaval
Les confettis sifflaient comme des balles
Et la bataille
Sans pleurs
Les chars étaient d'assaut rafale
Ce fut un fameux carnaval
Ca fut un fameux festival
Voici Domino qui s'affale

Il me souvient d'un festival Il me souvient leur festival
Les filles de cette saison n'aimaient pas les petits garçons
Les culottes courtes (…) n'avaient pas l'heur de leur faire de l'effet
Alors quelques-uns d'entre nous
Sans dissimuler leurs genoux
Ont mis des culottes de zouaves
Et sont partis faire les braves

Ce fut un fameux carnaval/fameux festival

Les arbres de cette saison Les filles/les enfants/les arbres/les ruisseaux/les ruisseaux de cette saison
Produisaient les fruits avaient pour toute frondaises
Les monuments aux morts sont pleins de noms d'enfants
Noël 65 quand on dit merde nous c'est un envoi de fleurs
Mais on a jamais détrôné le roi des cons
On demande aux flics le chemin de la bastille
Qu'on
A jamais détrôné le roi des cons
[Il est probable qu'on ne pourra jamais détrôné le roi des cons]
Au 14 juillet les filles sont gentilles

En vérité je vous dis qu'on
A pas coupé la tête au roi des roi
Et les bonnets phrygiens par-dessus les moulins valsaient
On tant qu'on
Qu'on ne coupera la tête au roi des cons
S'il vous plaît monsieur l'agent
Le chemin de la bastille
Suivez-moi donc braves gens
Allons ensemble en famille
Quand c'est y qu'on coupe
La tête au roi des cons

page V

2 janvier 1966

Sauvons les meubles et les mots

En général ce sont les cons qui participent
Quand on dit merde nous c'est un envoi de fleurs
Les chars du carnaval étaient des chars d'assaut

Les monuments aux morts sont pleins de noms d'enfants
Et Franco a détruit nos châteaux en Espagne
On se retrouve plus qu'à des enterrements

Le pluriel ne vaut rien à l'homme et sitôt qu'on
Est plus de quatre c'est une bande de cons

Quand sa cornette a portée de mes lèvres passe
Dévotement je lui chante des messes basses
Mais elle est l'épouse du Christ
Le veinard sur sa croix peut s'endormir en toute
Quiétude sa vertu ne laisse pas de doute
Pas le moindre sa chair n'est pas faible et c'est triste

Ma chère mon mari baise mieux que le vôtre
Et la guerre a détruit nos châteaux en Espagne
Mamans les curés sont-ils nus sous leur soutane

Quand je ne pourrai plus cacher que je suis mort
Je ne dis pas après moi le déluge
Mais je dis que l'espèce continue sans moi

A demi-mot demi gros mot zut est un demi gros mot
Le 14 juillet elles s'appellent toutes Marianne
Oui le temps nous emmerde en allant son chemin
Le temps qui passe est un voleur de grand chemin
Dieu fasse qu'il n'y ait jamais de lendemain
Le beau temps des chansons qui n'emmerdaient personne

J'ai le feu au cul c'est vrai mais le feu sacré
A condition que vous ayez les yeux bandés
Je suis prête à toutes les voluptés
La mignonne que j'étais en train d'exciter
A la débauche (je l'avais presque [voyez pas que je trique]
J'étais sur le point de la culbuter
Ne croyez pas que je sois une mocheté
Mais j'ai peur de rougir je suis pudique [mais je rougis nudité]

Merci je n'aime pas baiser foncer dans le brouillard
A mon âge on ne joue plus à colin Maillard
Je n'ai jamais appris l'écriture de braille

Chère madame vous m'emmerdez à la fin
Attendez donc la nuit pour que je me débraille
Ou prenez un galant qui soit des quinze vingt
J'allai forcer la serrure de sa ceinture de chasteté
[Terminer la première strophe par je suis pudique
Commencer la deuxième par Pudique pudibonde hélas et le soir
toute seule quand je me vois dans ma glace je rougis
un rien me fait rougir]

page VI

Ce n'est pas seulement les chats qu'il faut couper
Par les hommes les Dieux ont été inventés
œuvre d'art
Et quelques-uns sont passés à la postérité

A propos de Père noël mort Dieu mort amis morts (ou c'est tout comme ou passés à l'ennemi)
Je n'ai plus assez de passé pour vivre
Quand j'ai su/cru que père noël n'existait pas/père éternel n'existait pas
Pour vivre heureux je n'ai plus assez de passé

Quand j'ai su que père noël n'existait pas
J'ai pleuré on m'a dit bah
Mais on m'a dit tu es un homme en compensation
Compensation qui n'en était pas une ici-bas
Mais qui me calma
Quand j'ai cru que père éternel n'existait pas
Les yeux tournés vers Rome
Compensation il faut croire en l'homme
Quand père et mère sont morts tu vas pas à ton âge
Jouer les orphelins
Puis des mais sont passés à l'ennemi puis les amours
Sont mortes aussi. Puis les voisins puis le quartier
a changé déménagé
je me suis regardé dans une glacé et ce n'était pas
moi
Et puis je me suis regardé dans une glace
Une autre gueule se reflétait à ma place
Tout a été éclipsé
Pour vivre heureux je n'ai plus assez de passé

Pour vivre je n'ai plus assez de passé
Tout ce qui faisait ma réalité (mon moi mon histoire) s'est éclipsé
Mes vérités mes illusions mes habitudes
Mes préjugés mes partis pris mes certitudes
Ca commença par le père noël (le 1er qui partit à parti fut le père noël
Puis le père éternel
(Celui-là je vous le recommande
(Descendez qu'on vous demande
Puis l'idée de patrie
Puis les amis qui sont passés à l'ennemi
Ah il lui en arrive des choses à un homme
Et vous vous étonnez qu'on ait les cheveux blancs
Des rides des douleurs et le pas chancelant

La corde du pendu de Budapest m'étrangle
La corde du pendu de Budapest porte malheur
Ne pendons plus personne
Essayer de ne pas laisser entendre que c'est Rajk
Dire qu'ils ont pendu un homme à Paris à London à Rome
A Budapest je ne sais plus. Il s'était reconnu coupable
100% et on l'a reconnu innocent
Le mieux c'est de ne plus jamais pendre un homme

page VII

Monsieur j'écris pour les concierges cultivées
Je vis dans un taudis de plaisance. Un taudis du quartier de plaisance veux-je dire. J'ai les moyens de me payer mieux. Pourquoi je ne le fais pas. Les anciens pensent que c'est par un snobisme à rebrousse poil genre je roule en 2 chevaux mais j'ai si je le désire le droit de rouler en Roll Royce. Les autres par intérêt pour le bon public populaire disent : il reste avec nous (le public populaire soit dit en passant est le premier à trouver que c'est minable et n'est pas éloigné de me soupçonner d'avarice. Eh bien non je reste là parce que je me plais dans la merde et que je m'emmerderais aussi bien ailleurs

Janvier Février 22 Février 1966 Jeanne perd le nord pour un voisin

Le portrait tout craché d'Philémon et Francis
La vis sans fin des hécatombes
S'il me fout dehors j'aurai plus de place que lui
(M. Marcou à Capvern 1957

Il est en scène il chante. Il s'arrête il appelle quelqu'un
Dans la coulisse. Hep il faut que je m'absente
Veux-tu me remplacer et l'autre continue la chanson

Les yeux bleus c'est du snobisme

Je n'accepte de mourir sous aucun prétexte

Y a toujours un pendu qui se balance
Et c'est jamais François Villon

Dévoreuse d'hostie

En les traitant de cons d'ailleurs c'est un
Hommage que je leur rends
Ils se fâchent c'est bien dommage
~~*Je pourrai*~~
C'est la preuve qu'il ne m'est pas indifférent

Même l'ombre qu'ils fons sur le mur c'est la
mienne Février 1966

Mars 1966
Dieu j'en veux pas mais l'évangile j'en veux bien
J'ai plus beosin de l'évangile que de Dieu
Vivent saint Jean, saint Marc, saint Luc et de l'olympien saint Mathieu
Ainsi soit-il mais il n'en est jamais ainsi
La saint Barthélémy continue sous un autre nom
Queussi queussi
Et le sermon sur la montagne de megève [petits bouts]

Le grand fétiche me fait des niches
Que votre cuisse était bien légère à mon cou
Et que votre feuille de vigne avait bon goût

page VIII

Commencer par
Un désastre une catastrophe
Finir par des ruines
Et non, pas de ruines romaines, des décombres
Un désastre une catastrophe
Je ne lui (en apparence il ne lui est rien arrivé
Il a vu le jour il a vécu. Apparemment
Pas ce qu'on appelle de graves événements
Le père noël le père éternel les amis sont passés à l'ennemi

Rien n'était parfait sur la terre quand il vint

Mars 29 1966. *Jeanne amoureuse.*

Rien ne m'est arrivé de grave et je suis mort
Je fais semblant d'appartenir encore au royaume
Des vivants, mais pour justifier mon corps
J'en ai pas l'air mais je suis un fantôme
Surtout n'ayez pas peur | Ne le répétez pas mais je suis un fantôme
Parti sue le chemin de la vie tenu mains
Le père noël une main le père éternel une autre

Je leur ai échappé pour des copains
Les filles sont venues. Je les ai aimé j'ai refermé les
Bras sur elle quand j'ai rouvert les bras je l'ai plus reconnue

Il reste des mots il reste des notes

majuscules
Il avait des couilles d'Hercule de belles couilles
Et négligence ridicule
En pissant dans un édicule c'était au crépuscule
Il oublia ses testicules

Vieux carnets 1947 Chanson

Pour bien se faire voir du printemps elle mettait
Une rose à son corsage

Elle avait peut-être un peu passé 20 ans
Peut-être d'avantage
Mais elle mettait une rose à son corsage

Un cric pour soulever ses seins
Il en referait au père Verlaine le bon apôtre et à bien d'autres/

Quand on lui reprocherait d'être pédéraste il en
Référait à Verlaine et à d'autres
Soutenu à Villon Bâfreurs à Rabelais
Abandon de femme et d'enfants à La Fontaine
Impuissant à Boileau
Syphilitique à Baudelaire Et les snobs l'ont trouvé bougrement cultivé

Ceux qui ne savent pas se servir de l'automne

page IX

Chœur des hommes
Il avait des couilles d'Hercule (la 2ème fois chœur des femmes)
(la 3 fois chœur des enfants)
Coda tous ensemble

Il avait des couilles d'Hercule [Jadis avant qu'on ne l'encule
De belles couilles majuscules Ce n'était pas un homoncule]

Mais négligence ridicule
Un certain jour au crépuscule Avril 1965

En pissant dans un édicule
Il oublia ses testicules

C'est depuis ce temps qu'on l'encule
C'est bien fait pour son matricule

Moi je dis merde à tous les dresseurs de potence
Les cordes des pendus portent pas toutes chance
L'horizon est bouché par un pendu qui danse
La corde du pendu de Budapest m'étrangle
~~*Mon horizon est bouché par une potence*~~
Son Un gibet noir fait de l'ombre sur mes vacances CHANSON
En rêve je le vois qui me tire la langue
Les semaines n'auront plus jamais de Dimanche
Surtout qu'on l'avait pendu par inadvertance
Merde
1 Ils nous font tous chier les dresseurs de potence
Ils ont des préjugés les dresseurs de potence
Les cordes des pendus portent pas toutes chance

Quand on lui reprochait d'être bâfreur le bon apôtre
Il en référait au père vieux Rabelais et à bien d'autres
Au pauvre Verlaine
A François Villon
Père Boileau
Grand Baudelaire

Dimanche 8 mai 1966
Bans jeanne publics
Suis parti pour Crespières

L'histoire ne dit pas que la grappe
Etait pourrie complètement
Et que la mère une créature
Après avoir tenté vainement
De la refiler à l'un de ses amants
Ou se résigner à la mettre aux ordures
Ah c'est une sainte famille la famille de mes voisins
La mère gentille une belle grappe de raisin

Parlez-moi d'amour je vous fous mon poing sur la gueule mai 1966

page X

Comme elle était civilisée blanchette elle mangeait la chair
humaine à la fourchette (petit bouts) Crespières juin 66

Oh alors si vous mettez vos fesses dans la balance

Entre les mille bruits qui courent **Jeanne rentrée de Paimpol mi juin**
Sur mon compte au fond de ma cour
On dit que j'aime les filles faisant la pige
A vénus callipyge à vénus hottentot
Et je ne dis pas non sacré nom

Mais quand je rencontre une fille
Dont la tête me revient
Je les regarde plus longtemps et de plus près / et je viens/te regarderai plus longtemps et

Ohé les copains ne me dérangez pas je travaille
Sauf en cas de vie ou de mort (et encor ça dépend
De la vie et de la mort de qui. Foutez-moi la paix
s'il vous plaît. Danger de grosse colère
PS danger de grosse colère
Ayez pour agréable de me foutre la paix

Madame qui nous avez tous dépucelé
Je vous ai rencontrée
Quand je compare l'image collée soigneusement
Au fond des souvenirs à celle que vous avez pu devenir
Je me dis quel gâchis, je me dis quel dommage
Si si le bon Dieu qui fait ça
Et si on lui doit tout on lui doit ça itou c'est triste/c'est malheureux
Il est tout ce que vous voulez pas un artiste
Il s'et joliment payé votre tête
[6 pages plus loin]

lacune rute bordel   (petits bouts)
J'ai repris le mot merde on peut pas vivre sans
Manque   con pouvoirs
Carence   payé mon vol

1966 mercredi 20 juillet
Comme nous étions des hommes
De peur d'être pris pour des enfants (en jouant) nous
Nous sommes donnés un idéal pour être pris au sérieux
Voleurs gendarmes
Regardez-les ils jouent aux voleurs gendarmes
Ca ne manque pas de charme pas de larmes

Je suis un épicurien j'accommode à ma façon
Les petits bouts de chanson ne pouvant servir à rien

Maman les curés sont-ils nus sous leur soutane
Qu'est-ce que ça peut bien te faire tête d'âne
(bien élevée ça p'tit
Comme elle était civilisée blanchette
Elle mangeait la chair humaine à la fourchette
Jamais le vendredi car elle était chrétienne
Dès d'un olibrius est coiffé d'une couronne
Ils oublient qu'ils sont concitoyens de Cambronne
Si l'on / Les Français
Quand on tue le chef de l'état ~~qu'est-e~~ qu'on rigole
C'est pas qu'on soit méchant c'est qu'il n'a pas d'école
Dès qu'un   apparaît coiffé d'une couronne

page XI

Le dernier mot que je dirai ce sera merde

Et quand dans le ruisseau le soir on me trouve ivre
Mort croyant tout de bon que j'ai cessé de vivre
Les gens dits naturels m'arrachent les souliers

Combien m'ont dépassé dans leur convoi funèbre
__   __   devancé __   la course aux ténèbres
De pauvres bougres qui lorsqu'ils parlaient de moi
Disaient

Personne n'y voyait malice   Ce n'est pas tout d'être mon père
Et cependant le pauvre Ulysse Il faut (aussi) me plaire
Il était quand même cocu   D'être mon fils ce n'est pas tout
Car sous sa toile Pénélope   Il faut me plaire itou
Cachait quelle fière salope
Un page qui lui bouffait le cul

Les cabarets de place   drôles de particuliers
Par le meilleur pilier   drôles de sommeliers

J'ai volé un type je suis allé au bistrot
On m'a viré quand je n'ai plus eu de sous

Est-ce par négligence ou bien par lassitude
Par défaut d'exercice ou par manque de foi
~~En chemin~~ route j'ai perdu toutes les certitudes
Toutes les convictions que j'avais autrefois
Il ne m'en reste plus qu'une en définitive
Elle est courte elle est nette et je vous en fais part
Elle est triste elle est sombre et elle est négative
Y a que les imbéciles qui soient nés quelque part

Au déclin de ses jours quand on fait l'inventaire
~~Le compte des fâcheux~~ De tous les emmerdeurs rencontrés en chemin
On est forcé de conclure et cela vous atterre
Qu'ils forment la majorité du genre humain
Mais parmi ces fâcheux qui nous gâchent la vie
Contre lesquels hélas il n'est point de rempart
Personne toutefois n'arrive à la cheville
Des pauvres imbéciles qui sont nés quelque part

Strophe finale
Mon Dieu vous avez fait (énumérer les maux
Les calamités   Tout ça ne serait rien pas d'importance
Si vous n'aviez créé ces fâcheux ces jobards
Qui sont presque une preuve de votre inexistence

Sur le bord du trottoir
Elle courut chercher un agent de police
Il me reconduisit sous les ponts
Depuis je ne puis plus
Et depuis je n'ose plus crier mort aux vaches,
Ça fait rien on vit dans des terres bien singulières

page XII

Elle était d'une propreté méticuleuse et quand
Elle nous masturbait elle prenait des gants

Elle était délicate et l'on devait se cu-   [petit bouts]
rer les ongles avant de lui pincer le cul
Refrain Elle nous emmerde
A ses genoux pour embrasser laver les dents
Transports
Laver les dents d'abord
Le curé lui fallait
L'eau bénite soit distillée   Bénite c'était pas assez
Hostie sous cellophane

Retour de Sète mercredi 17 août 68

La jeune fille baise avec les amis de son père
La jeune femme avec les amis de son mari
La femme mûre avec les amis de son fils

Ce n'est pas tout d'être mon fils (mon père) il faut me plaire

Quoi des fillettes de quinze se font sauter pour de l'argent (et vous en connaissez
Et l'on m'emmerderait parce que je dis que baise

Quoi des gens très bien, feraient des partouses
Et l'on m'emmerderait

Quoi des pédés

Retour de tournée (du 4 novembre au 19 Décembre 1966
Noël 66 25 décembre (ai appris que Jeanne opérée hernie

Minute quand je dis que je tolère que n'importe qui me vaut
A les droits (le mêmes) que le respecte que dc ça ne signifie
Pas que je le veux pour ami que je lui donne tous les
Droits sur moi mon temps mes fleurs mes chats
Mes respects lui sont acquis d'avance mon amitié
Faut la mériter c'est un peu comme l'amour l'amitié

Le hasard le temps qu'il fait l'humeur qu'on a

~~Pas le v~~ Jamais le vendredi ne fit la cannibale chrétienne (petits bruits)

Mardi 7 mars1967 le mari de Jeanne à l'asile

Chanson Il n'est plus temps fillette
Les épines des roses piquent plus qu'avant (si les
Roses sont plus belles et si j'y suis sensible
Maintenant les chagrins ne me font plus plaisir
De mourir (languir) d'amour je n'ai plus le loisir

1er strophe en flânant j'ai rencontré une églantine
2 elle était fraiche et belle
Pour autant que je me rappelle oncques n'avais une plus belle
amourette
3 elle m'a dit cueille moi
4 c'est trop tard et crois bien que je le regrette

page XIII

mercredi 27 avril 1967 Jeanne malade

Jeanne et moi possédions en copropriété
Un chien sinon de race au moins de

Nous nous entendions bien et avions réciproqués
Le droit de caresser la part de l'autre ou tirer au sort
elle le côté gauche
et moi le côté droit
Dans le sens de la longueur
Nous tenait à cœur

Mais Jeanne un jour eut séduit par
Un jobard

Il me fallut partir je voulais lui laisser le chien
Mais elle me dit prends-le mais il me manquera

Alors nous décidâmes
Mais soyez assuré pas de gaieté d'âme

De le couper en deux dans le sens de la longueur
Et de garder chacun sa part
furent bien
Mais quoique les Deux Deux parts équitables
Le chien poussa des hurlements épouvantables

Et je jurais que jamais plus Et je jure sur l'évangile de
Je ne couperais un chien

Mercredi 21 juin 1967 Le méridien après
*L'opération. (**ai revu Jeanne et le fou sorti de l'asile***

D'après Rémy de gaumont (livre de Bencze sur R. de gaumont page 135 à propos de la mode

Développer cette idée que les femmes quand la mode est devenue moins dynamique <u>imaginent</u> des nouveautés <u>personnelles</u> qui soulignent ~~leur grâce~~ leur beauté <u>propres</u>
En uniforme toute personnalité disparaît on ne
Voit plus que l'uniforme. Où est-il le temps ou les
Filles pendaient un bout de chiffon et ne ressemblaient
A personne. Ces yeux sont à toi pourquoi leur
Enlèves-tu tout ce qui les distingue des autres
Ces yeux sont bleus à toi ma pauvrette et t'es dingue
Ils nous emmerdent de leur ajouter ce que les autres
Tu leur leur enlèves ce qui les distingue

Maman les curés sont-ils nus sous leur soutane
De me montrer son cul (petit bout)
Il y a belle lurette que je n'ai plus de cœur mais parfois
A l'instar de ces amputés que leur membre perdu fait
Encore souffrir il m'arrive d'avoir un pincement
Sous le sein gauche

page XIV

mon voisin le manchot faut que je le raisonne car il
~~Les manchots~~
~~Je ne pourrai jama~~ De ne pouvoir jamais rien voler à personne
Les manchots sont aigri, manchot peut être mais redoutable emmerde
Ils ne peuvent jamais rien voler à personne
Et la grande pitié des pauvres culs de jattes
C'est qu'on ne leur fasse jamais de croche patte

Les aveugles déplorent de plus voir le drapeau
Au fond ce que surtout les aveugles déplorent
C'est de ne jamais voir le drapeau tricolore
aveugle
Les sourds sont malheureux sourd
De n'entendre jamais la marseillaise muet
manchot
cul de jatte
Les manchots
De ne pouvoir jamais lever la main sur personne

Les muets voudraient dire merde

Un humoriste
Qui veut/rêve mourir pour la patrie c'est triste

16 sept 1967 En revenant de chez Jeanne chercher
les oscars la commode l'armoire le matériel photo
Kafka m'a fait la fête. Ai vu Jacquot kikou sa fille Sarah

16 octobre. Une dame qui m'avait accordé ses
faveurs et n'en avait aucune preuve (elle n'était pas
crue quand elle le laissait entendre. Je lui ai fait
un certificat mademoiselle y prolixe
Je certifie avoir baisé madame x je jure qu'elle
(sur l'honneur) qu'elle m'a donné du bonheur du
temps que je n'étais personne.
Elle ne l'avait jamais dit ne s'en était jamais vanté
Car j'étais pas très reluisant. Elle m'aurait accusé de
L'avoir violentée etc etc
Finir en disant c'est faux parmi toutes celles qui
m'ont fait le plaisir de me recevoir dans leur lit
aucune ne s'en est vanté et tout ça c'est joli et je
les en remercie

26 octobre
~~gloire au flic qui faisait arrêter les autos~~
~~pour laisser pisser le chien de Paul Léautaud~~

Inscriptions à mettre sur la porte
L'honorable locataire de cette (maison) de cet
appartement (<u>de ce taudis à retardement</u>) est
en train d'essayer d'obtenir les faveurs d'une personne
du beau sexe. Soyez aimable de ne pas insister
merci

page XV

Le mec qui crèche ici est en train de se farcir
Une greluche de la haute. Passez votre chemin
Tirez vous sur la pointe des pieds
Le chaud lapin qui crèche ici est en train
de faire du rentre dedans à une greluche de
la haute. Lui cassez pas son coup SVP. merci

Jeudi 10 novembre
à propos de bottes que portent les filles à la mode
ces temps ci. Ce n'est pas que les bottes taillent
mal au contraire mais tous les pieds des filles de
Paris et d'ailleurs sont dans des bottes… Les bottes
Ne te font pas distinguer des autres elles te déperso-
nalisent. Tu serais seule à en porter je ne dis pas
(tu attirerais mon attention) je me dirais voilà une
fille qui n'a pas peur de porter ce qui lui plaît.

Toi tu veux faire partie d'une bande tu veux aussi
<u>te distinguer mais pas de tout le monde</u>

Tu veux te distinguer mais pas de tout le monde

J'ai vu Jeanne ce matin 10 novembre 1967 lui ai apporté un lapin. Kafka m'a jeté : Jacquot aussi
Elle prétend avoir demandé le divorce à la préfecture
Elle m'a demandé le tornado électrique et l'antenne de TV ai donné 20 000 frs.

Faisais les yeux doux à la marchande de fleurs/(…)
pour qu'elle me vendit à bas prix un bouquet /à bon prix
destiné à la dame de <u>*mes mauvaises pensées*</u>

Noël jour de l'an 1967
Le mari de Jeanne à Ste anne 20 000 vers le 27 Decem 1968

Mauviet Et tant qu'on ne dira pas merde à
Paix au viet tout le monde
nam dame
En jouissant elle criait Paix au viet nam
notez qu'elle n'a jamais dit Paix en Indochine
ni en corée

utilisé ~~nous avons pris pour une affaire capitale~~
~~une petite fantaisie sentimentale~~

Quand on jette une pierre dans mon jardin je
Déplore mon manque total de connaissances ~~en ma-~~
~~Tière minéralogique~~ qui me permettrait de la classer
Dns son espèce minéralogique au lieu de me poser
Ces questions qui donc m'a jeté cette pierre et pourquoi

Il est d'une fort mauvaise constitution mentale

Les tontons <u>*Et que c'est l'ami fritz notre ami le plus sûr*</u>

page XVI

Gide : je ne crois pas à l'existence de Dieu. Je
Crois beaucoup à celle du Diable. Je suis même sûr
Qu'il existe. Léautaud à voir les actions des hommes
Dans tous les domaines il paraît bien que c'est plutôt
Le Diable qui existe
Où Dieu n'existe pas ou alors c'est Satan
On nous baise depuis un petit bout de temps
Car enfin si le roi du ciel et de la terre
Si le père éternel était satan ce ne serait pas
Pire putatif
(alors parce que mon père adam a parlé
d'un peu près à ma mère ève c'est le bordel
jusqu'à la fin des temps
On naît on mange on baise on souffre on crève
Et quand ils avaient mille Dieux était-ce pire
(et quand ils croyaient au soleil)
Ils se disputaient le beafteck et les filles l'espace
Vital les honneurs

Ils font plus de dégâts que les bombardements,
Vingt Dieux le presbytère a perdu de son charme
Et l'éclat du jardin ne fait plus mal aux yeux
On a sa petite tristesse d'olympio
Dieu merci le béton les Romains l'ignoraient
Leurs ruines sont si belles qu'on en mangerait
Taudis à retardement Le béton est un con

Pas de précision SVP Ne me dîtes pas qu'en haut
D'une côte une DS19 qui doublait une deux chevaux
Citroën est entrée en collision avec un camion Berliet
Laissez parler mon imagination laissez moi jouer un rôle
Dans l'histoire. Ne me donnez pas tous les détails. Bornez vous à me dire qu'une voiture rapide en doublant une voiture lente en haut d'une côte est entrée en collision avec un gros camion. Je ferai le reste

<u>*Ca m'emmerde que le bon Dieu n'existe pas*</u>

Mardi 6 ou 7 février 1968 Jeanne
Mordue par le petitou est à l'hôpital. Pierre a pris le jacquot et les serins. Moi j'ai le chien. Mme sapillou s'occupe des chats

page XVII

Quand on le traitait de <u>*bâfreur*</u> *le bon apôtre*
Il se référait à Rabelais et à bien d'autres
Quand on le traitait de <u>*bâtard*</u> *le bon apôtre*
Il se référait à Jésus Christ et à bien quelques d'autres
Quand on le traitait de <u>*cocu*</u> *le bon apôtre*
Il se référait à et à bien d'autres
Quand on le traitait de <u>*marlou*</u> *le bon apôtre*
Il se référait à François Villou et à bien d'autres/et quelques autres
Quand on le traitait de <u>*pédé*</u> *le bon apôtre*
Il se référait à Verlaine et à bien d'autres
Quand on le traitait d'<u>*vérolé*</u> *le bon apôtre*
Il se référait à Baudelaire et à bien d'autres

impuissant [aux Dans les lieux de Paris où soufflait le vent de
FIN boileau l'esprit et les snobs le trouvaient vachement cultivé]

Chers voisins (même fâchés)
Si jamais la maison brûle et que vous
en ayiez le temps soyez assez gentils de vous
assurer que je ne dors pas comme un
loir, des boules quies dans les oreilles
grosse récompense. Merci

après avoir écouté un disque bande de cons remettez
le à sa place afin que je puisse le retrouver facilement
Avant de partir bande de cons veuillez vous assurer
que la chatte n'est pas enfermée dans la maison
J'économise mes larmes j'en aurai besoin pour
vous enterrer tous
Voici tous ceux à l'enterrement desquels j'assisterai

La bastille est un peu comme une femme
Il ne faut jamais s'endormir dessus (petits bruits)
Chaque jour il faut la prendre et la reprendre
Sous peine d'être ci devant cocu sinon

Je suis seul sur la terre et ne suis pas le seul
je ne suis pas le seul à être solitaire

On l'enterra du mieux qu'on put
Je vous enterrerai Du mieux que je pourrai
Et le jour où vous mourrez

page XVIII

Si l'on ne tuait que des salopards quand on épure
à la rigueur je dirais bon
mais on tue mais on humilie n'importe qui au
petit bonheur et le précepte (je n'accepte) qui veut
qu'on ne fasse pas d'omelette sans casser des œufs

1er mai 1968
Ils se ressemblent comme deux gouttes de sperme

Et je n'accepte Comme 2
Pas le précepte gouttes de
Sperme

Mai Juin 1968

Leur petit côté m'as tu vu sur les barricades
La dernière barricade où l'on cause la grosse tête socialiste
Il y avait (on a vu) des trouillards on a vu des fuyards
des j'ai peur de perdre mes liards et les stokeurs de lard

Des paillards des pillards des charognards
Et naturellement des connards. une faune qu'on ne
Voit que dans ces moments là. (la guillotine enfin
qui se profile qu'on astique) allons pillez les banques
attaquez les banques quand il y a quelques riques

Et bien sûr les connards toujours majoritaires
on a craché sur la figure à son patron. ce qui est
discutable au point de vue du bon goût et puis les
hommes politiques ont dit essuyez ça comme toujours
vingt Dieu la guillotine a failli réapparaître reparaitre
Les tricoteuses étaient déjà prêtres. On allait de
nouveau régler les comptes Des cocus des trois sexes sexes
allaient se revancher

mouchard cocu revanchard bobard brancard étendard
soudard

Je meurs aussi pour des idées mais de mort lente

au petit bonheur la vengeance

Les bouts d'homme
Les infusoires les infiniment petits le rectum
Logeant dans le rectum des crapauds sont sortis

Les infusoires les bouts d'hommes
Les infiniment petits
qui habitaient /logeaient dans le rectum
Des grenouilles sont sortis

Cet arbre ressemblait à un homme peuchère
quand je fais mon devoir c'est sans le faire exprès

quoi de plus affligeant qu'un humoriste
qui (vote fait son devoir électoral qui meurt d'amour qui
meurt pieusement pour la patrie qui prend quoi que ce soit
au sérieux après nous avoir fait sourire avec (cupidon
le drapeau le sabre le goupillon les flèches de cupidon

page XIX

Je ne suis pas doué pour les affaires publiques
aucun des divers systèmes connus n'emporte mon
adhésion totale soit dit sans méconnaître leurs rares
mais respectives vertus et les qualités de certains hommes,
qui s'en font les champions (voir (1)
Si je croyais à quelque solution collective miraculeuse
je me jetterais à corps perdu dans la mêlée..
et je hais la violence individualiste

(1) l'économie commande tout et l'économie pour moi
c'est de l'hébreu et même pire

Tant que ce mouvement spontané est resté en
marge de la politique qu'il s'est limité à la contestation de tous les systèmes connus et à la revendication j'étais de cœur avec lui mais depuis...

Ni De Gaule ni staline ni mao mais personne
le peuple tout seul et le peuple c'est tout le monde
tous les hommes pas seulement les ouvriers pas
seulement les français

Les étudiants, les ouvriers n'ont pas besoin de
moi. Ils se défendent très très bien. Leurs revendications me semblent légitimes la seule chose que
Je n'approuve pas c'est la violence surtout qu'ils n'ont
pas besoin d'elle pour atteindre leur objectif

Comment pouvez vous supposer que je ne sois pas
d'accord avec les étudiants et avec les salariés
mais faire de la démagogie et le crier sur les toits,
non

Le fait que j'écrive des chansons qui m'ont valu
une certaine notoriété n'implique pas que je doive
publiquement donner ma position.

Une manifestation à la Gandhi ou à la façon de
certains noirs d'amérique me semble plus valable
plus efficace que la construction de barricades qui
provoquent automatiquement une réaction des
forces dites de l'ordre (je ne condamne pas ceux
qui prônent la violence du temps que je militais dans
les jeunesses libertaires j'étais sur e point en désaccord
avec nombre de mes camarades) je ne les approuve pas
totalement voilà tout en sus la violence me paraît
dangereuse pour le succès des revendications et
une grande partie de l'opinion ou les tièdes se cabre
contre les manifestants

Partisan de la non violence je ne me vois pas en train
de bombarder les prétendues forces de l'ordre
laisser les étudiants régler leurs problèmes eux-mêmes que je ne connais pas bien
j'aurais l'air d'un m'as tu vu sur les barricades
quant à chanter des chansonnettes durant ces événements
importants non

page XX

Tant que la politique ne s'en est pas mêlée tant que
ce mouvement garda son caractère spontanée en marge
de toutes les chapelles conventionnelles il eut mon adhésion

M'en mêler : de quoi aurais je eu l'air. Quels risques
le pouvoir était prêt à tout concéder. Je ne pouvais qu'y
gagner.. les problèmes estudiantins m'échappent un
peu .. que leur aurais je dit.. moi sur les barricades avec
mes deux reins déglingués vous n'y songez pas. Un poids
mort.. Et puis je n'aime pas me faire remarquer ce
qui peut paraître étrange de la part d'un cabot

mais cette tuile était une malice
[Dieu que la femme]
Cousue de fil blanc et le pauvre Ulysse
Les femmes ne manquent pas de malice
ou des apparences Ulysse
comme tout un chacun était cocu
car dessous sa voile la Pénélope [symbole de la vertu conjugale]
cachait un petit page la salope
qui lui pinçait secrètement le cul

[Sa tuile faire un sonnet
Etait cousue Si je dois le
De fil blanc cette tuile
Bref comme vous était cousue de fil blanc
Et moi était cocu
Car Pénélope tapage des maris non bronzés
Car sous la toile
Caché sous la tuile un petit page]

Le symbole des maris non rangés le brave Ulysse
[Sans tapage] fidélité conjugale

1 Pénélope n'eut pas d'égale
Mais tout ça c'est du vent de la littérature
Cinquième
créature

[Le modèle des maris non broyés]

<u>Sauver la face et préserver sa fesse</u>
<u>Et préserver sa fesse contrite</u>
Elle refaisait
Durant la nuit
Que durant le jour elle avait tiré
Cachait 2 ou 3 petits pages la salope
Et qui se relayaient nouvel époux
Pour lui pincer quand les soupirants cette ouvrage
Le cul
avec rage
Voyait jamais le bout
Durant 20 ans
Et vingt ans (...) sans homme

C'est une somme

Car elle était maligne
Il faut qu'on le confesse
Et pour sauver la face et
~~Préserver~~ sa fesse
réserver

Et la nuit à la clarté des étoiles
elle défaisait la toile
que durant le jour elle avait tissée

page XXI

Mercredi 3 juillet 1968 Quiquou morte

Jeanne est venue me le dire au méridien je dormais. Je suis allé chercher la quique à l'impasse et l'ai mise dans le coffre OS. Demain je l'enterre à Crespières 1969
Elle était chez Jeanne depuis 1951 ou 52 Devant le saule tordu

Le pauvre Ulysse malice
Il était quand même cocu
Car sous sa toile Pénélope
Cachait un petit page la salope
~~Un page~~
Qui lui bouffait secrètement le cul

ces dames ne manquent pas
en dépit des apparences Ulysse
(...) de ce qu'on raconte
tout comme vous et moi était
sous sa fournaise brûle cocu
comme tout un chacun

Se jeter quelque part la fesse la première
Elle ne savait plus où donner de la fesse

S'ils avaient été CRS aux barricades
Qu'auraient-ils fait (ceux qui crient à mort quelles
Que soient les circonstances les raisons d'état

Faire de l'alpinisme en haut du Golgotha

Jeanne vend 18.10.68 transportée
A St Joseph Griesmar
Opérée samedi 19 après midi morte

Jeudi 24.10 68

Jeanne est morte hier soir vers 23 heures 15 à Saint Joseph. Sœur Odile m'avait appelé vers 19 heures Le Fore, Fallet, Mme Simone [Beignout] étaient là. Jeanne s'agitait beaucoup, m'a dit plusieurs fois « embrasse moi. Quand l'anesthésiste lui a demandé si elle avait soif elle a répondu Oui : voulez-vous du tilleul ? non. Qu'est ce qui vous ferait plaisir ? Du champagne a-t elle répondu avec enthousiasme. J'ai ouvert la bouteille et elle en a bu deux ou trois coups à la cuillère.
On l'a déplacée continuellement à sa demande. Elle avait mal à la cuisse gauche. Je lui avais dit j'ai lavé le chien. Sommes partis vers minuit 30 chez Giacommetti où nous attendait Püpchen

page XXII

Le fou est resté. La sœur à lunettes a tendu les
bijoux de Jeanne au fou. Il a gardé l'alliance
il m'a donné le reste.
Ce matin 25 octobre il pleut.

Toutes tous les
pies borgnes et les
Chiens galeux chats pelés
Etaient à elle
Personne mieux qu'elle n'a jamais aimé
Les pigeons mal en point les corbeaux déplumés
Et les chats noirs ne portaient pas malheur pour elle

Delpont est venu. Michel de Lens

Jamais jamais personne
Tant aimé
Aimé tant de pies borgnes
De corbeaux déplumés

Ah sacrée Jeanne Putain de moine

Aimé tant de pies borgnes
De corbeaux déplumés
Et de chats de goutierre
Et de chien tout pelés

Et de chat de gouttière
Et de chiens tout pelés
Et de pigeons sans ailes

[Jeanne enterrée
Samedi 26 10 68
à Bagneux]

Sans oublier
Et les ours mal léchés

Canards de barbaries
Perroquets mal élevés

Ils te le rendaient bien
Le seul échec
Que tu aies rencontré
C'est avec un caniche
Avec
Echec
L'as aimé
Mais tu l'aimais quand même
Et tu as bien fait

La maison de plaisance
de l'arche de Noë
ressemblait à s'y méprendre
à l'arche de Noë

A la morgue Jeanne bien reposée. J'ai pris une rose
Sœur Odile est venue à la messe

Mercredi 30 à 8 heures je suis allé porté 50000 frs à la
sœur Marie Odile Nous avons parlé de Jeanne

page XXIII

Vieux brouillons des années avant
1958 impasse

Elle m'a dit [j'ai rendez vous avec tout le monde
Et personne]

à l'enterrement
Bourdier et sa femme
Tavernier
Danet et ~~sa femme~~
L'allemande
Ginou
Léone sa mère
Madeleine Bercher
Norbert
Mme Lescat et sa bru
Giacommetti et Lina
Mme Thebault
Leono et michel et micheline
Fallet son frère agathe
Claude
Vers
Poletti
Bertola
Loulou
Chabrol et Noëlle
Petit Bobo
Dejacques
Larue
Mme Papillon
Mme Becmond
Delpont
Rault et sa femme

La sœur m'a dit à la
morgue après la messe
je ne l'ai pas connue
longtemps. Je suis
heureuse de voir qu'elle
est bien entourée

[Jeudi 29 octobre 1969
à 2 heures du matin
rentrant de Bobino]

de Plaisance
Les pigeons de Paris n'auront plus leur compte de grains
Jeanne est morte à sa porte mais les colombophobes
Vont afficher un air serein
Les chats perdus n'auront plus gratter
Jeanne est morte à sa porte
Les chiens (...) pelés galeux vont trouver visage de bois
aboyer
Les canards boiteux
plus leur bouillie visage de bois

Et les ours mal léchés   à sa porte
ceux qui aboient
Et tous les vieux copains   Des gens qui n'aiment pas
ceux qui aboient

l'arche de Noé
bouillie à sa porte
Les chats il n'y a plus d'arche de Noé
Mais les rats les souris   réjoui

page XXIV

Les croque mort qui nous avaient toujours foutu
La paix viennent de rattraper le temps perdu

ont mis les bouchées doubles
Mon capital de mort augmente
je connaitrai plus de morts que de vivants

Et nos troupes de lignes
Nous ne donnions l'assaut qu'à des feuilles de vigne

La fleur bleue dans les tranchées

Et le 11 novembre sans remords
nous avions rendez vous au monument aux morts

Les jolis cerfs volants que faisaient les drapeaux
Les boulets de canons en boules de billard

La course au sac sur les champs de bataille

Moi quand j'aime c'est pour toujours hélas
Si j'avais été romantique
Mon cœur peuchère aurait saigné
Car des
Non tu ne m'as pas épargné   [mourir fut son unique
Tu n'en ratais pas une   bonne
Encore la fit il sans intention]
Il n'a jamais souffert le pauvre et je le plains

La seule bonne action qu'il fit fut de mourir

La mort n'emporte pas grand chose la mort n'emporte
que les restes la mort n'emporte presque rien

Quand le père noël est mort qu'on la poussé du toit
Je suis mort avec lui mais je ne m'en suis pas aperçu
Quand Dieu
Quand le 1ère amour est mort
Quand ma croyance en l'homme est morte

Reliquats des vieux brouillons 1969 janvier

Alors dans ma main pour payer sa dette
La mignonne enfant a posé sa tête

Quand même il passerait par rome
Le chemin qui mène à mort d'homme
Est toujours un mauvais chemin

Cette rose tombée (échappée de la gerbe de fleurs
qu'un général (héros brave à trois poils) portait au monument aux morts
Je te l'avais offerte en te parlant d'amour
Et les morts ont crié au voleur au voleur

Si Dieu me prête vie si j'atteins 107
107 ans ces temps ci c'est une belle somme
qu'il me reste une dent
Et si le cœur t'en dit   elle sera pour la paume

page XXV

O doux con vers qui convergent

affolées toutes les verges
c'est pas pour   c'est pas (de
exquis con   Des mimi pas des mi   non pour te faire
vers qui con   sère   taire ami
vergent   quelque
affolée   a tes trousses
toutes les   n'aie pas la   Pas pour te
verges   faire
Pauvres amis
Reste là (...)   excitées   quelque mi
n'aie pas la   vont à tes   sères
frousse   trousses
reste là   bon   -- mais
dépouvante   pas bien mé
trousses   frousse   chante
terreur pa
quand elles auront eu   nique   de
ce   Pas pour te
et parbleu   une seule   faire
ce qu'elles   Cher ami
veulent   De   quelque mi
meure   sères
SVP   que l'on en
Sois pas bé
gueule
car morbleu
ce qu'elles   De
Pas bien sé   veulent   meure
vère   n'est pas sait
courtois   n'est passé
laisse toi   un bien se   que l'on en
faire   vère   meure
mais courtois
laisse toi
faire

n'est pas sé
vère
mais courtois
laisse toi
faire

page XXVI

Pour être original il suffit d'être soi
~~Disait Paul~~ Léautaud bien mais à moins d'être imbécile
Dit
Ou (égoïste se foutant des autres ce n'est pas si facile

Si j'étais moi quand on me marche sur le pied
~~que~~ au lieu de dire au maladroit ce n'est rien
je le tuerais si j'étais moi
etc etc
Pas tout à fait original et pas tout à fait soi
je tirerais toute la couverture à moi (quand j'ai froid

La Volupté bien ordonnée commence (pas soi même
a dit le petit masturbateur

Vous n'avez pas de morts pauvre ami pas du tout
Venez que je partage les miens avec vous
il n'a personne au cimetière

Donnons leur temps à toutes choses (du temps
Ne courrons pas après demain
pause
Comptons les pétales des roses
après l'heure ce n'est plus l'heure

me laissent à la porte je n'en mourrai pas
Et s'ils ~~m'ont laissent~~   pour si peu
Dehors j'ai plus de place qu'eux
En quelque sorte

Avril 1969

On meurt toujours à temps le lendemain tout est
Changé irreconnaissable (allusion à s'il revenait

Le baiser que tu m'as donné
Je ne le prêterai à personne

Non madame je ne suis pas réactionnaire
conservateur
Je serais plutôt révolutionnaire Le cul entre deux selles
mais le sang
Déjà quand un voleur passe avec des menottes
même si c'est normal je ne le trouve pas
alors quand c'est un enchaîné politique
on pend trop on fusille trop on emprisonne trop
Le pendu de budapest me reste sur le cœur
que le monde périsse de la perte
Plutôt que le pendu de Budapest

Ce n'est pas tellement la mort que je déplore
Tôt ou tard ils seraient morts
C'est la façon dont ils meurent (je suis peut être con
mais je plains la veuve et l'orphelin

page XXVII

Encore s'ils étaient coupables criminels bien que je ne
sois pas d'accord à la rigueur mon cœur je les plaindrais
mais je dirais ils ne ne l'ont pas volé
si l'on s'amuse façon de parler à dénombrer ceux qui
sont morts pour par erreur (règements de comptes ja ousie
de commerce ou de filles on serait effaré (mêm réhabi
lités
vous me direz qu'on ne fait pas d'omelettes
sans casser des œufs mais des omelettes comme ça
j'en veux pas plus d'omelette à mes repas

non madame je ne suis pas réactionnaire
je ne tiens pas à conserver le monde tel qu'il est
je serais plutôt révolutionnaire
mais s'il vous plaît

à mort les partisans de la peine de mort

jamais
il ne faut plus frapper personne
Et comme du bo du bon du bonnet
à longueur d'année de journée
Cette même antienne à longueur d'année
à Paris à nice et à carcassonne
Il faut entonner
Cons comme le sont la plus part des
hommes
Ca finira bien par les concerner
assome
Et comme le refrain de la ballade

J'ai écrit une chanson qui ne plaira pas
Car au lieu de dire frappe comme assome
1e La preuve que je suis rigolade
Je dois être malade escalade
C'est qu'en car dans ce siècle forcené marmelade nez
Ce siècle je viens d'écrire une ballade estafilade
sans aller jusqu'à l'accollade
je sais c'est un idéal
un peu barré

D'ailleurs têtes toutes barrés
comme sont les hommes
impressionner
2ième on va m'en vouloir Comme du bo du bon du bonnet
on va dire et ça n'a jamais rien donné
que je crois au père noé Pépère arrête tes salades

moi je n'aime pas ma patrie j'aime la France

page XXVIII

1 Le silence faisans
je ne parlerai pas de ses fausses quenottes
j'en ai aussi ni de ses fausses notes
vu que
vu que j'en fais aussi ni de ses faux bijoux
qu'elles faisaient en chantant car j'en fais
Faux cils et faux cheveux et faux et faux cul
Faux départ pour le paradis
Fausse joie
Faux anges soupirant d'une voix de fausset
Et cette fausse idylle
larmes de crocodile
Et sur ses faux bijoux

Je ne parlerai pas de ses fausses quenottes
ni de ses f

Je ne parlerai pas de ses fausses quenottes
des fausses notes
qu'elle fit en chantant

.... comme il se doit
Faux charme ~~recoi~~ par dessus le toit
Fausses fenêtres faux plafond Et biensûr
Et fausse cheminée au fond Faux tableaux
faux feu de maitres
aux murs
Et mon bouquet
avait les moins vives couleurs
que les siens faits de fausses fleurs Simulacre
faux bijou de pamoison
Faux grains de beauté sur les joues factice
et faux
et pardi un cupidon
Faux départ pour le paradis faux comme
Et faux anges qui gémissaient un jeton
Avec une voix de fausset postiche
La ferme était fausse et le toit pastiche
De faux chaume comme il se doit parodie
Et des larmes de crocodile
Fausse idylle
Trompe l'œil
Seule chose vraie là dedans
Mon amour ~~pour elle pourtant~~
invisible pourtant invisible qui pas été
Et ma peine invisible aussi trop contraire
Car avec tous ces ustensiles à la vérité
Ses faux cheveux et ses faux cils (...) réelle
Et ses faux seins et son faux cul pour elle
Elle ne m'en fit pas moins cocu

Sirène La sirène que j'ai péché qui fut un peu vraie dans tout ça
Ce n'était qu'un poisson d'avril

page XXIX

Octobre 1970
avant de me dire immortel attendez donc que je sois mort

quand une femme n'est pas emmerdante
c'est comme si elle avait un beau cul

C'était un facteur d'une espèce rarissime
Il n'apportait jamais les lettres anonymes

moi j'ai la nostalgie des puits
allumeurs de réverbères escarpolettes voiture à chevaux
Des ramoneurs et des
Culs des filles sur des selles de bicyclettes
Citer des objets et des métiers tombés en désuétude

ah que la vie (la terre) serait belle

ah
Si ceux qui ont des idées
mourraient pour elles

être en bas
âge mental
1971

Celui qui…
Et savait où sont les neiges d'antan

on renverse les empires
et même la reine d'angleterre

Probabilité

Mais il est peu probable qu'on
Détrône un jour le roi des cons

• Il est possible qu'on renverse Franco
sur un air de fandango
Il est possible que en russie

Voir possible
renverser
Séditieux
Il se peut

Il est possible
qu'on le shah ~~d'iran~~

que sur un air de fandango
on renverse franco

repus récusé
Baudouin
Tito
Mao
Jordanie

que la couronne d'angleterre
dans l'avenir roule par terre

Que sans trop de risque on peut tenter
mille et une probabilité
1 Il est des probabilités

De tous les
trônes subsistants
des sujets sont
vu que vraiment
rebelles au
dénombrement

2 Il est probable assurément
3 que ça c'est vu dans le passé
La république soit renversée

page XXX

La Saint Barthélémy recommence en Irlande
calendes
mourez… ~~si le cœur~~
Princes les …. mourez mes bons apôtres
Si le cœur vous en dit ne vous en privez pas
La vie est à peu près laissez vivre les autres
vivre est leur seul (luxe ici bas)
c'est l'idée de … contre le bolchevisme
qui fit mourir le père schimt honni de tous
quelques années plus tard on faillit par civisme
Demander à son fils d'en faire autant

Les coups d'épée dans l'eau font couler le sang

~~Princes de tout poil mourez donc mes bons apôtres~~
~~Si le cœur vous en dit ne vous en privez pas~~
~~mais laissez vivre les autres~~
~~La vie est à peu près leur seul luxe ici bas~~

Lundi 27 décembre 1971 Püpchen grippée
là haut
Maurice chevalier est au plus mal

La preuve que les gens ont une bonne
Opinion d'eux même (je m'aime)
C'est que quand on les traite de vieux con

Les coups d'épée dans l'eau font couler bien sur sang

La crainte de l'enfer n'a jamais empêché
Les chrétiens de pécher or pour eux c'est
une certitude alors que le criminel est
au contraire à peu près sur d'échapper à
la justice des hommes

et Si l'enfer existe Dieu n'existe pas
Et Dieu n'existe pas s'il existe l'enfer

Mourir pour des idées j'ai trop d'imagination

c'était un de ces cul un cul de poids
qu'on n'aimerait pas rencontrer au coin d'un bois
quand elle (…) le faisaient voir par la fenêtre
de bien être

page XXXI

Lezardrieux juin 1972 (8 juin)

Marie Marthe ou Cécile
au petit bonheur je me souviens dans le désordre
je me
Je suis pas difficile à la grâce du Dieu
de l'amour
Je prends le temps passé comme il vient

j'étais pas dur en affaires de cœur

Mourir pour des idées il y en a qui ne font que ça toute
leur vie

à mort à mort à mort à mort à mort
Les partisans de la pein'capitale
à mort à mort à mort à mort à mort
Les partisans de la peine de mort

Y a des silences qui se perdent
c'est de la merde

Lezardrieux 24 août 1972

Quand j'eus fini cette chanson
Tous les copains m'ont sans façon
y a des silences qui se perdent
ce que tu dis c'est de la merde
si c'en est pas en vérité
C'est rudement bien imité en ruminant

Rentrant chez moi l'esprit chagrin
En leur funeste refrain
Soudain ce refrain provoqua
Dans ma petite tête Eurekas
Tout le parti que l'on pouvait tirer de cela
Ce refrain peut être utile
J'ai
ça nous manquait
Pour les discours électoraux
Mesdames quand un vieux galant
vous

Dorénavant les auditeurs
Pourront toujours chanter à l'orateur

quand un mari
quand une épouse
Et l'on verra une Froideveaux
Des macchabées sortir de leur tombeau
Le jour où l'on m'enterrera
qui prononçait la funèbre oraison

page XXXII

Je suis contre les juges les gendarmes les flics
Je suis contre le racisme le fascisme

Faut leur mâcher les mots. Les mots mâchés n'ont
Plus de goût Faut tout leur rabâcher

Chez moi faut entendre entre les notes. Les mots couverts
comme les femmes habillées sont plus bandants
tout dire ça veut plus rien dire

Les cons faut toujours tout leur dire
Ou au singulier
Le con si vous lui dîtes que

Il n'aime pas qu'on lui suggère
mais si vous lui dîtes je suis antiraciste insiste

alors il est content il crie bravo

quand on lui dit

L'est pas content trouve que vous n'allez pas assez loin
Comme il n'a pas d'imagination
quand on lui dit
Il est content même si c'est pas vrai

Ne mettre le mot con que dans le refrain peut être

Suite de Légion d'honneur
Au milieu à travers les vignes
Mais on ne peut plus aller dans les vignes
Les vignes du seigneur courir le sabbat
avec (port au revers le fatal insigne *ses pas*
La légion d'honneur ça pardonne pas *des faux pas*
faire faux pas
Mais on ne peut plus/guèr/les saperlipopette
Voir les accr accros les trous à ses bas
Mettre ruban rouge à la salopette contre-bas
La légion d'honneur ça pardonne pas

~~*mais on ne peut plus*~~ ~~*sur ses lèvres les lèvres*~~
~~*des mots roturiers*~~ ~~*les mots bas*~~ ~~*bas*~~ ~~*les mots par trop*~~
~~*Des gens décorés tomber*~~ ~~*les trois orfèvres*~~ ~~*bas*~~
~~*D'un grand officier chanter l'grand vicaire ou trois orfèvres*~~

Mais on ne peut guère plus avec la rosette
Des fill Pelotter les belles tâter les appas *son ruban*
Pelotter les *rouge*
mett' la main au cul par de ça Lisette *il ne*
La légion faut choisir *fréquente*
la légion ou le bras d'honneur *plus*
mais on ne plus guère avoir sur ses lèvres *les bouges*
De grand ~~officier~~ commandeur les mots par trop bas
chanter l'grand vicaire ou les trois orfèvres

page XXXIII

Les militaires obéissent sans *Fin*
chercher à comprendre *1977*
moi je désobéis sans chercher à comprendre

vous n'empêcherez pas mes rêves érotiques

Le souvenir que je gardais De vous madame m'emmerdait

Les snobinards. Les snobiniconnards GB à développer.
une petite compagnie de snob s'avise de suivre une nouvelle mode
de s'exprimer, de se vêtir de se divertir.. Pui elle s'aperçoit que le
gros de la troupe (opposé à un petit groupe) la suit alors elle
change et le gros de la troupe finit par la copier alors la petite
troupe change à nouveau

Je coirs en Dieu mais comme je suis un menteur je dis que non
même si je croyais qu'il existe je ne voudrais pas me soumettre à lui, ses rites

que si par impossible ou lui disait Héros fiérot
sur sa poitrine
Rends nous notre médaille on te rendra ton bras
- - - *il ne marcherait pas*
Dans la combine

La fillette qui s'est jetée dans la seine avec sa poupée
Son fiancé l'ayant trompée
avec une dévergondée
la fillette alla se jeter
Dans la seine avec sa poupée
avecque sa corde à sauter *elle s'est pendue*

De puis que ma première bulle de savon s'est
crevée je ne m'en suis jamais remis

qui dira le chagrin profond
de la 1ère bulle de savon
qui se crève
En ce qui me concerne amis
je ne m'en suis jamais remis
que peut causer à un enfant
en se crevant
La 1ère bulle de savon

Puis le père noël
le 1er amour
Tant pis si l'on se moque/me brocarde,
(...)
enfantillages *a des*
je suis brocardé
Taxé de me complaire à des

En écoutant cette chanson
Écrite par a un grison
De mon vieil âge *près du en vieil âge* *Tant pis je suis brocardé*
Taxé me complaire à des
Enfantillages
Jamais remis non plus

ne venait plus sur le toit *Cerfvoulant*
avec sa hotte

L'épouse n'aime pas que l'on aime les femmes
La femme n'aime - - - - - - - les femmes

ou tout encore enfant
Depuis que j'ai vu se crever (depuis le jour où s'est crevée ma première bulle
de savon. Rien ni Depuis le jour où tout enfant. Pas même arrivée au
plafond
Explosa Eclata Creva ma première bulle de savon. Rien n'a plus été comme
avant.

page XXXIV

Il ne me restait plus pauvre cocu
Qu'à *Et me fit en partant vers son nouveau bonheur*
me fit un pied de nez suivi d'un bras d'honneur

Hélas en mon absence une (...) vague
La cruelle en partant vers son nouveau bonheur
me fit un pied de nez suivi d'un bras d'h
Rien n'est plus
que l'empreinte d'un cul sur la plage au mois d'août

à la fin
un petit trou *dedans le sable fin*
sur son séant
Voir les bateaux voguer sur l'océan
ma mie ma bien aimée *s'asseyait sur le sable*
Ma bien aimée son cul durant tout le mois d'août
S'enfonçait dans le sable et ça m'était très doux
quoique déjà son cul avait fait à point tellement qu'à la fin
un joli petit trou dedans (ennui) le sable fin
coup de théâtre un jour
plus éphémère
que l'empreinte d'un cul sur du sable de mer
Ce sceau que sur la grève avait laissé son cul
Et je retournai voir nostalgique cocu
Le sceau que sur la grève avait laissé son cul
La vague indifférente avait tout effacé (balayé
une vague *hélas avait passé*
avait fait table rase avait tout effacé
Les traces de mille cul mais celle du sien

Votre chanson est engagée. *Bien dégagez*
OK chansonnettes engagées *Dim*
Le public a dit dégagez *20 août 78 mort de*
Jean Lequellec

Sept 78
quand songeant à vous je m'amuse tout seul
je décharge plus ma chérie
quand
j'décharge plus j'dégueule

quand on veur se la faire on est un phallocrate
et quand on veut pas s'la faire (quell'nous indiffère un émule de socrate
c'est pas la joie quand on se la refuse
Et moi comm' ça m'emmerde et que ça me perturbe
Ne sachant sur quel pied danser je me masturbe
le bon Dieu créa la femme il faut l'admettre c'est pas la joie
Quand Dieu créa la femme il faut l'admettre j'ai pas le choix
la 8ième merveille du monde c'est elle Octobre 78
il fit un coup de maître
BREL EST MORT Lundi 9.10 78

page XXXV

On balance des âneries
Au public à dose massive
Ce jusqu'à ce que connerie
s'ensuive

Le public à doses massives
on le bombarde d'aneries
Et jusqu'à ce que connerie
s'ensuive

Sa lune s'attristait (Mallarmé là) car depuis quelques temps
refusait la lui taper dedans
nul ne s'avisait plus de lui taper dedans

Je considère l'existence de Miramont comme illusoire, j'exagère
comme douteuse

Jean Cau a raison je ne suis pas poète. Je l'ai dit et répété
ça fait deux ou trois fois. qu'il me fait l'honneur de parler
de moi. Ca me flatte. D'autant plus qu'en ce qui me
concerne je considère son existence comme illusoire

Le roi des cons est mort vive Jean Cau qu'es aco Jean Cau
avec vos conneries Vénus est morte (se meurt) et c'est vous qui l'avez voulu

Et qu'il reste L'éternel l'éternel féminin maintenant ne l'est plus

Cet yves miramont c'est ma haine c'est mon cilice
Entendre sans arrêt (......................................)
parler d'lui c'est un vrai supplice cheveux (poil de chèvre le cilicie
nov 1978

que veulent elles qu'on se masturbe (onan ensemençait le gazon)
veuve au poignet. S'amuse tout seul. Je l'ai pratiqué à mes heures
on n'a de compte à rendre à personne. On n'a pas à dire merci
on ne risque pas la vérole ni d'engendrer un imbécile qui vous
casserait les couilles dont * il n'aurait jamais du sortir
on pense à qui l'on veut à la femme du voisin à la femme du
président de la république. Ca fait pas de bruit. la main
ne crie pas. On peut imaginer qu'on baise gisèle Halimi
L'ennui avec les femmes que l'on a baisées
c'est qu'il faille recommencer. Cent fois sur le métier remettre
son ouvrage. Notez en passant que toutes ne sont pas bath
au ~~pied~~ pieu qu'une belle gueule, de beaux seins, de belles
miches n'impliquent pas qu'on ait des sens

quand notre a trépassé ses copains étaient dispersés. Le grand notre copain
quand il a cassé sa pipe on était dispersés Tonton jean quand il a cassé

Comme ses amis étaient absent. On a recommencé l'enterrement
(1 la mise en terre, le corbillard, la mise en bière, l'acte de décès
la maladie. il a revécu (1)

Elles vous collent après l'amour un zéro de tringlette
et même un beau zéro pointé mais parfois c'est elles qui
l'ont mérité

(1) on l'a déterré on l'a ramené chez lui dans le corbillard
en faisant peur au conducteur, on a rouvert la bière on
a jeté le linceul. on a déchiré l'acte de décès on a sorti
notre copain du lit on a bu un coup avec lui. Ca fait
19 ou neuf ans notre copain est toujours vivant
on a sorti notre copain Puis au feu on balancé
Du lugubre habit sapin la l'acte de décès

* Et qui vous casseront les couilles d'où dont

page XXXVI

Contrairement à ce qu'on pourrait croire
la méditation de la mort n'est pas médi-
tation préférée (comme la plupart des mortels
l'idée de mourir m'attriste mais pas plus. En
outre je devine qu'à un certain âge on s'en va/quitte
plus facilement un monde ou plus rien ne nous
rattache.
commencer par les cranes terreux qu'on allait fau-
cher à l'ossuaire du cimetière pour se faire peur
et faire peur aux filles
Les poètes que j'ai lus en parlaient beaucoup
Les mots sont bien faits. Croque-mort est plus
joli qu'agriculteur ou terrassier. Corbillard
Catafalque. Au delà. Cordons du poêle
Dernier supplice. Dernier soupir Funérailles

page XXXVII

Je connais quelques mots je connais quelques
notes (je sais l'a b c de la musique et de la
guitare. ~~Je dispose d~~ J'ai lu quelques poètes
j'ai passé ma vie dès l'enfance à écouter des
chansons. Je suis doté d'un peu de sensibilité
de pas mal d'imagination, de beaucoup de
mémoire et d'un petit filet de voix. J'ai
la volonté ne me fait pas défaut et j'ai eu de
la chance quelques amis crurent en moi
parmi lesquels ~~jeanne mar~~ mes amis d'enfance
puis Jeanne marcel Püpchen puis feu Jacques
Grello et enfin Patachou Canetti et Ray
Ventura

quand j'étais gros je certains copains me disaient
que j'avais des bajoues, d'autres disaient des
abajoues. Ça risquait de provoquer des bagarres
ces disputes de mots (logomachie) divergences
alors pour avoir la paix j'ai maigri

Petite Ma belle inconnue les temps sont venus de nous demander
si l'on a tous deux mal ou bien fait de n'pas nous rencontrer
si nous eumes tous deux tort ou raison de pas se rencontrer

il n'a pas eu la bitte heureuse en la faisant

masochiste il souffrait du manque de souffrance

quand je dis qu'en écoutant la marches/musique militaire 1je me m'
Mon cousin l'ancêtre se tapait le cul par terre au risque de s'le casser (1)
Si l'on ne devine pas que ça veut dire vive la paix ça veut dire vive la paix
quand j'd'clare que je ne fais de tort à personne
En écoutant pas le clairon qui sonne c'est qu'on est con
Si l'on comprend c'est qu'on est épais on est imbécile renforcé
quand je dis que la guerre que je préfère
c'est celle de 14 . 18 et que j'voudrais la faire si l'on ne devine pas
noises ma position
guerres saintes guerres sournoises VOIR PAGE les guérillas les guerres
suivante aintes les guerres sournoises

moi quand j'aime je n'aime pas le dire c'est pourquoi je n'ai
pas parlé de mes parents (sauf une fois dans une mavaise chanson
Le passé pauvres mecs est plus présent que vous
Pauvres fous ----------------------------
Le passé pauvres fous est plus présent que vous

page XXXVIII

~~Fais~~ Fasse fasse le ciel que Dieu n'existe pas

qu'elle ne soit point blanche la nuit du trépas

J'eusse (aimé les onze mille vierges
Mais Dieu dans sa rigueur
ne m'a doté que d'un seul cœur
Hélas et d'une seule verge Jeudi
Parfois quand le cœur bat 23
La verge marche pas nov 78
cœur et verge (sexe) n'ont pas de programme
Sexe et cœur n'ont pas de programme
Commun pas de lien drame
Si j'ose dire Cornelien

Je ne l'aimais pas elle me faisait
Je l'aimais mais elle ne me faisait pas bander
Je ne l'a
Celle que j'aimais ne me faisait pas bander
J'aimais celle qui ne me faisait pas bander
Celle que je n'aimais pas m'excitait à ma place qu'eussiez
j'ai continué d'aimer l'une bon apôtre vous fait mes bons apôtres
et de baiser l'autre
Je n'étais pas à la fête (sexe et cœur à la même fête
mais aucune des deux n'est jamais satisfaite

Sous les roses il n'y a pas que des épines (mais des pines

Je dois partager équitablement mon attention ~~aux par~~ entre
les paroles que je chante et les accords que j'exécute et de ce fait
il arrive fréquemment que je me trompe ou dans le texte ou dans
la musique. en outre non seulement il faut penser à ce que je
raconte et à ce que je joue mais à la manière de le faire
et tout cela en face d'un public qui regarde et qui écoute
C'est peut être un peu moins facile qu'il n'y paraît.. Tous
les musiciens professionnels vous diront la difficulté qu'ils
doivent surmonter quand par hasard il doi occasionnellement
chanter en même temps qu'ils jouent de leur instrument
(surtout les trompettes les saxos les trombones les clarinettes

Si l'on pouvait compter | Les Français les Françaises
Capables de chanter | Par cœur la marseillaise

De vos baisers | je suis blasé d'avance (a l' ou par) Dec 78
ma belle n'y | voyez mal ni offense (voyez nenni d'offense *voir 2 pages plus loin*

quand je chante/j'dis qu'en écoutant/entendant jouer les marches militaires
air des radis
Risquant de m'le casser je m'tape le cul par terre 14 syllabes
Si l'on comprend pas qu'ça veut dir'viv la paix si l'on ne com
C'est qu'on est un connard épais prend pas vive la pais
on est un
Quand j'dis qu'en n'écoutant pas le clairon qui sonne
con
Je ne fais de tort à personne on ne peut plus
Si l'on comprend épais
Quand je proclame que la guerre que je préfère
c'est celle de quatorze (c'est 14. 18) et que j'voudrais la faire
Ceux qui
ne com
quand j'dis que les amputés le revers de leur médaille prenne pas vive la
C'est de plus pouvoir se mêler à la bataille paix
29. 4. 76 retourner au champ de bataille sont tous des
cons
on ne peut plus
épais

page XXXIX

à un' seule exception cell's que j'ai culbutées,
me l'avaient demandé
L'avaient d'un' manière ou d'un autre l'avaient sollicité

Féministes vous me désopilez la rate
En me cataloguant avec les phallocrates
je à l'instar des matou moi pour la bagatelle
ça parte d'elles

plus ou moins acerbes
La chanson 14. 18 Cette chanson m'a suscité pas mal
de critiques
Si j'étais un grossier personnage je traiterais de connards
ceux qui n'ont pas entendu que cette chanson signifiait
vive la paix mais comme en dépit des apparences je suis
assez bien élevé je me bornerai à dire qu'ils sont ~~des~~ l'esprit relativement
mauvais mal tourné ou qu'ils en sont dépourvu.. Croire en enten-
dant ces couplets que je veuille tourner en dérision les soldats
morts à la guerre, leurs parents leurs veuves et leurs orphelins
c'est imbécile et il faut le faire exprès

14. 18 m'a valu pas mal de critiques acerbes. Dieu sait pourquoi
Si j'étais un grossier personnage je traiterais de connards ceux qui
n'ont pas entendu que cette chanson suggérait « vive la paix ; mais
comme en dépit des apparences je suis assez bien élevé je me borne-
rai à dire qu'ils en sont dépourvus. Croire en entendant ces couplets que
je veuille tourner en dérision les malheureux soldats morts à
la guerre, leurs parents, leurs veuves leurs orphelins c'est franche
ment imbécile et il faut le faire exprès, il faut avoir appris à
l'être ainsi que disait mon ami regretté Jacques grello Dec 78

quand les éboueurs sont en grève et que je ne mets pas ma
poubelle devant la porte pour ne pas encombrer le trottoir avec
mes ordures j'estime être un bon citoyen
quand on annonce une raréfaction de sucre et que je ne remplis/n'entasse
pas mon buffet de de paquets de cette précieuse denrée j'estime
être un bon citoyen
quand le feu rouge passe au vert que je suis en voiture et que je
ne démarre pas de crainte d'écraser un vieillard, un enfant
ou un infirme qui traverse la chaussée ~~au je ne~~ j'estime être
un bon citoyen (ce qui me vaut d'être traité de vieux connard
par les bons citoyens qui se trouvent derrière moi
quand je mets un casque pour écouter de la musique et quand
la nuit je pisse sur la pointe des pieds afin de ne pas déran-
ger mes voisins qui dorment peut être j'estime être un bon
citoyen mitoyen moyen

en gardant chez moi ma poubelle
quand les éboueurs se rebellent que je ne sors pas ma poubelle
tous les autres la sorte en quelque sorte bon citoyen

Je sais le sens d'un mot quand je m'en sers après
Dans un brouillard il s'estompe et disparaît

page XL

J'avais deux oncles deux braves types charmants
L'un aimait les anglais l'autre les allemands
à cause de leurs amis tous les deux sont morts
Et moi qui n'aimait personne je vis encor

Poings d'interrogation des flics plus cassantes que nous ne sommes
Si les femmes sont plus préoccupées du ciel que les hommes [petit
de Dieu que les hommes c'est que depuis le temps qu'on les bout]
culbute elles ont pris l'habitude regarder le ciel

Il ne savait pas la marseillaise par cœur
La marseillaise il ne la savait pas par cœur
Et les honnêtes gens lui en tenaient rigueur

Rien n'égale les gens de bonne volonté
Pour nous gâcher la vie et pour nous emmerder

La vierge rouge a dit en se levant
Le paradis sur terre est pas tout près de naître [petit
Elle a mis les chaussettes russes à la fenêtre bout]
Et le père des peuples a mangé ses enfants

Août 1964 moulin La prostate du paternel a
fait des siennes

Et la petite sœur des pauvres
Sous sa robe angélique avait des bas de soie
L'infirmière a prêté sa menotte au manchot
Ce n'est pas une grande faute patenôtre
Dans le couvent de saint François apôtre
c'est pour se distraire entre soi

[Petit bout de chanson]
Si j'ai pincé la bonne sœur dans la région fessière
C'est était pas pour satisfaire une passion grossière
C'est était pas non plus de la méchanceté foncière
C'est était tout simplement pour enlever de la poussière

Jouent au ballon avec leur tête coupée

Les hirondelles ne faisaient
Plus l'printemps tu les remplaçais

Elles m'ont dit je viens pour la concupiscence
on embauche pour la débauche

Et les hirondelles ne faisaient
Plus le printemps tu les remplaçais
j'ai confondu les roses avec les immortelles
Peu câlé en botanique

Les idées font trois petits tours et puis s'en vont
Et la seine les emporte sous ses ponts

Et dans notre bouquet
Et l'on a confondu la rose et l'immortelle

page XLI

Décembre 64 c'est pas demain que je supprimerai
le mot con de mon répertoire

Excusez moi chère amie si le papier à lettre vous
paraît un peu sale mais je fume la pipe et les
diverses opérations que nécessitent cette art me salissent les
doigts

Prière aux couples amis réguliers ou non et qu'un
impérieux besoin de coïter viendrait brusquement
tourmenter de choisir jusqu'à nouvel ordre une
autre chambre que celle du vieil ours regretté
pour s'adonner aux plaisirs des sens
21. 4. 65 1

avant de fermer cette porte assurez vous bande
de cons que la chatte n'est pas retenue dans
la maison [petit bout] 1

Le curé coupe les hosties en 4 en 6 Il n'attache pas la
sainte eucharistie avec des saucisses
allez vous faire foutre la sainte hostie ailleurs

Le dessus du panier des cons Con dieze
un vrai morceau de roi des cons

Défense de fumer pendant la messe

afin de satisfaire nos amis et connaissances qui avaient
manqué l'enterrement on leur envoya ce faire part
vous êtes priés d'assister à la reconstitution des
obsèques de Mme X

Nous avons fait rose commune
Il a fait du corbillard stop (les morts ne s'arrê-
taient pas

Elle avait le cœur sur la main
La belle mais c'était le mien

Petite sœur des pauvres cons

Le roi des cons est il Français ?

Il y a belle lurette que je n'ai plus de cœur
mais pareil à ces amputés que leur membre
perdu fait souffrir encore il m'arrive d'avoir
des pincements de cœur

J'économise mes larmes j'en aurai besoin pour
vous enterrer tous

Elle n'y allait pas de fesse morte
Dans un livre où je me raconterais parler des écriteaux (chats disques
chambre ours greluche en train de baiser)

page XLII

à Sète le cimetière des pauvres ou ramassis est
presque aussi marin que l'autre les morts baignent
dans l'eau de l'étang pas celle de la mer mais
en compensation la nuit ils mangent des moules
et des huitres de Bouzigues et comme les voleurs
sont des morts, les patrons des parc ferment les yeux

Paul Valéry qui était poète et qui aimait voir les
bateaux voguer y acquit face à la mer une espèce
de propriété qu'on appela le cimetière marin et
où l'on eut quand même la bonne idée d'enterrer
quelques morts pour faire plus véridique

Jadis le soleil y régnait mais avec cette manie nouve
lle de se faire bronzer les estivantes l'ont raréfié

Estimant que le temps passé à vous écrire vaut
450 frs je vous prie de me faire parvenir cette
somme par retour

Le bonheur (et l'amour perd son temps avec
les imbéciles

Il est dix centimètres plus con que les autres
garçon S V P (Please une tombe

Rien ne prouve que le bon Dieu soit un chic type
Les morts peut être sont plus malheureux
Et les requins aquariums
que nous
et les arbres et les brins d'herbe

Et qui vous dit que Dieu n'est pas un sale type
un membre qui déteste les fumeurs de pipe
Empêcheur de faire des ronds avec des pipes
Rien ne prouve que le bon Dieu soit un chic type

quand tu ne seras plus celle de mes pensées
tu te seras lassée
les 1ers temps nous serons ravis
De cette ombre d'amour qui nous gâchait la vie
notre petite histoire ancienne a commencé
un jour tu te diras ça fait déjà 20 ans déjà
a t il toujours ce même amour des chats
des gros mots

qu'aucune idée sur terre est digne d'un trépas
Tu n'as pas les mêmes idées que moi il faut que
je te tue
je n'aurais pas du vivre je suis incapable de tuer

page XLIII

En l'an de grâce 1400 aux cimetières des innocents
avec les gentes Parisiennes maître villon faisait des siennes
Fameux trousseur de cotillons mon bon maître F.villon
Les fillettes de ce temps Courraient dès qu'elles en avaient l'a
courraient dès qu'elles en avaient l'âge faire ravir leur pucelage

Le seul reproche au demeurant que je puisse faire à mes parents
c'est de pas m'avoir mis sur terre en ce joli temps légendaire

Deux fruits seulement et son corsage est plein à craquer
Viens combler ma lacune
Je m'inscris en faux contre les seins de cette dame
Je vous emmerde et les morts sont à tout le monde
la brave petite clairette
Elle était tellement distraite qu'elle ne s'était
pas aperçu que son mari était cocu
Chagrin d'amour revenait de naguère
Comm'le curé de sa paroisse avait un'tête d'assassin
Elle allait entendre la messe à l'église du pays voisin
Parler grossièrement ici cela me navre
mais il n'y a pas plus emmerdant qu'un cadavre
Elle laissait la vénus hottentote loin derrière

j'écris pour augmenter la durée (faire durer le plaisir)
prologer) de quelques émotions (inspirée de Valéry
Je faisais ce que je pouvais pour augmenter un peu les durées
de quelques pensée (Mr Teste)

La fête des morts c'est tous les jours

Et pour aller à la bastille (les manifestants)
Demandent leur chemin au flic
on demande aux flics le chemin de la bastille
J'écris je chante pour échapper pour m'échapper
aux automobiles aux réfrigérateurs
aux bruits. Je chante pour couvrir la radio les
bruits des voisins
chaque fois que je chante une chanson je fais
la belle
1 Les arbres que je peints je ne les connais pas
Je n'ai jamais connu les filles que je chante
les arbres que je peints n'ont jamais existé
je les ai inventé pour remplacer les arbres
que les temps (les vents les hommes et les automobiles)
ont déplanté *C'est pour échapper à la prison*
Les filles que je peints *Kaléidoscope*
pensées troubles *Et quand je chante une chanson*
Les sentiments que je peints *je fais la belle*

4 Les arbres que je peints je ne les connais pas
je les ai inventé pour mon plaisir
pour remplacer
Les arbres que les *ont mis à bas*

page XLIV

~~*Il battait Jeanne (s'est plainte au commissaire)*~~
~~*Il battait sa petite amie (s'est plainte aussi)*~~
~~*Il faisait du scandale la nuit quand il était ivre*~~
~~*Il cassait tout chez Jeanne*~~
~~*Il a enfoncé mes volets et ma porte et a tout*~~
~~*fouillé chez moi*~~
~~*Il n'a jamais travaillé que trois semaines en deux*~~
~~*ans et demi*~~
~~*Il a vécu de Jeanne donc de moi de ce que*~~
~~*j'apportais*~~

Le plus humble qui se jette à l'eau
7
Et l'imbécile heureux *qui pour une fille*
~~*cueillir*~~ *cueille un myosotis* *au péril de sa vie*
ne passe pas la postérité
Et le pecheur qui se plante *Les clous* *4*
un hameçon dans la plante
Des pieds la paume de la main
Loin de moi l'intention de minimiser
___ *1* *ne pas*
___ *qui fut le sien* *nommer*
car ce n'est sûrement pas une sinécure *le christ*
Par les philistins *et les béotiens*
Par des sots les pourceaux

2 La couronne d'épine
3 Le vinaigre

quand je m'ennuie je remonte le fil de ma petite histoire
j'ai repensé le passé
Les souvenirs des parents des amis convenir *je n'ai*
pas trop retouché à tout ça
mais c'est dans les histoires d'amour qu'il a fallu
tout restaurer
Que mon passé ne me convenait plus
Le présent pas drôle l'avenir (des enterrements)

Moi je prends le temps passé comme il vient
Le temps je le prends comme il vient

page XLV

En vertu des pouvoirs que mon âge me donne
j'ai l'honneur galopins de vous dire en passant *[petits bouts]*
n'assassinez personne
car les assassinés sont bien embarrassants
ça saigne ça pèse ça sent
Parler grossièrement ici cela me navre
Mais rien n'est plus emmerdant qu'un cadavre

qu'un croquant de loin vous voie faire
Il en déduit que vous cachez quelque trésor
Dès que vous partez il s'affaire
Et il vous déterre le mort

Du puits de science ils ont sorti la vérité
(*envoyé les flics*
Ils l'ont promenée nue sur la place publique
Et bien des ânes sont venus la tripoter

Je vous le dis en vérité *j'emmerde la postérité*

Liberté égalité la fraternité *c'est bon pour les vivants*

<u>*Elle n'y allait pas de fesse morte*</u>

Les scribes qui écrivent du pied
Dla patte, les gratte papier
Supplice des pisse copie. *Les plumitifs rébarbatifs*

Ingrat Ce *Des grattes* *Des scribes* *qui écrivent*
métier *Papier* *Pompiers* *Du pied*

<u>*On ne peut contenter tout le monde et sa femme*</u>
La mort la fille à tout le monde
chagrin d'amour s'en revient de naguère

Sur le plan sentimental *je ne suis pas solvable*

Et le 7ième ciel m'est tombé sur la tête
La culbute au bout du fossé

Les jeunes gens qui ont le genre demoiselle
Les ambigus qui ont le cul entre deux selles

La mort tourne autour du tombeau
<u>*je les paye en monnaie de fesse*</u>

Et quand un ~~*arbre*~~ *homme traite un autre de salaud*
Sans ~~*sans*~~ *s'en douter peut être il fait de la morale*
Et les marteaux de la machine à emboutir
on frappé sur Mozart et sur Consuelo

Sous les heures coquins qui mourrez aujourd'hui
16 juillet
mais je me souviens que ses lèvres
avaient un goût de revenez y

que la campagne serait belle le dimanche
S'il n'y avait pas de pendus aux branches

BIBLIOGRAPHIE

Ouvrages de Georges Brassens

Les Couleurs vagues
Recueil de poèmes, édité dans une revue créée par Roger Thérond,
1941-1942, réédition chez Librio en février 2010, collection Librio Poésie n°953
Des coups d'épée dans l'eau
Recueil de poèmes, inédit, 1942
À la venvole
Recueil de poèmes, Albert Messein éditeur, Paris, 1942
Le Taureau par les cornes
Recueil de poèmes inédits
La Lune écoute aux portes
Roman, pseudo-édition Gallimard, Bibliothèque du Lève-nez, Paris, 1947
La Tour des miracles
Roman, Jeunes Auteurs Réunis, juin 1953, réédition chez Librio en janvier 2010, collection Librio Littétature n°952
La Mauvaise Réputation
Ouvrage comprenant des chansons poèmes dont plusieurs inédits ainsi qu'une pièce en vers
Les Amoureux qui écrivent sur l'eau
Introduction de René Fallet, Denoël, Paris, 1954
Georges Brassens
Chansons, Tchou, 1968
Poèmes et chansons de Georges Brassens
Éditions musicales 57, 1983, réédition au Seuil, 1991
Les Manuscrits de Brassens
Chansons, brouillons et inédits - Édition établie par Alain Poulanges et André Tillieu
(3 cahiers de manuscrits en fac-similé réunis en coffret), Textuel/France Bleu, 2001
Brassens – Lettres à Toussenot, 1946-1950
Recueil composé par Janine Marc-Pezet (lettres écrites à son ami, le philosophe Roger Toussenot), Textuel/France Bleu, 2001
Georges Brassens - Œuvres complètes
Chansons, poèmes, romans, préfaces, écrits libertaires, correspondance, coll. Voix publiques, Le Cherche Midi, mars 2007
Georges Brassens, Les chemins qui ne mènent pas à Rome
Réflexions et maximes d'un libertaire, Le Cherche Midi, janvier 2008

Il existe 182 livres sur Georges Brassens. Impossible de tous les mentionner
mais voici la liste de quelques ouvrages qui furent indispensables à l'écriture de ce livre.

Jean-Paul Liégeois, *Œuvres complètes : chansons, poèmes, romans, écrits libertaires* – Le Cherche Midi
René Fallet, *Brassens* (articles de journaux, écrits pour programmes de music-hall et de tournées, écrits pour pochettes de disques) – Denoël
Réédition augmentée d'extraits inédits du *Journal de A à Z sur Brassens* – Denoël
André Sève, *Brassens : toute une vie pour la chanson* – Centurion
Alphonse Bonnafé, *Georges Brassens* coll. « Poètes d'aujourd'hui » (n° 99) – Pierre Seghers éditeur
Louis-Jean Calvet, *Brassens*, préface de Jean Bertola – Éditions Lieu Commun
Jean-Paul Sermonte, *Brassens, au bois de son cœur, 30 ans de chansons* – Didier Carpentier
Bernard Lonjon, *J'aurais pu virer malhonnête* – Éditeur Du Moment
Loïc Rochard, *Brassens par Brassens*, Prologue de René Fallet – Le Cherche Midi, coll. Autoportraits imprévus
Chloé Radiguet, *Brassens ... à la lettre*, présenté sous forme de dictionnaire – Denoël
Loïc Rochard, *Les mots de Brassens* – Le Cherche Midi, coll. Brassens D'abord
Marc Wilmet, *Brassens libertaire* – Aden
André Tillieu, *Georges Brassens, auprès de mon arbre* – Julliard
Éric Battista et Mario Poletti, *Georges Brassens, souvenirs et portrait d'intimes* – Éditions du Grésivaudan
Pierre Louki, *Avec Brassens* – Christian Pirot
Alain Poulanges, *Passion Brassens – Le Temps ne fait rien à l'affaire* – Textuel/France Bleu
Émile Miramont dit Corne d'aurochs, *Brassens avant Brassens – De Sète à l'impasse Florimont* – L'Archipel
Louis Nucera, *Brassens, délit d'amitié* – L'Archipel
Éric Battista, *Georges Brassens, Entretiens et souvenirs intimes* – Équinoxe
François-René Cristiani (journaliste), Jean-Pierre Leloir (photographe), *Trois hommes dans un salon, Brel, Brassens, Ferré*
(retranscription de la conversation entre les trois artistes, diffusée sur RTL, le 6 janvier 1969) – Fayard/Chorus
Jean-Claude Lamy, *Brassens, le mécréant de Dieu* – Albin Michel
René Iskin, *Dans un camp, Basdorf 1943, Georges Brassens et moi avions 22 ans* – Didier Carpentier
Jacques Vassal, *Georges Brassens ou la chanson d'abord* – Albin Michel
Jacques Vassal, *Brassens, le regard de « Gibraltar »* – Fayard/Chorus
Mario Poletti, *Brassens me disait* – Flammarion

TABLE DES MATIÈRES

Page 56

1, 2, 6, 8, 9, 10, 11, 14, 15, 16, 18, 19, 20 Collection Pierre et Françoise Onteniente
3 Photographie Roger Pierre Turine
4, 5 1958 - Photographie Pierre Cordier - ADAGP, Paris, 2011
7, 13, 21 1955 - Photographie Pierre Cordier - ADAGP, Paris, 2011
12 Photographie Philippe Le Tellier - Paris Match - Scoop
17 Collection Mario Poletti

Page 34-35

1 Collection Serge Cazzani
2 Collection Pierre et Françoise Onteniente
3 Collection Mario Poletti
4 Collection Mario Poletti
5 Collection Serge Cazzani
6 Collection Pierre et Françoise Onteniente
7 Collection Pierre et Françoise Onteniente
8 Photographie Victor Laville

Pages 194-195

1 Georges avec Marie-Anne et Gérard, Bruxelles, 1955.
Photographie Pierre Cordier - ADAGP, Paris, 2011
2 Michel donne la pomme à Georges, Bruxelles, 1955.
Photographie Pierre Cordier - ADAGP, Paris, 2011
3 Brassens avec un scaphandre sur la tête.
Photographie Fred Mella
4 Georges Brassens sur une bouée dans l'eau.
Collection Serge Cazzani
5 Avec son père à Crespières, vers 1960.
Collection Pierre et Françoise Onteniente
6 Georges aux gros yeux et barbe, Bruxelles, 1955.
Photographie Pierre Cordier - ADAGP, Paris, 2011
7 Georges et son Rolleiflex, impasse Florimont, 1956.
Photographie Pierre Cordier - ADAGP, Paris, 2011
8 Brassens et sa bande de copains avec René-Louis Lafforgue au premier plan.
Collection Pierre et Françoise Onteniente
9 Georges Brassens et son ami André Tillieu, dans les années 1960.
Photographie Yves Lhost
10 Georges regarde la photo de Bon Papa Cordier, Bruxelles, 1955.
Photographie Pierre Cordier - ADAGP, Paris, 2011
11 Georges Brassens sur un bateau.
Collection Mario Poletti
12 Brassens avec Guy et Emmanuelle Béart.
Collection Mario Poletti
13 Brassens à la plage avec ses amis, juillet 1967.
Collection Mario Poletti
14 « Georges Brassens vous emmerde. »
Collection Agathe Fallet
15 Brassens et Fallet creusent à Crespières, 1965.
Photographie Pierre Cordier - ADAGP, Paris, 2011
16 Brassens en voiture avec son neveu Serge, 1953.
Collection Serge Cazzani
17 Georges torse nu regarde l'objectif, Crespières, 1965.
Photographie Pierre Cordier - ADAGP, Paris, 2011
18 Lino Ventura prépare des pâtes pour Georges Brassens et Fred Mella à Crespières.
Collection Fred Mella
19 Georges, Bois de la Cambre, Bruxelles, février 1952.
Photographie Pierre Cordier - ADAGP, Paris, 2011
20 Calendrier soulignant les dates de mort de proches de Brassens.
Collection Pierre et Françoise Onteniente
21 Georges mange une banane, Bruxelles, 1955.
Photographie Pierre Cordier - ADAGP, Paris, 2011
22 Brassens avec Jeanne dans les bras, dans les années 1960.
Collection Pierre et Françoise Onteniente
23 Brassens et sa bande de copains à Sète, 1955.
Collection Pierre et Françoise Onteniente
24 Georges, Gisèle et le bébé, Bruxelles, 1965.
Photographie Pierre Cordier - ADAGP, Paris, 2011
25 René Fallet, Püpchen et Georges Brassens à Crespières, 1965.
Photographie Pierre Cordier - ADAGP, Paris, 2011
26 Georges Brassens, Charles Aznavour et Raymond Devos.
Photographie Fred Mella
27 Georges Brassens et René Fallet en camionnette à Crespières, 1965.
Photographie Pierre Cordier - ADAGP, Paris, 2011
28 L'ogre Georges au restaurant à Bruxelles, 1956.
Photographie Pierre Cordier - ADAGP, Paris, 2011
29 Georges Brassens et Georges Granier sur la plage.
Collection Serge Cazzani
30 Carte postale "Port de la moustache autorisé".
Montage Plonk & Replonk © Plonk & Replonk, 2011
31 Brassens, Pierre Maguelon, dit « Petit Bobo », Pierre Onteniente et Gerhard Kismann à Crespières.
Collection Mario Poletti
32 Brassens avec Agathe Fallet dans les bras.
Collection Agathe Fallet
33 Brassens soulève des haltères.
Collection Mario Poletti
34 Brassens en sous-marinier.
Collection Pierre et Françoise Onteniente
35 Brassens et son vélo.
Collection Mario Poletti
36 Liste manuscrite des chansons pour l'Olympia, 1957.
Collection Pierre et Françoise Onteniente
37 Brassens, Gibraltar et Fallet devant Crespières, juin 1965.
Collection Agathe Fallet
38 Brassens entouré de Püpchen et Agathe Fallet, juin 1965.
Collection Agathe Fallet
39 Liste manuscrite des choses laissées à Lézardrieux.
Collection Serge Cazzani
40 Georges à la casquette imite Pierre Brasseur, Bruxelles, 1955.
Photographie Pierre Cordier - ADAGP, Paris, 2011
41 Georges Brassens et René Fallet sur la colline de Crespières, 1965.
Photographie Pierre Cordier - ADAGP, Paris, 2011
42 Liste manuscrite des livres à acheter.
Collection Serge Cazzani
43 Liste manuscrite du régime de Brassens.
Collection Serge Cazzani
44 Le disque donne à Georges l'envie de vomir, 1965.
Photographie Pierre Cordier - ADAGP, Paris, 2011
45 Georges et René écoutent un disque, 1965.
Photographie Pierre Cordier - ADAGP, Paris, 2011

REMERCIEMENTS

Ce livre n'existerait pas sans la confiance de Serge et Martine Cazzani.
La générosité, le savoir encyclopédique de Claude Richard et la patience de Ginette Richard.
Le travail méticuleux, l'aide immense et joyeuse de Julie Bénet, Wissam Hojeij, Isabelle Lainé, Camille Aubry, Thomas Ragon et le regard de Daphné Kauffmann.

Merci à Magali Maïza et Éric de Visscher de m'avoir fait confiance
ainsi qu'à toute l'équipe de la cité de la Musique
en particulier Marion Challier par qui tout a commencé.

Merci pour tout à Philippe Ravon, Christian Marti, Antoine Fontaine, Gladys Garot,
Olivia Berthon, Olivier Daviaud et Jean-Marc Munier.
Sans oublier Matthias Abhervé, Romane Olmedo, Marie de la Taille,
Paul Lavergne et Camille Caillaud.

Merci à tous ceux que j'ai croisés sur la route qui m'ont ouvert leurs portes et leurs mémoires :

Nicole Bertolt, Claude Blanchet, Ève Cazzani, Françoise Canetti, Bernard et Simone Collin, Jeanne Corporon, Pierre Cordier, Philippe Chatel, Jean-Claude Carrière, Gérard Davoust, Sandrine Dumarais, Agathe Fallet, Victor Laville, Claude Lemesle, Jean-Paul Liégeois, Jean-Pierre Leloir, Bernard Lonjon, Patrice Lozano, Fred Mella, Georges Moustaki, Janine Marc-Pezet, Alain Merle, Françoise Onteniente, Régine Monpaÿs, Jean-Michel Pansard, Mario Poletti, Loïc Rochard, Jean-Paul Sermonte, Pierre Schuller, Yves Simon, Paul Tourenne et Alain Wicker.

Pour leur écoute et leur aide :

Sabine Azéma, Bernard Campan, Barbara Carlotti, Dominique Cravic, Marie Deroudille, Stéphane Roszewitch, Ninon et Gaspard, Francine et Jean-Albert Deroudille, Louis et Marie-Odile Deroudille, Annette Doisneau, Sibylle d'Orgeval, Marie-Françoise George, Alexandre et Corine Jollien, Françoise et Pierre Maréchal, Tania de Montaigne, Béatrice Montoriol, François Morel, Sylvie Postel, Atiq Rahimi, Daphné Tesson et Sylvain Tesson.

Clémentine Deroudille

Clémentine Deroudille

Après une formation d'historienne de l'art, Clémentine Deroudille est entrée à RFI en 2002 où elle a collaboré notamment au magazine quotidien *Le Monde Change* et produit l'émission musicale *100% français* destinée à faire connaître la chanson française à travers le monde. Très attachée à la mise en valeur des archives sonores, Clémentine Deroudille a réalisé le parcours sonore de l'exposition "Robert Doisneau, Paris en liberté" présentée à l'Hôtel de Ville de Paris en 2007, ainsi que le coffret sonore *Robert Doisneau, le braconnier de l'éphémère* (Radio France/INA). Actuellement directrice de la collection *La voix au chapitre* aux éditions Textuel/INA/France Culture, qui donne à entendre une sélection de grands moments radiophoniques dédiés à des figures majeures des sciences humaines et sociales. Elle est aussi l'auteur du livre/disque *Jacques Higelin en cavale* (Textuel).

Joann Sfar

Joann Sfar naît le 28 août 1971 à Nice, dans une famille moitié séfarade moitié ashkénaze, où on lui raconte toutes sortes de mythes et d'histoires. Dès qu'il sait par quel bout tenir un crayon, il se met à dessiner. Vers quinze ans, il commence à expédier aux éditeurs un projet de BD par mois, qu'on lui refuse au même rythme. C'est aussi vers cet âge qu'il rencontre ses "mentors", Fred, Baudoin et Pierre Dubois (le modèle du Minuscule Mousquetaire). *"Ils m'ont mis dans la tête des trucs sains. Tout ce que je fais, c'est pour leur plaire."*

© Jérôme Brézillon

Au début des années 1980, armé d'une maîtrise de philo mention TB obtenue pour faire plaisir à son père, il entre aux Beaux-Arts à Paris, où il suit les cours du département de morphologie et dessine des natures mortes vraiment très mortes, comme les enfants à deux têtes et autres monstres de la collection de Geoffroy Saint-Hilaire, au Museum d'histoire naturelle. Il assiste même à des autopsies avec un copain légiste et dessine toutes sortes de boyaux. Ce qu'il tire finalement de cette expérience, c'est le plaisir de dessiner un être vivant, habillé, qui marche dans la rue.
À 23 ans, surprise. Le même mois, Dargaud, Delcourt et l'Association répondent favorablement à ses envois. Depuis, il n'arrête plus. *"La BD est quelque chose de compulsif, on doit en faire beaucoup. Et comme disait Charlier, c'est plus facile de mener dix histoires de front qu'une seule."* D'où un foisonnement d'univers dont la cohérence est assurée par un cocktail très personnel de sentiment, d'humour et d'intelligence - sans oublier un charme graphique à tomber par terre.

Bibliographie Joann Sfar

Chez Dargaud

Brassens ou la liberté

Le chat du rabbin *(5 tomes disponibles, Tome 1 disponible en arabe et en hébreu, 1 édition luxe n & b du Tome 5 et 1 intégrale)*

Gainsbourg hors champ

Gainsbourg images

Merlin *(tomes 1 à 4) avec José-Luis Munuera*

Le Minuscule Mousquetaire *(3 tomes)*

Sardine de l'espace *(tomes 1 à 4) avec Emmanuel Guibert*

Socrate le Demi-Chien *(3 tomes) avec Christophe Blain*

La Vallée des Merveilles *(1 tome)*

La Ville des mauvais rêves *avec David B.*

Autres éditeurs

Le Borgne Gauchet - l'Association

Le Borgne Gauchet au centre de la Terre - l'Association

Les carnets de Joann Sfar Harmonica - l'Association

Les carnets de Joann Sfar Ukulélé - l'Association

Les carnets de Joann Sfar Parapluie - l'Association

Les carnets de Joann Sfar Piano - l'Association

Les carnets de Joann Sfar Caravan - l'Association

Noyé le poisson - l'Association

Paris-Londres - l'Association

Pascin *(7 tomes et 1 intégrale)* - l'Association

Le Petit Monde du Golem - l'Association

Petit Vampire Petite Voiture in Lapin - l'Association

Les Aventures d'Ossour Hyrsidoux *(2 tomes)* - Cornélius

Le Bestiaire amoureux *(4 tomes)* - Delcourt

Les carnets de Joann Sfar greffier - Delcourt

Les carnets de Joann Sfar Missionnaire - Delcourt

Les carnets de Joann Sfar Maharajah - Delcourt

Les carnets de Joann Sfar Croisette - Delcourt

Donjon *(37 tomes) avec Andreas, Bézian, Blanquet, Blain, Blutch, Boulet, Gaultier, Kéramidas, Kerascoët, Killoffer, Larcenet, Mazan, Menu, Moragues, Nine, Obion, Stanislas, Vermot-Desroches et Yoann, en collaboration avec Lewis Trondheim* - Delcourt

Petit Vampire *(7 tomes et 1 compilation des tomes 1, 2, 4 et 6)* - Delcourt

Petrus Barbygère *(2 tomes et 1 intégrale) avec Pierre Dubois* - Delcourt

Les Potamoks *(3 tomes) avec José-Luis Munuera* - Delcourt

Professeur Bell *(5 tomes) avec Tanquerelle* - Delcourt

Troll (6 tomes) *avec Jean David Morvan, O.G. Boiscommun et Thomas Labourot* - Delcourt

L'Homme Arbre *(2 tomes)* - Denoël

La Fille du professeur *avec Emmanuel Guibert* - Dupuis

Les Olives noires *(3 tomes) avec Emmanuel Guibert* - Dupuis

L'Ancien Temps *(1 tome)* - Gallimard

Chagall en Russie *(1 tome)* - Gallimard

Klezmer *(3 tomes)* - Gallimard

Monsieur Crocodile a beaucoup faim - Gallimard

Le Petit Prince d'après Saint-Exupéry - Gallimard

Contes et récits des héros du Moyen Âge *avec Gilles Massardier* - Nathan

Site internet :

www.joann-sfar.com

Exposition *Brassens ou la liberté*
au Musée de la musique
15 mars - 21 août 2011

Cité de la musique

Roch-Olivier Maistre
Président du conseil d'administration
Laurent Bayle
Directeur général
Thibaud de Camas
Directeur général adjoint
Hugues de Saint Simon
Secrétaire général
Clara Wagner
Directrice-adjointe de la communication
et du partenariat chargée des relations internationales

Musée de la musique

Éric de Visscher
Directeur
Magali Maïza
Administratrice

Concerts et spectacles

Emmanuel Hondré
Directeur de la production
Claude Bourdaleix
Directeur technique des salles

Pédagogie et médiathèque

Marie-Hélène Serra
Directrice

Éditions

Alain Arnaud
Directeur des Éditions

Exposition

Commissariat
Clémentine Deroudille
Joann Sfar

Scénographie
Antoine Fontaine
Christian Marti
Gladys Garot

Conception graphique
Philippe Ravon

Conception musicale
Olivier Daviaud

Extraits radiophoniques
Jean-Marc Munier

Direction des expositions
Isabelle Lainé

Coordination de l'exposition
Julie Bénet

Suivi de production
Wissam Hojeij

Suivi des opérations
scénographiques
Olivia Berthon
Dictino Ferrero

Coordination audiovisuelle
Matthias Abhervé
Romane Olmedo

Médiation et accessibilité
Delphine de Bethmann
Caroline Bugat
Sophie Valmorin
Bénédicte Capelle-Perceval

Conservation préventive
Stéphane Vaiedelich
Marie-Anne Loepper Attia

Régie des œuvres
Laurence Goux

Équipe technique
Rui Chaves Palhares
Philippe Vieira

Catalogue Brassens ou la liberté

Éditeur
Thomas Ragon

Création graphique
Camille Aubry et Philippe Ravon

Coordination
Eve Bardin

La Cité de la musique adresse en premier lieu ses remerciements à Serge et Martine Cazzani,
sans qui l'exposition n'aurait pu voir le jour,
ainsi qu'aux prêteurs, qui, par leur concours, ont permis l'aboutissement de ce projet :
Pierre et Françoise Onteniente, Agathe Fallet, Claude Richard, Mario Poletti, Claude Blanchet ;
Jean-Paul Sermonte, Simone et Bernard Collin, Jean-Michel Pansard pour Les Amis de Georges ;
Régine Monpays pour l'Espace Georges Brassens de Sète.

Elle remercie également les photographes ou leurs ayants droit qui ont autorisé la reproduction de leurs œuvres :
Pierre Cordier, Jean-Pierre Leloir †, Marion Leloir, Francine Deroudille pour l'atelier Robert Doisneau, Fred Mella, Victor Laville,
Paul Tourenne, Josée Stroobants, Roger Picard, Jean-Pierre Degas, Yves Lhost, Tony Frank.

Partenaires et mécènes

La Cité de la musique remercie l'Institut national de l'audiovisuel pour son importante collaboration.
Les mécènes UFG-LFP et Groupama Asset Management trouvent également ici l'expression de notre sincère gratitude.

France Inter est partenaire de l'exposition *Brassens ou la liberté*.

www.dargaud.com
www.franceinter.com

PREMIÈRE ÉDITION
Imprimé sur un papier issu de forêts gérées durablement.

Dépôt légal : mars 2011 – ISBN 978-2205-06697-5
Imprimé et relié en Italie